भ्रमरगीत सार

भ्रमरगीत सार

(आलोचनात्मक एवं व्याख्यात्मक संकलन)

सूरदास

सम्पादक

आचार्य रामचंद्र शुक्ल

उपसम्पादक

विश्वनाथ प्रसाद मिश्र

लोकभारती प्रकाशन

लोकभारती प्रकाशन
पहली मंजिल, दरबारी बिल्डिंग, महात्मा गाँधी मार्ग
प्रयागराज-211 001
वेबसाइट : www.lokbhartiprakashan.com
ईमेल : info@lokbhartiprakashan.com
शाखाएँ : 1-बी, नेताजी सुभाष मार्ग, दरियागंज
नई दिल्ली-110 002
अशोक राजपथ, साइंस कॉलेज के सामने
पटना-800 006 (बिहार)
1, अनमोल सोराबजी संतुक लेन, मरीन लाइंस
मुम्बई-400002

मूल्य : ₹ 135

प्रथम संस्करण : 2006
अष्टम संस्करण : 2024

जे.के. आर्ट प्रेस
प्रयागराज द्वारा मुद्रित

BHRAMARGEET SAAR
Edited by Acharya Ramchandra Shukla

ISBN : 978-81-8031-271-7

अनुक्रम

वक्तव्य

'भ्रमरगीत' सूरसागर के भीतर का एक सार रत्न है। समग्र सूरसागर का कोई अच्छा संस्करण न होने के कारण 'सूर' के हृदय से निकली हुई अपूर्व रसधारा के भीतर प्रवेश करने का श्रम कम ही लोग उठाते हैं। मैंने सन् 1920 में भ्रमरगीत के अच्छे पद चुनकर इकट्ठे किए और उन्हें प्रकाशित करने का आयोजन किया; पर कई कारणों से उस समय पुस्तक प्रकाशित न हो सकी। छपे फार्म कई बरसों तक पड़े रहे। इतने दिन पीछे आज 'भ्रमरगीत सार' सहृदय-समाज के सामने रखा जाता है।

कहने की आवश्यकता नहीं है कि 'सूरसागर' के जितने संस्करण उपलब्ध हैं उनमें से एक भी शुद्ध और ठिकाने से छपा हुआ नहीं है। सूर के पदों का ठीक पाठ मिलना एक मुश्किल बात हो रही है। 'वेंकटेश्वर प्रेस' का संस्करण अच्छा समझा जाता है पर उसमें पाठ की गड़बड़ी और भी अधिक है। उदाहरण के लिए दो पदों के टुकड़े दिए जाते हैं—

(क) अति मलीन वृषभानु-कुमारी।
अधोमुख रहति, उर्ध नहिं चितवति ज्यों गथ हारे थकित जुआरी ॥

(ख) मृग ज्यों सहत सहज सर दारुन, सन्मुख तें न टरै।
समुझि न परै कौन सचु पावत, जीवत जाय मरै ॥

ये इस प्रकार छपे हैं—

(क) अति मलीन वृषभानु-कुमारी।
अधोमुख रहत ऊरध नहिं चितवत ज्यों गथ हारे थकित जुथअरी ॥

(ख) मग ज्यों सहत सहज सरदारन सनमुख तें न टरै।
समुझि न परै कवन सच पावत जीवत जाइ मरै ॥

इस संग्रह में 'भ्रमरगीत' के चुने हुए पद रखे गए हैं। पाठ, जहाँ तक हो सका है, शुद्ध किया गया है। कठिन शब्दों और वाक्यों के अर्थ फुटनोट में दिए गए हैं। सूरदासजी पर आलोचनात्मक निबंध भी लगा दिया गया है, जिनमें उनकी विशेषताओं के अन्वेषण का कुछ प्रयत्न है।

रामचन्द्र शुक्ल

गुरुधाम, काशी
श्रीपंचमी 1982

आमुख

ज्ञान की कोरी वचनावली और योग की थोथी साधनावली का यदि साधारण लोगों में विशेष प्रचार हो तो अव्यवस्था फैलने लगती है। निर्गुण-पंथ ईश्वर की सर्वव्यापकता, भेदभाव की शून्यता, सब मतों की एकता आदि लेकर बढ़ा जिस पर चलकर अपढ़ जनता ज्ञान की अनगढ़ बातों और योग के टेढ़े-मेढ़े अभ्यासों को ही सबकुछ मान बैठी तथा दम्भ, अहंकार आदि दुर्वृत्तियों से उलझने लगी। ज्ञान का ककहरा भी न जाननेवाले उसके पारंगत पंडितों से मुँहजोरी करने लगे। अज्ञान से जिनकी आँखें बन्द थीं वे ज्ञानचक्षुओं को आँख दिखाने लगे—

बादहिं सूद्र द्विजन्ह सन हम तुम्ह तें कछु घाटि।
जानइ ब्रह्म सो बिप्रबर आँखि देखावहिं डाँटि ॥—'मानस'

जैसे तुलसी के 'मानस' में यह लोकधारा खटकी वैसे ही सूर की आँखों में भी। तुलसी ने स्पष्ट शब्दों में कड़ाई से इसका परिहार करने की ठानी। प्रबन्ध का क्षेत्र चुनने से उन्हें इसके लिए विस्तृत भूमि मिल गई। पर गीतों में सूर ने इसका प्रतिपाद प्रत्यक्ष नहीं, प्रच्छन्न रूप में किया। उन्होंने उद्धव प्रसंग में 'भ्रमरगीत' के भीतर इसके लिए स्थान निकाला। उद्धव के योग एवं ज्ञान का जो प्रतिकार गोपियों ने 'सूरसागर' में किया वह सूर की योजना है। श्रीमद्भागवत में, जिसकी स्थूल कथा के आधार पर 'सूरसागर' रचा गया, यह विधान है ही नहीं। उद्धव के ब्रज जाने, उपदेश देने, भ्रमर के आने और उसे खरी-खोटी सुनाने क़ा वृत्त तो वहाँ है पर गोपियों द्वारा ज्ञान या योग का विरोध नहीं। ब्रज में उद्धव का केवल स्वागत-सत्कार ही हुआ, फटकार की मार उन पर नहीं पड़ी।* अतः यह तत्कालीन उद्वेगजनक प्रवृत्ति ही थी जिसका उच्छेद करने के लिए सूर ने 'सागर' की ये उत्ताल तरंगें लहराईं। ज्ञान या योग की साधना भली न हो, सो नहीं। वस्तुतः वह कठिन है, सामान्य विद्या-बुद्धिवालों की पहुँच से परे है। पक्ष में उद्धव ऐसे ज्ञानवरिष्ठ पुरुष और विपक्ष में ब्रज-वासिनी ऐसी ज्ञान-कनिष्ठ स्त्रियों को खड़ा करके सूर ने ज्ञान एवं योग का प्रतिरोध साधारण जनता की दृष्टि से किया। ज्ञान की ऊँची तत्त्वचिन्ता उनके लिए नहीं। ज्ञानयोग के प्रतिपक्ष में प्रेमयोग

---

* ततस्ताः कृष्णसंदेशैर्व्यपेतविरहज्वराः।
उद्धवं पूजयांचक्रुर्ज्ञात्वात्मानमधोक्षजम् ॥—आदि

का मंडन करके यह प्रतिपन्न किया गया है कि भक्ति की भी वही चरमावधि है जो ज्ञान की–

अहो अजान! ज्ञान उपदेसत ज्ञानरूप हमहीं।
निसदिन ध्यान सूर प्रभु को अलि! देखत जित तितहीं॥

सूर ने ज्ञान या योगमार्ग को संकीर्ण, कठिन और नीरस तथा भक्तिमार्ग को विशाल, सरल और सरस कहा है। ज्ञान या योग का अभ्यासी विश्व की विभूति से अपनी वृत्ति समेटकर अन्तर्मुख हो जाता है। इसलिए गुह्य, रहस्य एवं उलझन की वृद्धि होती है। पर भक्ति का अनुरागी बहिर्मुख रहता है। वह जगत् के विभूतिमत्, श्रीमत् और ऊर्जस्वित रूपों में अपनी वृत्ति रमाए रहता है।* इसलिए दुराव-छिपाव से दूर रहता है। उसके लिए सबकुछ सुलझा हुआ है। इस प्रकार भक्ति का राजमार्ग चौड़ा, निष्कंटक और सीधा है। उसमें गोपन, रहस्य या उलझाव कहीं नहीं–

काहे को रोकत मारग सूधो।
सुनहु मधुप! निर्गुन-कंटक तें राजपंथ क्यों रूँधो ॥

× × ×

राजपंथ तें टारि बतावत उरझ, कुबील, कुपैंड़ो।
सूरजदास समाय कहाँ लौं अज के बदन कुम्हैंड़ो ॥

विश्व की विभूति में मन को रमाने का जैसा अवसर भक्तिभावना में है वैसा अन्तःसाधना में नहीं। कल्याण का मार्ग अंतर्व्यापी नहीं, बहिर्व्यापी सत्ता से फूटता है–

दूरि नहीं दयाल सब घट कहत एक समान।
निकसि क्यों न गोपाल बोधत दुखिन के दुख जान ॥

× × ×

उर तें निकसि करत क्यों न सीतल जो पै कान्ह यहाँ है।

सगुणोपासना साधार होती है, मन को रमाती है। निर्गुणोपासना निराधार होती है, मन को चक्कर में डालती है–

रूप रेख गुन जाति जुगुति बिनु निरालंब मन चक्कृत धावै।
सब विधि अगम विचारहिं तातें सूर सगुन-लीला-पद गावै ॥

इसी से योग-साधना या निर्गुणोपासना नीरस कही गई है।

ए अलि! कहा जोग में नीको।
तजि रस-रीति नन्दनन्दन की सिखवत निर्गुन फीको ॥

× × ×

सूर कहौ गुरु कौन करै अलि! कौन सुनै मत फीको।

सगुण-निर्गुण के विवाद से उद्धव-प्रसंग इतना खिला कि और भी कई समर्थ कवि

---

* यद् यद् विभूतिमत्सत्त्वं श्रीमदूर्जितमेव वा।
तत्तदेवावगच्छ त्वं मम तेजोंऽशसम्भवम् ॥–गीता

उस पर रीझे। नन्ददास ने भी भावभरा 'भँवरगीत' गाया। उसकी टेकमिश्रित गीतशैली भ्रमरगीत की विशिष्ट पद्धति ही मान ली गई है। इनका भँवरगीत शुद्ध मुक्तक न होकर पद्य-निबन्ध के ढंग पर चला है। इसलिए उसमें गोपी-उद्धव-संवाद सधा हुआ आया है।

उत्तर-प्रत्युत्तर भी तर्कबद्ध रीति पर है। सूर के भ्रमरगीत की-सी विविधता उसमें नहीं पर निबन्धरूप में होने से रसधारा का आनन्द-प्रवाह अवश्य मिलता है। सूर के उद्धव की भाँति नन्ददास के उद्धव मौनाभ्यासी या अल्पभाषी नहीं हैं, भारी शास्त्रार्थी या विवादी हैं।

श्रीकृष्ण के वियोगवृत्त पर दो विशिष्ट रचनाएँ आधुनिक काल में भी प्रस्तुत हुईं—एक रत्नाकर का 'उद्धव-शतक' और दूसरी सत्यनारायण कविरत्न का 'भ्रमर-दूत'। सूर के भ्रमरगीत में जो थोड़ी कमी थी वह 'उद्धव-शतक' में परिपूर्ण हो गई। कवित्त-शैली में कुछ नवीन उद्भावनाओं के साथ 'उद्धव-शतक' प्रस्तुत करके रत्नाकर ने अपनी कवित्व-शक्ति का सच्चा परिचय तो दिया ही, लाक्षणिक प्रयोगों और व्यंजक विधि की कसावट से भाषा-शक्ति का भी पूरा प्रमाण उपस्थित किया। इसमें भ्रमर का वृत्त नहीं आया है। 'भ्रमर-दूत' में देश-प्रेम की भी व्यंजना करके कविरत्नजी ने उसे सामयिक रंग में बड़ी ही विदग्धता के साथ रँगा है। यशोदा या भारतमाता 'भ्रमर' को दूत बनाकर श्रीकृष्ण के पास द्वारिका भेजती है। इसकी रीति नन्ददासवाली टेकमिश्रित है। इस प्रकार उद्धव एवं भ्रमर के वृत्तांत पर हिन्दी में एक पृथक् ही वाङ्मय खड़ा हो गया है, जो बहुत ही रसीला और मर्मस्पर्शी है।

प्रस्तुत 'भ्रमरगीत' सूरसागर की सर्वोत्कृष्ट रत्नराशि है। स्वर्गीय आचार्य शुक्लजी ने सूरसागर को मथकर भ्रमरगीत-सार चार सौ पदों में रचित किया था। संग्रह थोड़ा-थोड़ा करके कई बार में किया गया था और जैसे-जैसे संग्रह होता जाता था, पुस्तक छपती जाती थी। इसी से इसमें कुछ पद पुनरुक्त हो गए और कुछ अस्थानस्थ। यहाँ तक कि एक पद संयोग शृंगार का भी चिपका रह गया। पुस्तक का अधिक प्रचार हुआ और शुक्लजी के जीवनकाल में ही इसकी कई आवृत्तियाँ हो गईं। न तो प्रकाशक को पुनरावृत्ति रोक रखने का अवकाश मिला और न सम्पादक को उसकी पुनरावृत्ति करने का, फलस्वरूप पुस्तक प्रायः ज्यों की त्यों छपती रही। केवल थोड़ी सी छपे कि वे अव्यवस्थाएँ दूर कर दी गईं जो पहली आवृत्ति होते ही ज्ञात हो गई थीं। अतः शुक्लजी जैसा चाहते थे वैसा परिष्कार करने की बारी ही नहीं आई।

काशी हिन्दू विश्वविद्यालय में यह ग्रन्थ पढ़ाते समय मुझे शुक्लजी से कई स्थानों पर विचार-विमर्श करने का भी सुअवसर प्राप्त हो चुका है। प्रस्तुत आवृत्ति के समय जब प्रकाशक ने मुझसे इसके उपसम्पादन का अनुरोध किया तो मैंने शुक्लजी की नीति के अनुकूल इसमें कुछ उलट-फेर करने का दुस्साहस भी किया। फेर-फार करने में जो विशेषताएँ आ गई हों उसे स्वर्गीय शुक्लजी का प्रसाद और जो त्रुटि बन पड़ी हो उसे मेरा ही प्रमाद समझना चाहिए।

छानबीन करने से निम्नलिखित पद संयोग-शृंगार का दिखाई पड़ा। अतः इसे हटा देना पड़ा—

देखु री, हरि जू के नैनन की छबि
यह अनुमान, मानि मन मानी अंबुज सेवत रबि॥
खंजरीट अतिब्यथा चपल भए, बन मृग, जल मँह मीन रहे दबि।
एते पै मानत न, कछू न कछू कहत हैं कुकबि॥
इन से तो एई हरि, आवै न कछु फबि।
सूरदास उपमा जु गई सब ज्यों होमत हबि॥

उद्धव-गोपी संवाद के एक ही लम्बे पद (संख्या 379) के छः टुकड़े हो गए थे और उनमें पृथक्-पृथक् संख्याएँ लग गई थीं। ये संख्याएँ भी हटा दी गईं। पाँच पद दो-दो बार छप गए थे। ये पुनरुक्त पद भी कम कर दिए गए। ग्रन्थ में पहले कुल पद संख्या 403 थी। उक्त परिशुद्धि से 11 पद संख्याएँ कम हो गईं और अब कुल पद-संख्या 392 ही रह गई। 8-9 पद नए जोड़कर 400 या 401 पद-संख्या कर देने का विचार था, पर कई कारणों से ऐसा नहीं किया।

भ्रमरगीत के कुछ पदों का आवश्यक अंश शुक्लजी ने अपनी भूमिका में भी उद्धृत किया है। मिलाने पर भूमिका और मूल के पदों में कहीं थोड़ा और कहीं विशेष पाठभेद दिखाई पड़ा। अधिकतर भूमिका के पाठ को ठीक मानकर जहाँ तक बन सका दोनों की एकरूपता स्थापित की गई। पदों में जो छापे की अशुद्धियाँ रह गई थीं उन्हें भी शुद्ध कर दिया गया। ब्रज में तालव्य 'श' नहीं होता, इसलिए सर्वत्र दंत्य 'स' का ही व्यवहार किया गया है। पहले इस नियम का पालन कहीं था, कहीं नहीं।

पदों की दो-चार टिप्पणियों में मतभेद दिखाई पड़ा। इनमें कोई परिवर्तन न करके सम्पादक की मूल टिप्पणियाँ के नीचे दूसरे अक्षरों में नई टिप्पणियाँ अलग से लगा दी गई हैं। शुक्लजी की टिप्पणियों के अतिरिक्त बहुत से ऐसे शब्द और प्रयोग और दिखाई पड़े जिनकी व्याख्या आवश्यक प्रतीत हुई। इसलिए 'चूर्णिका' नाम से पुस्तक के अन्त में कुछ और टिप्पणियाँ भी जोड़ देनी पड़ीं। अब आशा की जा सकती है कि यह पढ़ने-पढ़ानेवालों के लिए सुगम हो गया होगा।

ब्रह्मनाल, काशी
रथयात्रा, 1999

:: 2 ::

ज्ञान की कथनीवाले सन्तों की 'बानी' में न साहित्य के प्राण हैं न शरीर। यदि कोई कहे कि साहित्य न सही, जीवन को तो इन सन्तों ने प्रभावित किया, तो इसका सीधा उत्तर यह है कि पूरे जीवन को नहीं, जीवन के अंश या अंग मात्र को ही निर्गुण की

खँजड़ी मुग्ध कर सकी। निर्गुण-धारा निवृत्तिमुखी थी। पर भारतीय साहित्य निवृत्तिमुखी कभी नहीं रहा, शान्त को रस मानकर भी नहीं। भक्ति प्रवृत्तिमार्गी है, प्रवृत्तिलक्षण है यह बहुत पहले आरम्भ में ही, घोषित कर दिया गया था–'प्रवृत्तिलक्षणश्चैव धर्मो नारायणात्मकः'। जो भक्ति को इतने पर भी निवृत्तिमार्गी समझते हों उन्हें शास्त्र-चिन्तन का अभ्यास करना चाहिए।

कबीर की अपनी डफली जीवनांश को ही चकित कर सकी, साहित्य उससे न प्रभावित हुआ, न शासित। कबीर की साधनात्मक रहस्योन्मुखी वृत्ति साधकों के ही काम की निकली, साहित्य अछूता ही रह गया। जीवन का जो अंश गुह्य-गोप्य से दृप्त हो रहा था, भगवान् की लीला ने उसका रहस्योद्‌घाटन कर दिया। ज्ञान का गर्व विचूर्ण हो गया; भक्ति ने माया का परदा हटा दिया। यदि यह कहा जाए कि क्या प्रेम की पीर वाले फकीरों का भी प्रभाव नहीं पड़ा, तो उत्तर होगा कि भारतीय जीवन को उसने प्रभावित नहीं किया। साहित्य के अंग या अंश मात्र को ही वह प्रभावित कर सका, शासित उतने को भी नहीं। प्रेम की रहस्यवादिनी प्रवृत्ति केवल सूफी फकीरों के ही बीच जगती रही, भारतीय प्रेमाख्यानों की अरहस्योन्मुखी धारा पृथक् प्रभावित होती रही। हिन्दी-साहित्य के इतिहासों में उसकी कोई कथा-कहानी, चर्चा-वार्ता हुई ही नहीं। होती भी कैसे, भारतीय प्रेम-काव्यों की सरस्वती का प्रवाह वेष्टनों में छिपा जो पड़ा है। साहित्य का जो अंश सूफियों से प्रभावित हुआ उसकी खोज-खबर साहित्य के इतिहासों को नहीं। रीति-ग्रन्थों के पहाड़ में वह साहित्यांश, वह स्वच्छंद स्रोत, दबा जो पड़ा है।

अब सगुणधारा के रामभक्ति और कृष्णभक्ति के स्रोतों को लीजिए, रामभक्ति स्रोत के प्रवाहक महात्मा तुलसीदास उपदेश, नीति, मर्यादा आदि से संवलित वाणी का विसर्ग करते रहे। वे पूरे सामाजिक थे, समाज की उन्हें सर्वतोधिक चिन्ता थी। समाज या जीवन को उन्होंने जैसा प्रभावित किया, वैसा कोई न कर सका। तुलसी के राम रोम-रोम में रम गए। पर क्या साहित्य में तुलसी की परम्परा चली? राम का चरित स्वयम् काव्य भले ही हो, पर रामचरितमानस की परम्परा कहाँ है? जीवन ने उपदेशामृत का पान किया, पर साहित्य ऊँघने लगा। वह श्रद्धा का नहीं, शृंगार का आलम्बन चाहता था। वह 'मानस' से चलकर 'सागर' में जा डूबा। भक्तिकाल के उपरान्त रीतिकाल या शृंगारकाल का आगमन हुआ। सूर के राधाकृष्ण घनश्याम काव्य के अक्षर-अक्षर में छा गए। जिन्हें शंका या अपडर होता वे बोल उठते–'आगे के सुकवि रीझिहैं तौ कबिताई नतु राधिका-कन्हाई सुमिरन को बहानो है।'

तुलसी ने भगवान् का ऐश्वर्य-रूप लिया, वह जीवन के बड़े काम आया; उसकी विभूति से जीवन सम्पन्न हो गया। सूर ने भगवान् का रस-रूप लिया; साहित्य सरस हो गया। तुलसी के मर्यादापुरुषोत्तम के समक्ष समाज का सिर श्रद्धा से नत और मन विश्वास से आश्वस्त है। सूर के लीलापुरुषोत्तम के सम्मुख साहित्य की वाणी नर्तित और आत्म तल्लीन है। हिन्दी-साहित्य की भूमिका वृन्दावन और पंचवटी में है अथवा

'शून्य महलिया' और 'दसवँ दुआर' में, इसे सहृदय ही सोचें। साहित्य की आत्मा 'मानस' और 'सागर' से तरंगायित है अथवा 'बीजक' और 'अखरावट' से तरलायित इसे विज्ञ-अभिज्ञ ही विचारें।

× × ×

'भ्रमरगीत-सार' के इस संस्करण में छूटी भूल-चूक सुधार दी गई है, 'चूर्णिका' में परिमार्जन कर दिया गया है तथा 8 पद (391 से 398 तक) जोड़कर संख्या पूरी 400 कर दी गई है। ये पद बड़े कोष्ठक से घेर दिए गए हैं।

ब्रह्मनाल, काशी
अनन्त चतुर्दशी, 2006

—**विश्वनाथप्रसाद मिश्र**

महाकवि सूरदास

हिन्दुओं के स्वातन्त्र्य के साथ ही साथ वीर-गाथाओं की परम्परा भी काल के अँधेरे में जा छिपी। उस हीन दशा के बीच वे अपने पराक्रम के गीत किस मुँह से गाते और किन कानों से सुनते? जनता पर गहरी उदासी छा गई थी। राम और रहीम को एक बतानेवाली बानी मुरझाए मन को हरा न कर सकी; क्योंकि उसके भीतर उस कट्टर एकेश्वरवाद का सुर मिला हुआ था जिसका ध्वंसकारी स्वरूप लोग नित्य अपनी आँखों देख रहे थे। सर्वस्व गँवाकर भी हिन्दू जाति अपनी स्वतन्त्र सत्ता बनाए रखने की वासना नहीं छोड़ सकी थी। इससे उसने अपनी सभ्यता, अपने चिर-संचित संस्कार आदि की रक्षा के लिए राम और कृष्ण का आश्रय लिया; और उनकी भक्ति का स्रोत देश के एक कोने से दूसरे कोने तक फैल गया। जिस प्रकार वंग देश में कृष्ण-चैतन्य ने, उसी प्रकार उत्तर भारत में वल्लभाचार्यजी ने परम भाव की उस आनन्दविधायिनी कला का दर्शन कराकर, जिसे प्रेम कहते हैं, जीवन में सरसता का संचार किया। दिव्य प्रेम-संगीत की धारा में इस लोक का सुखद पक्ष निखर आया और जमती हुई उदासी या खिन्नता बह गई।

जयदेव की देववाणी की स्निग्ध पीयूष-धारा, जो काल की कठोरता में दब गई थी, अवकाश पाते ही लोक-भाषा की सरसता में परिणत होकर मिथिला की अमराइयों में विद्यापति के कोकिलकंठ से प्रकट हुई और आगे चलकर ब्रज के करील-कुंजों के बीच फैल मुरझाए मनों को सींचने लगी। आचार्यों की छाप लगी हुई आठ वीणाएँ श्रीकृष्ण की प्रेमलीला का कीर्तन करने उठीं, जिनमें सबसे ऊँची, सुरीली और मधुर झनकार अन्धे कवि सूरदास की वीणा की थी। ये भक्त-कवि सगुण उपासना का रास्ता साफ करने लगे। निर्गुण उपासना की नीरसता और अग्राह्यता दिखाते हुए ये उपासना का हृदयग्राही स्वरूप सामने लाने में लग गए। इन्होंने भगवान् का प्रेममय रूप ही लिया; इससे हृदय की कोमल वृत्तियों के ही आश्रय और आलम्बन खड़े किए। आगे जो इनके अनुयायी कृष्ण-भक्त हुए वे भी उन्हीं वृत्तियों में लीन रहे। हृदय की अन्य वृत्तियों (उत्साह आदि) के रंजनकारी रूप भी यदि चाहते, तो कृष्ण में ही मिल जाते; पर उनकी ओर वे न बढ़े। भगवान् का यह व्यक्त स्वरूप यद्यपि एकदेशीय था—केवल प्रेममय था—पर उस समय नैराश्य के कारण जनता के हृदय में जीवन की ओर से एक प्रकार की जो अरुचि-सी उत्पन्न हो रही थी उसे हटाने में उपयोगी हुआ। मनुष्यता

के सौन्दर्यपूर्ण और माधुर्यपूर्ण पक्ष को दिखाकर इन कृष्णोपासक वैष्णव कवियों ने जीवन के प्रति अनुराग जगाया, या कम-से-कम जीने की चाह बनी रहने दी।

बाल्य-काल और यौवन-काल कितने मनोहर हैं! उनके बीच नाना मनोरम परिस्थितियों के विशद् चित्रण द्वारा सूरदासजी ने जीवन की जो रमणीयता सामने रखी, उससे गिरे हुए हृदय नाच उठे। 'वात्सल्य' और 'शृंगार' के क्षेत्रों का जितना अधिक उद्‌घाटन सूर ने अपनी बन्द आँखों से किया, उतना किसी और कवि ने नहीं। इन क्षेत्रों का कोना-कोना वे झाँक आए। उक्त दोनों रसों के प्रवर्त्तक रतिभाव के भीतर की जितनी मानसिक वृत्तियों और दशाओं का अनुभव और प्रत्यक्षीकरण सूर कर सके, उतनी ही और कोई नहीं। हिन्दी-साहित्य में शृंगार का रसराजत्व यदि किसी ने पूर्ण रूप से दिखाया तो सूर ने।

उनकी उमड़ती हुई वाग्धारा उदाहरण रचनेवाले कवियों के समान गिनाए हुए संचारियों से बँधकर चलनेवाली न थी। यदि हम सूर के केवल विप्रलम्भ शृंगार को ही लें, अथवा इस भ्रमरगीत को ही देखें, तो न जाने कितने प्रकार की मानसिक दशाएँ ऐसी मिलेंगी, जिनके नामकरण तक नहीं हुए हैं। मैं इसी को कवियों की पहुँच कहता हूँ। यदि हम मनुष्य-जीवन के सम्पूर्ण क्षेत्र को लेते हैं, तो सूरदासजी की दृष्टि परिमित दिखाई पड़ती है। पर यदि उनके चुने हुए क्षेत्रों शृंगार और वात्सल्य को लेते हैं, तो उनके भीतर उनकी पहुँच का विस्तार बहुत अधिक पाते हैं। उन क्षेत्रों में इतना अन्तर्दृष्टि विस्तार और किसी कवि का नहीं। बात यह है कि सूर को 'गीतकाव्य' की जो परम्परा (जयदेव और विद्यापति की) मिली, वह शृंगार की ही थी। इसी से सूर के संगीत में भी उसी की प्रधानता रही। दूसरी बात है उपासना का स्वरूप। सूरदासजी वल्लभाचार्यजी के शिष्य थे, जिन्होंने भक्तिमार्ग में भगवान् का प्रेममय स्वरूप प्रतिष्ठित करके उसके आकर्षण द्वारा 'सायुज्य मुक्ति' का मार्ग दिखाया था। भक्ति-साधना के इस चरम लक्ष्य या फल (सायुज्य) की ओर सूर ने कहीं-कहीं संकेत भी किया है; जैसे—

सीत उष्न सुख-दुख नहिं मानै, हानि भए कछु सोच न राँचै।
जाय समाय सूर वा निधि में, वहुरि न उलटि जगत मैं नाचै॥

जिस प्रकार ज्ञान की चरम सीमा ज्ञाता और श्रेय की एकता है, उसी प्रकार प्रेम-भाव की चरम सीमा आश्रय और आलम्बन की एकता है। अतः भगवद्‌भक्ति की साधना के लिए इसी प्रेमतत्त्व को वल्लभाचार्य ने सामने रखा; और उनके अनुयायी कृष्णभक्त कवि इसी को लेकर चले। गोस्वामी तुलसीदासजी की दृष्टि व्यक्तिगत साधना के अतिरिक्त लोक-पक्ष पर भी थी; इसी से वे मर्यादा-पुरुषोत्तम के चरित को लेकर चले; और उसमें लोकरक्षा के अनुकूल जीवन की और-और वृत्तियों का भी उन्होंने उत्कर्ष दिखाया और अनुरंजन किया।

उक्त प्रेमतत्त्व की पुष्टि में ही सूर की वाणी मुख्यतः प्रयुक्त जान पड़ती है। रतिभाव के तीनों प्रबल और प्रधान रूप—भगवद्विषयक रति, वात्सल्य और दाम्पत्य

रति—सूर ने लिए हैं। यद्यपि पिछले दोनों प्रकार के रति-भाव भी कृष्णोन्मुख होने के कारण तत्त्वतः भागवत्प्रेम के अन्तर्भूत ही हैं, पर निरूपण-भेद से और रचना-विभाग की दृष्टि से वे अलग रखे गए हैं। इस दृष्टि से विभाग करने से विनय के जितने पद हैं, वे भगवद्विषयक रति के अन्तर्गत आवेंगे; बाललीला के पद वात्सल्य के अन्तर्गत और गोपियों के प्रेम-सम्बन्धी पद दाम्पत्य रति-भाव के अन्तर्गत होंगे। हृदय से निकली हुई प्रेम की इन तीनों प्रबल धाराओं से सूर ने बड़ा भारी सागर भरकर तैयार किया है।

कवि-कर्म-विधान के दो पक्ष होते हैं—विभाव-पक्ष और भाव-पक्ष। कवि एक ओर तो ऐसी वस्तुओं का चित्रण करता है, जो मन में कोई भाव उठाने या उठे हुए भाव को और जगाने में समर्थ होती हैं, और दूसरी ओर उन वस्तुओं के अनुरूप भावों के अनेक स्वरूप शब्दों द्वारा व्यक्त करता है। एक विभाव-पक्ष है, दूसरा भाव-पक्ष। कहने की आवश्यकता नहीं कि काव्य में ये दोनों अन्योन्याश्रित हैं, अतः दोनों रहते हैं। जहाँ एक ही पक्ष का वर्णन रहता है, वहाँ भी दूसरा पक्ष अव्यक्त रूप में रहता है। जैसे, नायिका के रूप या नखशिख का कोरा वर्णन लें, तो उसमें भी आश्रय का रति-भाव अव्यक्त रूप में वर्तमान रहता है। भाव-पक्ष में सूर की पहुँच का उल्लेख ऊपर हो चुका है। सूरदासजी ने शृंगार और वात्सल्य ये ही दो रस लिए हैं। अतः विभाव-पक्ष में भी उनका वर्णन उन्हीं वस्तुओं तक परिमित है, जो उक्त दोनों रसों के आलम्बन या उद्दीपन के रूप में आ सकती है; जैसे राधा और कृष्ण के नाना रूप, वेश और चेष्टाएँ तथा करील-कुंज, उपवन, यमुना, पवन, चन्द्र, ऋतु इत्यादि।

विभाव-पक्ष के अन्तर्गत भी वस्तुएँ दो रूपों में लाई जाती हैं—वस्तु-रूप में और अलंकार-रूप में; अर्थात् प्रस्तुत रूप में और अप्रस्तुत रूप में। मान लीजिए कि कोई कवि कृष्ण का वर्णन कर रहा है। पहले वह कृष्ण के श्याम या नीलवर्ण शरीर को, उस पर पड़े हुए पीताम्बर को, त्रिभंगी मुद्रा को, स्मित आनन को, हाथ में ली हुई मुरली को, सिर के कुंचित केश और मोरमुकुट आदि को सामने रखता है। यह विन्यास वस्तु-रूप में हुआ। इसी प्रकार का विन्यास यमुना-तट, निकुंज की लहराती लताओं, चन्द्रिका, कोकिल-कूजन आदि का होगा। इसके साथ ही यदि कृष्ण के शोभा-वर्णन में घन और दामिनी, सनाल कमल आदि उपमान के रूप में वह लाता है, तो यह विन्यास अलंकार-रूप में होगा। वर्ण्य विषय की परिमिति के कारण वस्तु-विन्यास का जो संकोच 'सूर' की रचना में दिखाई पड़ता है, उसकी बहुत कुछ कसर अलंकार-रूप में लाए हुए पदार्थों के प्राचुर्य द्वारा पूरी हो जाती है, कहने का तात्पर्य है कि प्रस्तुत रूप में लाए हुए पदार्थों की संख्या कम, पर अलंकार-रूप में लाए हुए पदार्थों की संख्या बहुत अधिक है। यह दूसरे प्रकार की (आलंकारिक) रूप-योजना या व्यापार-योजना किसी और (प्रस्तुत) रूप के प्रभाव को बढ़ाने के लिए ही होती है। अतः इसमें लाए हुए रूप या व्यापार ऐसे ही होने चाहिए, जो प्रभाव में उन प्रस्तुत रूपों या व्यापार के समान हों। सूर अलंकार-योजना के लिए अधिकतर ऐसे ही पदार्थ लाए हैं।

सारांश यह कि यदि हम बाह्य सृष्टि से लिए रूपों और व्यापारों के सम्बन्ध में सूर की पहुँच का विचार करते हैं, तो यह बात स्पष्ट देखने में आती है कि प्रस्तुत रूप में लिए हुए पदार्थों और व्यापारों की संख्या परिमित है। उन्होंने कृष्ण और राधा के अंग-प्रत्यंग, मुद्राओं और चेष्टाओं, यमुनातट, वंशीवट, निकुंज, गोचारण, वन-विहार, बाललीला, चोरी, नटखटी तथा कवि-परिपाटी में परिगणित ऋतु-सुलभ वस्तुओं तक ही अपने को रखा है।

इसके दो कारण हैं—पहली बात तो यह है कि इनकी रचना 'गीत-काव्य' है जिसमें मधुर ध्वनि-प्रवाह के बीच कुछ चुने हुए पदार्थों और व्यापारों की झलक भर काफी होती है। गोस्वामी तुलसीदास-कृत रामचरितमानस के समान सूरसागर प्रबन्ध-काव्य नहीं है, जिसमें कथाक्रम से अनेक पदार्थों और व्यापारों की शृंखला जुड़ती चली चलती है। सूरदासजी ने प्रत्येक लीला या प्रसंग पर फुटकर पद कहे हैं, एक पद दूसरे पद से सम्बद्ध नहीं है। प्रत्येक पद स्वतंत्र है। इसी से किसी एक प्रसंग पर कहे हुए पदों को यदि हम लेते हैं, तो एक ही घटना से सम्बन्ध रखनेवाली एक ही बात भिन्न-भिन्न रागिनियों में कुछ फेरफार के साथ बहुत पदों से मिलती है, जिससे पढ़नेवाले का जी कभी-कभी ऊब-सा जाता है। यह बात प्रकृत प्रबंध-काव्य में नहीं होती।

परिमिति का दूसरा कारण पहले ही कहा जा चुका है कि सूरदासजी ने जीवन की वास्तव में दो ही वृत्तियाँ ली हैं—बाल-वृत्ति और यौवन-वृत्ति। इन दोनों के अन्तर्गत आए हुए व्यापार क्रीड़ा, उमंग और उद्रेक के रूप में ही हैं। प्रेम भी घटनापूर्ण नहीं है। उसमें किसी प्रकार का प्रयत्न-विस्तार नहीं है जिसके भीतर नई-नई वस्तुओं और व्यापारों का सन्निवेश होता चलता है। लोक-संघर्ष से उत्पन्न विविध व्यापारों की योजना सूर का उद्देश्य नहीं है। उनकी रचना जीवन की अनेकरूपता की ओर नहीं गई है; बाल-क्रीड़ा, प्रेम के रंग-रहस्य और उसकी अतृप्त वासना तक ही रह गई है। जीवन की गम्भीर समस्याओं से तटस्थ रहने के कारण उसमें वह वस्तु-गाम्भीर्य नहीं है जो गोस्वामीजी की रचनाओं में है। परिस्थिति की गम्भीरता के अभाव से गोपियों के वियोग में भी वह गम्भीरता नहीं दिखाई पड़ती जो सीता के वियोग में है। उनका वियोग खाली बैठे का काम-सा दिखाई पड़ता है। सीता अपने प्रिय से वियुक्त होकर कई सौ कोस दूर दूसरे द्वीप में राक्षसों के बीच पड़ी हुई थी। गोपियों के गोपाल केवल दो-चार कोस दूर के एक नगर में राजसुख भोग रहे थे। सूर का वियोग-वर्णन, वियोग-वर्णन के लिए ही है, परिस्थिति के अनुरोध से नहीं। कृष्ण गोपियों के साथ क्रीड़ा करते-करते किसी कुंज या झाड़ी में जा छिपते हैं; या यों कहिए कि थोड़ी देर के लिए अन्तर्धान हो जाते हैं बस, गोपियाँ मूर्छित होकर गिर पड़ती हैं, उनकी आँखों से आँसुओं की धारा उमड़ चलती है। पूर्ण वियोग-दशा उन्हें आ घेरती है। यदि परिस्थिति का विचार करें, तो ऐसा विरह-वर्णन असंगत प्रतीत होगा। पर जैसा कहा जा चुका है, सूरसागर प्रबन्ध-काव्य नहीं है, जिसमें वर्णन की उपयुक्तता या अनुपयुक्तता के निर्णय में घटना या परिस्थिति के विचार का बहुत कुछ योग रहता है।

पारिवारिक और सामाजिक जीवन के बीच हम सूर के बालकृष्ण को ही थोड़ा बहुत देखते हैं। कृष्ण के केवल बाल-चरित्र का प्रभाव नन्द, यशोदा आदि परिवार के लोगों और पड़ोसियों पर पड़ता दिखाई देता है। सूर का बाललीला-वर्णन ही पारिवारिक जीवन से सम्बद्ध है। कृष्ण के छोटे-छोटे पैरों से चलने, मुँह में मक्खन लिपटाकर भागने या इधर-उधर नटखटी करने पर नन्द बाबा और यशोदा मैया का कभी पुलकित होना, कभी खीझना, कभी पड़ोसियों का प्रेम से उलाहना देना आदि बातें एक छोटे-से जन-समूह के भीतर आनन्द का संचार करती दिखाई गई हैं। इसी बाल-लीला के भीतर कृष्णचरित का लोक-पक्ष अधिकतर आया है; जैसे कंस के भेजे हुए असुरों के उत्पाद से गोपों को बचाना, काली नाग को नाथकर लोगों का भय छुड़ाना। इन्द्र के कोप से डूबती हुई बस्ती की रक्षा करने और नन्द को वरुण-लोक से लाने का वृत्तान्त यद्यपि प्रेमलीला आरम्भ होने के पीछे आया है, पर उससे सम्बद्ध नहीं है। कृष्ण के चरित में जो यह थोड़ा बहुत लोक-संग्रह दिखाई पड़ता है, उसके स्वरूप में सूर की वृत्ति लीन नहीं हुई है। जिस शक्ति से उस बाल्यावस्था में ऐसे प्रबल शत्रुओं का दमन किया गया उसके उत्कर्ष का अनुरंजनकारी और विस्तृत वर्णन उन्होंने नहीं किया है। जिस ओज और उत्साह से तुलसीदासजी ने मारीच, ताड़का, खरदूषण आदि के निपात का वर्णन किया है उस ओज और उत्साह से सूरदासजी ने बकासुर, अघासुर, कंस आदि के वध और इन्द्र के गर्व-मोचन का वर्णन नहीं किया है। कंस और उसके साथी असुर भी कृष्ण के शत्रु के रूप में ही सामने आते हैं, लोक-शत्रु या लोक-पीड़क के रूप में नहीं। रावण के साथी राक्षसों के समान वे ब्राह्मणों को चबा-चबाकर उनकी हड्डियों का ढेर लगानेवाले या स्त्री चुरानेवाले नहीं दिखाई पड़ते। उनके कारण वैसा हाहाकार नहीं सुनाई पड़ता। उनका अत्याचार 'सभ्य अत्याचार' जान पड़ता है। शक्ति, शील और सौन्दर्य भगवान् की इन तीन विभूतियों में से सूर ने केवल सौन्दर्य तक ही अपने को रखा है, जो प्रेम को आकर्षित करता है। शेष दो विभूतियों को भी लेकर भगवान् के लोक-रंजनकारी स्वरूप की पूर्ण प्रतिष्ठा हमारे हिन्दी-साहित्य में गोस्वामी तुलसीदासजी ने की। श्रद्धा या महत्त्व-बुद्धि पुष्ट करने के लिए कृष्ण की शक्ति या लौकिक महत्त्व की प्रतिष्ठा में आग्रह न दिखाने के कारण ही सूर की उपासना सख्य-भाव की कही जाती है।

पारिवारिक और सामाजिक जीवन के साथ सूरदास द्वारा वर्णित कृष्णचरित का जो थोड़ा-बहुत सम्बन्ध दिखाई पड़ता है उसका सम्यक् स्फुरण नहीं हुआ है। रहा प्रेम-पक्ष, वह ऐकान्तिक है। सूर का प्रेम-पक्ष लोक से न्यारा है। गोपियों के प्रेम-भाव की गम्भीरता आगे चलकर उद्धव का ज्ञान-गर्व मिटाती हुई दिखाई पड़ती है। वह भक्ति की एकान्त साधना का आदर्श प्रतिष्ठित करती हुई जान पड़ती है, लोक-धर्म के किसी अंग का नहीं। सूरदास सच्चे प्रेम-मार्ग के त्याग और पवित्रता को ज्ञान-मार्ग के त्याग और पवित्रता के समकक्ष रखने में खूब समर्थ हुए हैं, साथ ही उन्होंने उस त्याग को रागात्मिका वृत्ति द्वारा प्रेरित दिखाकर भक्ति-मार्ग या प्रेम-मार्ग की सुगमता

भी प्रतिपादित की है।

तुलसी के समान लोकव्यापी प्रभाववाले कर्म और लोकव्यापिनी दशाएँ सूर ने वर्णन के लिए नहीं ली हैं। असुरों के अत्याचार से दुःखी पृथ्वी की प्रार्थना पर भगवान् का कृष्णावतार हुआ, इस बात को उन्होंने केवल एक ही पद में कह डाला है। इसी प्रकार कागासुर, बकासुर, शकटासुर आदि को हम लोक-पीड़कों के रूप में नहीं पाते हैं। केवल प्रलम्ब और कंस के वध पर देवताओं का फूल बरसाना देखकर उक्त कर्म के लोकव्यापी प्रभाव का कुछ आभास मिलता है, पर वह वर्णन विस्तृत नहीं है। सूरदास का मन जितना नन्द के घर को आनन्द-बधाई, बाल-क्रीड़ा मुरली की मोहिनी तान, रास-नृत्य, प्रेम के रंग-रहस्य और संयोग-वियोग की नाना दशाओं में लगा है, उतना ऐसे प्रसंगों में नहीं। ऐसे प्रसंगों को उन्होंने किसी प्रकार चलता कर दिया है। कुछ लोग रामचरितमानस में राम के प्रत्येक कर्म पर देवताओं का फूल बरसाना देखकर ऊबते-से हैं। उन्हें समझना चाहिए कि गोस्वामीजी ने राम के प्रत्येक कर्म के ऐसे व्यापक प्रभाव को चित्रित किया है, जिस पर तीनों लोक की दृष्टि लगी रहती थी। कृष्ण का गोचारण और रास-लीला आदि देखने को भी देवगण एकत्र हो जाते हैं, पर केवल तमाशबीन की तरह।

सूरदासजी को मुख्यतः शृंगार और वात्सल्य का कवि समझना चाहिए, यद्यपि और रसों का भी एकाध जगह अच्छा वर्णन मिल जाता है; जैसे, दावानल के इस वर्णन में भयानक रस का—

भहरात झहरात दावानल आयो।
घेरि चहुँ ओर, करि सोर अन्दोर वन धरनि आकास चहुँ पास छायो।
बरत बन-बाँस, थरहरत कुस-कास, जरि उड़त बहुत झाँस, अति प्रबल धायो।
झपटि झपटत लपट, फूल फूटत पटकि, चटकि लट लटकि द्रुम फटि नवायो।
अति अगिनि झार भंभार धुंधार करि उचटि अंगार झंझार छायो।
बरत बनपात, भहरात, झहरात अररात तरु महा धरनी गिरायो॥

पर जैसा कहते आ रहे हैं, मुख्यतः शृंगार और वात्सल्य की ही है। पर इसमें सन्देह नहीं कि इन दोनों रसों के वे सबसे बड़े कवि हैं।

यहाँ तक तो सूर की रचना की सामान्य दृष्टि से समीक्षा हुई। अब इन महाकवि की उन विशेषताओं का थोड़ा-बहुत दिग्दर्शन होना चाहिए जिनके कारण हिन्दी-साहित्य में इनका स्थान इतना ऊँचा है। ध्यान देने की सबसे पहली बात यह है कि चलती हुई ब्रजभाषा में सबसे पहली साहित्यिक कृति इन्हीं की मिलती है, जो अपनी पूर्णता के कारण आश्चर्य में डाल देती है। पहली साहित्य-रचना और इतनी प्रचुर, प्रगल्भ और काव्यांग-पूर्ण कि अगले कवियों की शृंगार और वात्सल्य की उक्तियाँ इनकी जूठी जान पड़ती हैं। यह बात हिन्दी-साहित्य का इतिहास लिखनेवालों को उलझन में डालनेवाली होगी। सूरसागर किसी पहले से चली आती हुई परम्परा का—चाहे वह मौखिक ही रही हो—पूर्ण विकास-सा जान पड़ता है, चलनेवाली परम्परा का मूल रूप नहीं।

यदि भाषा को लेकर देखते हैं, तो वह ब्रज की चलती बोली होने पर भी एक साहित्यिक भाषा के रूप में मिलती है, जो और प्रान्तों में कुछ प्रचलित शब्दों और प्रत्ययों के साथ ही साथ पुरानी काव्य-भाषा अपभ्रंश के शब्दों को लिए हुए हैं। सूर की भाषा बिल्कुल बोलचाल की ब्रजभाषा नहीं है। 'जाकों', 'तासों', 'वाको' चलती ब्रजभाषा के इन रूपों के समान ही 'जेहि', 'तेहि' आदि पुराने रूपों का प्रयोग बराबर मिलता है, जो अवधी की बोलचाल में तो अब तक हैं, पर ब्रज की बोलचाल में सूर के समय में भी नहीं थे। पुराने निश्चयार्थक 'पै' का व्यवहार भी पाया जाता है, जैसे, 'जाहि लगै सोई पै जानै, प्रेम-बान अनियारो'। 'गोड़', 'आपन', 'हमार' आदि पूरबी प्रयोग भी बराबर पाए जाते हैं। कुछ पंजाबी प्रयोग भी मौजूद हैं; जैसे, महँगी के अर्थ में 'प्यारी' शब्द। ये सब बातें एक व्यापक काव्य-भाषा के अस्तित्व की सूचना देती हैं।

अब हम संक्षेप में उन प्रसंगों को लेते हैं जिनमें सूर की प्रतिभा पूर्णतया लीन हुई है। कृष्ण-जन्म की आनन्द-बधाई के उपरान्त ही बाल-लीला का आरम्भ हो जाता है। जितने विस्तृत और विशद रूप में बाल्य-जीवन का चित्रण इन्होंने किया है, उतने विस्तृत रूप में और किसी कवि ने नहीं किया। शैशव से लेकर कौमार्य अवस्था तक के क्रम से लगे हुए न जाने कितने चित्र मौजूद हैं। उनमें केवल बाहरी रूपों और चेष्टाओं का ही विस्तृत और सूक्ष्म वर्णन नहीं है; कवि ने बालकों की अन्तःप्रकृति में भी पूरा प्रवेश किया है और अनेक बाल्य-भावों की सुन्दर स्वाभाविक व्यंजना की है। देखिए, 'स्पर्द्धा' का भाव, जो बालकों में स्वाभाविक होता है, इन वाक्यों से किस प्रकार व्यंजित हो रहा है–

मैया कबहिं बढ़ैगी चोटी?
किती वार मोहिं दूध पियत भई, यह अजहूँ है छोटी।
तू जो कहति 'बल' की बेनी ज्यों ह्वैहै लाँबी मोटी॥

बाल-चेष्टा के स्वाभाविक मनोहर चित्रों का इतना बड़ा भंडार और कहीं नहीं है, जितना सूरसागर में है। दो-चार चित्र देखिए–

(1) कत हौ आरि करत मेरे मोहन यों तुम आँगन लोटी?
जो माँगहुँ सो देहुँ मनोहर, यहै बात तेरी खोटी।
सूरदास को ठाकुर ठाढ़ो हाथ लकुटि लिए छोटी॥

(2) सोभित कर नवनीत लिए।
घुटरुन चलत, रेनु तन मंडित, मुख दधि-लेप किए॥

(3) सिखवत चलन जसोदा मैया।
अरवराय करि पानि गहावत, डगमगाय धरै पैयाँ॥

(4) पाहुनि करि दै तनक मह्यौ।
आरि! करै मनमोहन मेरो, अंचल आनि गह्यौ।
व्याकुल मथत मथनियाँ रीती, दधि भवैं ढरकि रह्यौ॥

हार-जीत के खेल में बालकों के 'क्षोभ' के कैसे स्वाभाविक वचन सूर ने रखे हैं—

खेलत में को काको गोसैयाँ।
हरि हारे जीते श्रीदामा, बरवस ही कत करत रिसैयाँ।
जाति-पाँति हमते कछु नाहिं, बसत तुम्हारी छैयाँ।
अति अधिकार जनावत यातें अधिक तुम्हारे हैं कछु गैयाँ॥

अब यहाँ पर थोड़ा इसका भी निर्णय हो जाना चाहिए कि इन बाल-चेष्टाओं का काव्य-विधान में क्या स्थान होगा। वात्सल्य रस के अनुसार बालक कृष्ण आलम्बन होंगे और नन्द या यशोदा आश्रय। अतः चेष्टाएँ अनुभव के अन्तर्गत आती हैं; पर आलंबनगत चेष्टाएँ उद्दीपन के ही भीतर आ सकती हैं। इससे यह स्पष्ट है कि ऐसी चेष्टाओं का स्थान भाव-विधान के ही भीतर आ सकती हैं। इससे यह स्पष्ट है कि ऐसी चेष्टाओं का स्थान भाव-विधान के ही भीतर है। उन्हें अलंकार-विधान के भीतर घसीटकर 'स्वभावोक्ति' अलंकार कहना मेरी समझ में ठीक नहीं।

बाल-लीला के आगे फिर उस गोचारण का मनोरम दृश्य सामने आता है जो मनुष्य जाति की अत्यन्त प्राचीन वृत्ति होने के कारण अनेक देशों में काव्य का प्रिय विषय रहा है। यवन-देश (यूनान) के 'पशु-चारण काव्य' (Pastoral Poetry) का मधुर संस्कार यूरोप की कविता पर अब तक कुछ-न-कुछ चला ही जाता है। कवियों को आकर्षित करनेवाली गोप जीवन की सबसे बड़ी विशेषता है, प्रकृति के विस्तृत क्षेत्र में विचरने के लिए सबसे अधिक अवकाश। कृषि, वाणिज्य आदि और व्यवसाय जो आगे चलकर निकले, वे अधिक जटिल हुए—उसमें उतनी स्वच्छन्दता न रही। कविश्रेष्ठ कालिदास ने अपने रघुवंश काव्य के आरम्भ में दिलीप को नन्दिनी के साथ वन-वन फिराकर इसी मधुर जीवन का आभास दिलाया है। सूरदासजी ने जमुना के कछारों के बीच गोचारण के बड़े सुन्दर-सुन्दर दृश्यों का विधान किया है। यथा—

मैया री! मोहिं दाऊ टेरत।
मोकों बनफल तोरि देत हैं, आपुन गैयन घेरत॥

यमुना तट पर किसी बड़े पेड़ की शीतल छाया में बैठकर कभी सब सखा कलेऊ बाँटकर खाते हैं, कभी इधर-उधर दौड़ते हैं। कभी कोई चिल्लाता है—

द्रुम चढ़ि काहे न टेरत, कान्हा गैया दूरि गईं।
धाई जाति सबन के आगे जे वृषभान दईं॥

'जे वृषभान दईं' कहकर सूर ने पशु-प्रकृति का अच्छा परिचय दिया है। नए खूँटे पर आई हुई गाएँ बहुत दिनों तक चंचल रहती हैं और भागने का प्रयत्न करती हैं। इसी से वृषभानु की दी हुई गाएँ चरते समय भी भाग खड़ी होती हैं, और कुछ दूसरी गाएँ भी स्वभावानुसार उनके पीछे दौड़ पड़ती हैं।

वृन्दावन के उसी सुखमय जीवन के हास-परिहास के बीच गोपियों के प्रेम का उदय होता है। गोपियाँ कृष्ण के दिन-दिन खिलते हुए सौन्दर्य और मनोहर चेष्टाओं को देख मुग्ध होती चली जाती हैं। और कृष्ण कौमार्य अवस्था की स्वाभाविक

चपलतावश उनसे छेड़छाड़ करना आरम्भ करते हैं। हास-परिहास और छेड़छाड़ के साथ प्रेम-व्यापार का अत्यन्त स्वाभाविक आरम्भ सूर ने दिखाया है। किसी के रूप की चर्चा सुन, या अकस्मात् किसी की एक झलक पाकर हाय-हाय करते हुए इस प्रेम का आरम्भ नहीं हुआ है। नित्य अपने बीच चलते-फिरते, हँसते-बोलते, वन में गाय चराते देखते-देखते गोपियाँ कृष्ण में अनुरक्त होती हैं और कृष्ण गोपियों में। इस प्रेम को हम जीवनोत्सव के रूप में पाते हैं; सहसा उठ खड़े हुए तूफान या मानसिक विप्लव के रूप में नहीं, जिसमें अनेक प्रकार के प्रतिबन्धों और विघ्न-बाधाओं को पार करने की लम्बी-चौड़ी कथा खड़ी होती है। सूर के कृष्ण और गोपियाँ पक्षियों के समान स्वच्छन्द समाज का स्वप्न, जैसा अंग्रेज कवि शेली देखा करते थे उसी प्रकार का यह समाज सूर ने चित्रित किया है।

सूर के प्रेम की उत्पत्ति में रूप-लिप्सा और साहचर्य दोनों का योग है। बालक्रीड़ा के सखा-सखी आगे चलकर यौवन-क्रीड़ा के सखा-सखी हो जाते हैं। गोपियों ने उद्धव से साफ कहा है—"लरिकाई को प्रेम कहौ, अलि कैसे छूटे।" केवल एक साथ रहते-रहते भी दो प्राणियों में स्वभावतः प्रेम हो जाता है। कृष्ण एक तो बाल्यावस्था से ही गोपियों के बीच रहे, दूसरे सुन्दरता में भी वे अद्वितीय थे। अतः गोपियों के प्रेम का क्रमशः विकास दो प्राकृतिक शक्तियों के प्रभाव से होने के कारण बहुत ही स्वाभाविक प्रतीत होता है। बालक्रीड़ा इस प्रकार क्रमशः यौवन-क्रीड़ा के रूप में परिणत होती गई कि सन्धि का पता ही नहीं चलता। रूप का आकर्षण बाल्यावस्था से ही आरम्भ हो जाता है। राधा और कृष्ण के विशेष प्रेम की उत्पत्ति सूर ने रूप के आकर्षण द्वारा ही कही है—

(क) खेलन हरि निकसे ब्रज-खोरी।
गए स्याम रवि-तनया के तट, अंग लसति चंदन की खोरी॥
औचक ही देखि तहँ राधा, नैन विसाल, भाल दिए रोरी।
सूर स्याम देखत ही राझे, नैन नैन मिलि परी ठगोरी।

(ख) बूझत स्याम, कौन तू गोरी!
"कहाँ रहति, काकी तू बूटी? देखी नाहिं कहूँ ब्रज-खोरी"॥
"काहे को हम ब्रज तन आवति? खेलति रहति आपनी पोरी॥
सुनति रहति श्रवनन नँद-ढोटा करत रहत माखन दधि चोरी"॥
"तुम्हरों कहा चोरि हम लैहैं? खेलन चलौ संग मिलि जोरी"॥
सूरदास प्रभु रसिक-सिरोमनि, बातन भुरइ राधिका भोरी॥

इस खेल ही खेल में इतनी बड़ी बात पैदा हो गई है जिसे प्रेम कहते हैं। प्रेम का आरम्भ उभय पक्ष में सम है। आगे चलकर कृष्ण के मथुरा चले जाने पर उसमें कुछ विषमता दिखाई पड़ती है। कृष्ण यद्यपि गोपियों को भूले नहीं हैं, उद्धव के मुख से उनका वृत्तान्त सुनकर वे आँखों में आँसू भर लेते हैं, पर गोपियों ने जैसा वेदनापूर्ण उपालम्भ दिया है उससे अनुराग की कमी व्यंजित होती है।

पहले कहा जा चुका है कि शृंगार और वात्सल्य के क्षेत्र में सूर की समता को और कोई कवि नहीं पहुँचा है। शृंगार के संयोग और वियोग दोनों पक्षों का इतना प्रचुर विस्तार और किसी कवि में नहीं मिलता। वृन्दावन में कृष्ण और गोपियों का सम्पूर्ण जीवन क्रीड़ामय है और वह सम्पूर्ण क्रीड़ा संयोगपक्ष है। उसके अन्तर्गत विभागों की परिपूर्णता कृष्ण और राधा के अंग-प्रत्यंग की शोभा के अत्यन्त प्रचुर और चमत्कारपूर्ण वर्णन में तथा वृन्दावन के करील कुंजों, लोनी लताओं, हरे-भरे कछारों, खिली हुई चाँदनी, कोकिल-कूजन आदि में देखी जाती है। अनुभावों और संचारियों का इतना बाहुल्य और कहाँ मिलेगा? सारांश यह कि संयोग-सुख के जितने प्रकार के क्रीड़ा-विधान हो सकते हैं वे सब सूर ने लाकर इकट्ठे कर दिए हैं। यहाँ तक कि कुछ ऐसी बातें भी आ गई हैं—जैसे कृष्ण के कन्धे पर चढ़कर फिरने का राधा का आग्रह—जो कम रसिक लोगों को अरुचिकर स्त्रेणता प्रतीत होगी।

सूर का संयोग-वर्णन एक क्षणिक घटना नहीं है; प्रेम संगीत-मय जीवन की एक गहरी चलती धारा है, जिसमें अवगाहन करनेवाले को दिव्य माधुर्य के अतिरिक्त और कहीं कुछ नहीं दिखाई पड़ता। राधा-कृष्ण के रंग-रहस्य के इतने प्रकार के चित्र सामने आते हैं कि सूर का हृदय प्रेम को नाना उमंगों का अक्षय भंडार प्रतीत होता है। प्रेमोदय काल की विनोद-वृत्ति और हृदयप्रेरित भावों की छटा चारों ओर छलकी पड़ती है। राधा और कृष्ण का गाय चराते समय वन में भी साथ हो जाता है, एक दूसरे के घर आने-जाने भी लगे हैं, इसलिए ऐसी बातें नित्य न जाने कितनी हुआ करती हैं—

(क) करि ल्यो न्यारी, हरि, आपनि गैयाँ।
नाहिंन बसात लाल कुछ सों, सबै ग्वाल इकठैयाँ ॥

(ख) धेनु दुहत अति ही रति बाढ़ी।
एक धार दोहनि पहुँचावत, एक धार जहँ प्यारी ठाढ़ी।
मोहन कर तें धार चलति पय, मोहिनि-मुख अति ही छबि बाढ़ी ॥

(ग) तुम पै कौन दुहावै गैया।
इत चितवत, उत धार चलावत, एहि सिखयो है मैया।

यशोदा के इस कथन का कि बार-बार तू यहाँ क्यों उत्पात मचाने आती है, राधा जो उत्तर देती है उसमें प्रेम के आविर्भाव की कैसी सीधी और भोली-भाली व्यंजना है—

बार-बार तू ह्याँ जनि आवै।
"मैं कहा करौं सुतहिं नहिं बरजति, घर तें मोहिं बुलावै।
मोसों कहत तोहिं बिनु देखे रहत न मेरो प्रान।
छोह लगत मोकों सुनि बानी, महरि! तिहारी आन"॥

कहने का सारांश यह है कि प्रेम नाम की मनोवृत्ति का जैसा विस्तृत और पूर्ण परिज्ञान सूर को था, वैसा और किसी कवि को नहीं। इनका सारा संयोग-वर्णन लम्बी-चौड़ी प्रेमचर्या है जिसमें आनन्दोल्लास के न जाने कितने स्वरूपों का विधान है।

रासलीला, दानलीला, मानलीला इत्यादि सब उसी के अन्तर्गत हैं। पीछे देव कवि ने एक 'अष्टयाम' रचकर प्रेमचर्या दिखाने का प्रयत्न किया; पर वह अधिकतर एक घर के भीतर के भोगविलास की कृत्रिम दिनचर्या के रूप में है। उसमें न तो वह अनेकरूपता है और न प्राकृतिक जीवन की वह उमंग।

आलम्बन की रूप-प्रतिष्ठा के लिए कृष्ण के अंग-प्रत्यंग का सूर ने जो सैकड़ों पदों में वर्णन किया है, वह तो किया ही है; आश्रय पक्ष में नेत्र-व्यापार और उसके अद्भुत प्रभाव पर, एक दूसरी ही पद्धति पर, बड़ी ही रम्य उक्तियाँ बहुत अधिक हैं रूप को हृदय तक पहुँचानेवाले नेत्र ही हैं। इससे हृदय की सारी आकुलता, अभिलाषा और उत्कंठा का दोष इन्हीं रूपवाहकों के सिर मढ़कर सूर ने इनके प्रभाव-प्रदर्शन के लिए बड़े अनूठे ढंग निकाले हैं। कहीं इनकी न बुझनेवाली प्यास की परेशानी दिखाई है, कहीं इनकी चपलता और निरंकुशता पर इन्हें कोसा है। पीछे बिहारी, रामसहाय, गुलाम नबी और रसनिधि ने भी इस पद्धति का बहुत कुछ अनुकरण किया, पर यहाँ तो भंडार भरा हुआ है। इस प्रकार के नेत्र-व्यापार-वर्णन आश्रय पक्ष और आलम्बन पक्ष दोनों में होते हैं। सूर ने आश्रय पक्ष में ही इस प्रकार के वर्णन किए हैं; जैसे—

मेरे नैना बिरह की बेलि बई।
सींचत नीर नैन के सजनी! मूल पताल गई ॥
बिगसति लता सुभाय आपने, छाया सघन भई।
अब कैसे निरुवारौं, सजनी। सब तन पसरि छई ॥

आलम्बन पक्ष में सूर के नेत्र-वर्णन उपमा, उत्प्रेक्षा आदि से भरी रूप-चित्रण की शैली पर ही है; जैसे—

देखि, री? हरि के चंचल नैन।
खंजन मीन्न मृगज चपलाई नहिं पटतर एक सैन ॥
राजिबदल इंदीवर, सतदल कमल, कुसेसय जाति।
निसि मुद्रित, प्रातहि वै बिगसत, ये बिगसत दिन राति ॥
अरुन असित सित झलक पलक प्रति को बरनै उपमान।
मनौ सरस्वती गंग जमुन मिलि आगम आगम कीन्हों आन ॥

आलम्बन में स्थित नेत्र क्या करते हैं इसका वर्णन सूर ने बहुत ही कम किया है। पिछले कुछ कवियों ने पक्ष में भी चमत्कारपूर्ण उक्तियाँ कही हैं। जैसे सूर ने तो "अरुन असित सित झलक" पर गंगा, यमुना और सरस्वती की उत्प्रेक्षा की है, पर गुलाम नबी (रसलीन) ने उसी झलक की यह करतूत दिखाई है—

अमिय, हलाहल, मद भरे, स्वेत स्याम रतनार।
जियत, मरत झुकि-झुकि परत, जेहि चितवत इक बार ॥

मुरली पर कही हुई उक्तियाँ भी ध्यान देने योग्य हैं, क्योंकि उनसे प्रेम की सजीवता टपकती है। यह वह सजीवता है, जो भरे हुए हृदय से छलककर निर्जीव वस्तुओं पर भी अपना रंग चढ़ाती है। गोपियों की छेड़छाड़ कृष्ण ही तक नहीं रहती, उनकी मुरली

तक भी—जो जड़ और निर्जीव है—पहुँचती हैं। उन्हें वह मुरली कृष्ण के सम्बन्ध से कभी इठलाती, कभी चिढ़ाती और कभी प्रेम-गर्व दिखाती जान पड़ती है। उसी सम्बन्ध-भावना से उसे कभी फटकारती है, कभी उसका भाग्य सराहती है और कभी उससे ईर्ष्या प्रकट करती है—

(क) माई री! मुरली अति गर्व काहू बदति नहिं आज।
हरि कै मुख-कमल देखु पायो सुखराज ॥

(ख) मुरली तऊ गोपालहि भावति।
सुन री सखी! जदपि नँदनंदहि नानाभाँति नचावति।
राखति एक पाँयँ ठाढ़े करि अति अधिकार जनावति ॥
आपुन पौढ़ि अधर-सज्जा पर-करपल्लव सों पद पलुटावति।
भृकुटी, कुटिल, कोप नासापुट हम पर कोपि कुपावति ॥

हृदय के पारखी सूर ने सम्बन्ध-भावना की शक्ति का अच्छा प्रसार दिखाया है। कृष्ण के प्रेम ने गोपियों में इतनी सजीवता भर दी है कि कृष्ण क्या, कृष्ण की मुरली तक से छेड़छाड़ करने को उनका जी चाहता है। हवा से लड़नेवाली स्त्रियाँ देखी नहीं, तो कम-से-कम सुनी बहुतों ने होंगी, चाहे उनकी जिन्दादिली की कद्र न की हो। मुरली के सम्बन्ध में कहे हुए गोपियों के वचन से दो मानसिक तथ्य उपलब्ध होते हैं—आलम्बन के साथ-साथ किसी वस्तु की सम्बन्ध-भावना का प्रभाव तथा अत्यन्त अधिक या फालतू उमंग के स्वरूप। मुरली सम्बन्धिनी उक्तियों में प्रधानता पहली बात की है, यद्यपि दूसरे तत्त्व का भी मिश्रण है। फालतू उमंग के बहुत अच्छे उदाहरण उस समय देखने में आते हैं, जब कोई स्त्री अपने प्रिय को कुछ दूर पर देख, कभी ठोकर खाने पर कंकड़-पत्थर को दो-चार मीठी गालियाँ सुनाती है, कभी रास्ते में पड़ती हुई पेड़ की टहनी पर भ्रूभंग सहित झुँझलाती है और कभी अपने किसी साथी को यों ही ढकेल देती है।

यह सूचित करने की आवश्यकता तो कदाचित न हो कि रूप पर मोहित होना, दर्शन के लिए आकुल रहना, वियोग में तड़पना आदि गोपियों के पक्ष में जितना कहा गया है, उतना कृष्ण पक्ष में नहीं। यह यहाँ के शृंगारी कवियों की विशेषतः फुटकर पद्य रचनेवालों की—सामान्य प्रवृत्ति ही रही है। तुल्यानुराग होने पर भी स्त्रियों की प्रेमदशा या काम-दशा का वर्णन करने में ही यहाँ के कवियों का मन अधिक लगा है। पुराने प्रबन्ध-काव्यों में तो यह भेद उतना लक्षित नहीं होता, पर पीछे के काव्यों में यह स्पष्ट झलकता है। वाल्मीकिजी ने रामायण में सीताहरण के उपरान्त राम और सीता दोनों के वियोग-दुःख वर्णन में प्रायः समान ही शब्द-व्यय किया है। कालिदास ने 'मेघदूत' का आरम्भ यक्ष की विरहावस्था से करके उत्तर-मेघ में यक्षिणी के विरह का वर्णन किया है। उनके नाटकों में भी प्रायः यही बात पाई जाती है। अतः मेरी समझ में शृंगार में नायिका की प्रेमदशा या विरहदशा का प्राधान्य श्रीमद्भागवत और ब्रह्मवैवर्त्तपुराण की कृष्णलीला के अधिकाधिक प्रचार के साथ हुआ, जिसमें एक ओर

तो अनन्त सौन्दर्य की स्थापना की गई और दूसरी ओर स्वाभाविक प्रेम का उदय दिखाया गया। पुरुष आलम्बन हुआ और स्त्री आश्रय। जनता के बीच प्रेम के इस स्वरूप ने यहाँ तक प्रचार पाया कि क्या नगरों में, क्या ग्रामों में, सर्वत्र प्रेम के गीतों के नायक कृष्ण हुए और नायिका राधा। 'बनवारी' या 'कन्हैया' नायक का एक सामान्य नाम-सा हो गया। दिल्ली के पिछले बादशाह मुहम्मद शाह रंगीले तक को होली के दिनों में 'कन्हैया' बनने का शौक हुआ करता था।

और देशों की फुटकर शृंगारी कविताओं में प्रेमियों के विरह आदि के वर्णन की प्रधानता देखी जाती है। जैसे एशिया के अरब; फारस आदि देशों में वैसे ही यूरोप के इटली आदि काव्य-संगीत-प्रिय देशों में भी यही पद्धति प्रचलित रही। इटली में पीट्रार्क की शृंगारी कविता एक प्रेमिका के हृदय का उद्‌गार है। भारत में कृष्ण-कथा के प्रभाव से नायक के आकर्षक रूप में प्रतिष्ठित होने से पुरुषों की प्राधान्य-वासना की अधिक तृप्ति हुई। आगे चलकर पुरुषत्व पर इसका कुछ बुरा प्रभाव पड़ा। बहुतेरे शौर्य्य, पराक्रम आदि पुरुषोचित गुणों से मुँह मोड़ 'चटक मटक लटक' लाने; में लगे, बहुत जगह तो माँग-पट्‌टी, सुरमे, मिस्सी तक की नौबत पहुँची! यूरोप में; जहाँ स्त्री प्रधान आकर्षक के रूप में प्रतिष्ठित हुई, इसका उलटा हुआ। वहाँ स्त्रियों के बनाव, सिंगार और पहनावे के खर्च के मारे पुरुषों के नाकों दम हो गया।

सूर के संयोग-वर्णन की बात हो चुकी। इनका विप्रलम्भ भी ऐसा ही विस्तृत और व्यापक है। वियोग की जितनी अन्तर्दशाएँ हो सकती हैं, जितने ढंगों से उन दशाओं का साहित्य में वर्णन हुआ है और सामान्यतः हो सकता है, वे सब उसके भीतर मौजूद हैं। आरम्भ वात्सल्य रस के वियोग-पक्ष से हुआ है। कृष्ण के मथुरा से न लौटने पर नन्द और यशोदा दुःख के सागर में मग्न हो गए हैं। अनेक दुःखात्मक भाव-तरंगें उनके हृदय में उठती हैं; कभी यशोदा नन्द से खीझकर कहती हैं—

छाँड़ि सनेह चले मथुरा, कत दौरि न चीर गह्यो।
फाटि न गई वज्र की छाती, कत यह सूल सह्यो ॥

इस पर नन्द यशोदा पर उलट पड़ते हैं—

तब तू मरिबोई करति!
रिसनि आगे कहै जो आवत, अब लै भाँड़े भरति ॥
रोस कै कर दाँबरी लैं, फिरति घर-घर धरति।
कठिन हिय करि तब जो बाध्यो, अब बृथा करि मरति ॥

यह 'झुंझलाहट' वियोग-जन्य है, प्रेम-भाव के ही अन्तर्गत है और कितनी स्वाभाविक है! सुख-शान्ति के भंग का कैसा यथातथ्य चित्र है। आगे देखिए, गहरी 'उत्सुकता' और 'अधीरता' के बीच 'विरक्ति' (निर्वेद) और तिरस्कार-मिश्रित 'खिझलाहट' का यह मेल कैसा अनूठा उतरा है। यशोदा नन्द से कहती है—

नन्द! ब्रज लीजै ठोंकि बजाय।
देहु बिदा मिलि जाहिं मधुपुरी जहँ गोकुल के राय।

'ठोंकि बजाय' में कितनी व्यंजना है। 'तुम अपना ब्रज अच्छी तरह सँभालो; तुम्हें इसका गहरा लोभ है; मैं तो जाती हूँ।' एक-एक वाक्य के साथ हृदय लिपटा हुआ आता दिखाई दे रहा है। एक वाक्य दो-दो, तीन-तीन भावों से लदा हुआ है। श्लेष आदि कृत्रिम विधानों से मुक्त ऐसा ही भाव-गुरुत्व हृदय को सीधे जाकर स्पर्श करता है। इसे भाव-शबलता कहें या भाव-पंचामृत; क्योंकि एक ही वाक्य 'नन्द! ब्रज लीजै ठोंकि बजाय' में कुछ निर्वेद, कुछ तिरस्कार और कुछ अमर्ष इन तीनों की मिश्र व्यंजना—जिसे शबलता ही कहने से सन्तोष नहीं होता—पाई जाती है। शबलता के प्रबत्त उदाहरणों में प्रत्येक भाव अलग शब्दों या वाक्यों द्वारा निर्दिष्ट किया जा सकता है; पर उक्त वाक्य में यह बात नहीं है।

ग्वाल सखाओं की भी यही दशा हो रही है। कभी वे व्याकुल और अधीर होते हैं, कभी कृष्ण की निष्ठुरता पर क्षुब्ध होकर कहते हैं—

भए हरि मधुपुरी-राजा, बड़े बंस कहाय।
सूत मागध बदत बिरुदहि बरनि बसुद्यौ तात ॥
राजभूषन अंग भ्राजत, अहिर कहत लजात ॥

वियुक्त प्रिय पुत्र के सुख के अनिश्चय की 'शंका' तक न पहुँचती हुई भावना, 'दीनता' और क्षोभजन्य 'उदासीनता' किस प्रकार इन वचनों से टपक रही है—

सँदेसो देवकी सों कहियो।
हौं तो धाय तिहारे सुत की, कृपा करति ही रहियो।
तुम तो टेव जानतिहि ह्वैहौ तऊ मोहिं कहि आवै।
प्रात उठत मेरे लाल लड़ैतेहि माखन रोटी भावै ॥

कृष्ण राजभवन में जा पहुँचे हैं, यह जानते हुए भी यशोदा के प्रेमपूर्ण हृदय में यह बात जल्दी नहीं बैठती कि कृष्ण के सुख का ध्यान जितना वे रखती थीं उतना संसार में और भी कोई रख सकता है। रसमग्न हृदय ही ऐसी दशाओं का अनुभव कर सकता है। केवल उदाहरण की डफली पीटनेवालों के भाग्य में यह बात कहाँ!

आगे चलकर गोपियों की वियोग-दशा का जो धारा-प्रवाह वर्णन है उसका तो कहना ही क्या है। न जाने कितनी मानसिक दशाओं का संचार उसके भीतर है। कौन गिना सकता है? संयोग और वियोग दो अंग होने से शृंगार की व्यापकता बहुत अधिक है। इसी से वह रसराज कहलाता है। इस दृष्टि से यदि 'सूरसागर' को हम रससागर कहें तो बेखटके कह सकते हैं। कृष्ण के चले जाने पर सायं-प्रभात तो उसी प्रकार होते हैं, पर "मदन गोपाल बिना या तन की सबै बात बदली।" ब्रज में पहले सायंकाल में जो मनोहर दृश्य देखने में आया करता था वह अब बाहर नहीं दिखाई पड़ता; पर मन से उसकी 'स्मृति' नहीं जाती—

एहि बेरियाँ बन तें ब्रज आवते।
दूरहिं तें वह बेनु अधर धरि बारंबार बजावते ॥

संयोग के दिनों में आनन्द की तरंगें उठानेवाले प्राकृतिक पदार्थों को वियोग के दिनों में देखकर जो दुःख होता है उसकी व्यंजना के लिए कवियों में उपालम्भ की चाल बहुत दिनों से चली आती है। चन्द्रोपालम्भ-सम्बन्धिनी बड़ी सुन्दर कविताएँ संस्कृत साहित्य में हैं। देखिए, सागर-मंथन के समय चन्द्रमा को निकालनेवालों तक, इस उपालम्भ में किस प्रकार गोपियाँ अपनी दृष्टि दौड़ाती हैं—

या बिनु होत कहा अब सूनो?
लै किन प्रगट कियो प्राची दिसि, बिरहिनि को दुख दूनो?
सब निरदय सुर, असुर, सैल सखि! सायर सर्प समेत॥
धन्य कहौं वर्षा ऋतु, तमचुर औ कमलन को हेत।
जुग-जुग जीवै जरा बापुरी मिलै राहु अरु केत॥

इसी पद्धति के अनुसार वियोगिनी गोपियाँ अपने उजड़े हुए नीरस जीवन के मेल में होने के कारण वृन्दावन के हरे-भरे पेड़ों को कोसती हैं—

मधुबन! तुम कत रहत हरे?
बिरह-बियोग स्यामसुन्दर के ठाढ़े क्यों न जरे!
तुम हौ निलज लाज नहिं तुमकों, फिर सिर पुहुप धरे।
ससा स्यार औ बन के पखेरु धिक-धिक सबन करे।
कौन काज के ठाढ़े रहे बन में, काहे न उकठि परे?

इसी प्रकार रात उन्हें साँपिन-सी लग रही है। साँपिन की पीठ काली और पेट सफेद होता है। ऐसी पद्धति है कि वह काटकर उलट जाती है, जिससे सफेद भाग ऊपर हो जाता है। बरसात की अँधेरी रात में कभी-कभी बादलों के हट जाने से जो चाँदनी फैल जाती है वह ऐसी ही लगती है—

पिया बिनु साँपिनि कारी राति।
कबहुँ जामिनी होत जुन्हैया डसि उलटी ह्वै जाति॥

इस पद पर न जाने कितने लोग लट्टू हैं।

सूरदासजी का विहार-स्थल जिस प्रकार घर की चहारदीवारी के भीतर तक ही न रहकर यमुना के हरे-भरे कछारों, करील के कुंजों और वनस्थलियों तक फैला है उसी प्रकार उनका विरह-वर्णन भी "बैरनि भई रतियाँ" और "साँपिन भई सेजिया" तक ही न रहकर प्रकृति के खुले क्षेत्र के बीच दूर-दूर तक पहुँचता है। मनुष्य के आदिम वन्य जीवन के परम्परागत मधुर संस्कार को उद्दीप्त करनेवाले इन शब्दों में कितना माधुर्य है—"एक वन ढूँढ़ि सकल बन ढूढ़ौ कतहँ न स्याम लहौं।" ऋतुओं का आना-जाना उसी प्रकार लगा है। प्रकृति पर उनका रंग वैसा ही चढ़ता-उतरता दिखाई पड़ता है। भिन्न-भिन्न ऋतुओं की वस्तुएँ देख जैसे गोपियों के हृदय में मिलने की उत्कंठा उत्पन्न होती है वैसे ही कृष्ण के हृदय में क्यों नहीं उत्पन्न होती? जान पड़ता है कि ये सब उधर जाती ही नहीं, जिधर कृष्ण बसते हैं। सब वृन्दावन में ही आ-आकर अपना अड्डा जमाती हैं—

मानौ, माइ! सबन्ह इतै ही भावत।
अब वहि देस नंदनंदन को कोउ न समौ जनावत ॥
धरत न वन नवपत्र, फूल, फल, पिक बसंत नहिं गावत।
मुदित न सर सरोज अलि गुंजत, पवन पराग उड़ावत ॥
पावस विविध बरन वर वारद उठि नहिं अंबर छावत।
चातक मोर चकोर सोर करैं, दामिनि रूप दुरावत ॥

अपनी अन्तर्दशा को ऋतुसुलभ व्यापारों के बीच बिम्ब-प्रतिबिम्ब रूप में देखना भावमग्न अन्तःकरण की एक विशेषता है। इसके वर्णन में प्रस्तुत-अप्रस्तुत का भेद मिट-सा जाता है। ऐसे वर्णन पावस के प्रसंग में सूर ने बहुत अच्छे किए हैं। "निसि दिन बरसत नैन हमारे" बहुत प्रसिद्ध पद है। विरहोन्माद में भिन्न-भिन्न प्रकार की उठती हुई भावनाओं से रंजित होकर एक ही वस्तु कभी किसी रूप में दिखाई पड़ती है, कभी किसी रूप में। उठते हुए बादल कभी तो ऐसे भीषण रूप में दिखाई पड़ते हैं—

देखियत चहुँ दिसि तें घन घोरे।
मानौ मत्त मदन के हथियन बल करिं बंधन तोरे ॥
कारे तन अति चुवत गंड मद, बरसत थोरे-थोरे।
रुकत न पवन-महावत हू पै, मुरत न अंकुस मोरे।

कभी अपने प्रकृत लोक-सुखदायक रूप में ही सामने आते हैं और कृष्ण की अपेक्षा कहीं दयालु और परोपकारी लगते हैं—

बरुये बदराऊ बरसन आए।
अपनी अवधि, जानि, नंदनंदन! गरजि गगन घन छाए ॥
सुनियत है सुरलोक बसत सखि! सेवक सदा पराए।
चातक-कुल की पीर जानि कै, तेउ तहाँ तें धाए ॥
द्रुम किए हरित, हरषि बेली मिलि, दादुर मृतक जिवाए ॥

'बदराऊ' के 'ऊ' और 'बरु' में कैसी व्यंजना है! 'बादल तक'—जो जड़ समझे जाते हैं—आश्रितों के दुःख से द्रवीभूत होकर आते हैं।

प्रिय के साथ कुछ रूप-साम्य के कारण वे ही मेघ कभी प्रिय लगने लगते हैं—

आजु घन स्याम की अनुहारि।
उनै आए साँवरे ते सजनी! देखि रूप की आरि ॥
इन्द्रधनुष मनो नवल बसन छवि, दामिनी दसन बिचारि।
जनु बग-पाँति माल मोतिन की, चितवत हितहि निहारि ॥

इसी प्रकार पपीहा कभी तो अपनी बोली के द्वारा प्रिय का स्मरण कराकर दुःख बढ़ाता हुआ प्रतीत होता है और यह फटकार सुनाता है—

हौं तो मोहन के बिरह जरी, रे! तू कत जारत?
रे पापी तू पखि पपीहा! 'पिउ पिउ पिउ' अधिराति पुकारत ॥

सब जग सुखी, दुखी तू जल बिनु, तऊ न तन की बिथहि बिचारत।
सूर स्याम बिनु ब्रज पर बोलत, हठि अगिलोऊ जनम बिगारत॥

और कभी समदुःखभोगी के रूप में अत्यन्त सुहृद जान पड़ता है और समान प्रेमव्रत पालन के द्वारा उनका उत्साह बढ़ाता हुआ प्रतीत होता है–

बहुत दिन जीवौ, पपिहा प्यारो।
बासर रैनि नाँव लै बोलत, भयो बिरह-जुर कारो॥
आपु दुखित पर दुखित जानि जिय चातक[1] नाम तिहारो।
देखौ सकल बिचारि, सखी! जिय बिछरन को दुख न्यारो॥
जाहि लगै सोई पै जानै प्रेम-बान अनियारो।
सूरदास प्रभु स्वाति-बूँद लगि, तज्यो सिंधु करि खारो॥

काव्य-जगत् की रचना करनेवाली कल्पना इसी को कहते हैं। किसी भावोद्रेक द्वारा परिचालित अन्तर्वृत्ति जब उस भाव के पोषक स्वरूप गढ़कर या काट-छाँटकर सामने रखने लगती है तब हम उसे सच्ची कवि-कल्पना कह सकते हैं। यों ही सिरपच्ची करके–बिना किसी भाव में मग्न हुए कुछ अनोखे रूप खड़े करना या कुछ को कुछ कहने लगना या तो बावलापन है या दिमागी कसरत; सच्चे कवि की कल्पना नहीं। वास्तव के अतिरिक्त या वास्तव के स्थान पर जो रूप सामने लाए गए हों उनके सम्बन्ध में यह देखना चाहिए कि वे किसी भाव की उमंग में उस भाव को सँभालनेवाले या बढ़ानेवाले होकर आ खड़े हुए हैं या यों ही तमाशा दिखाने के लिए–कुतूहल उत्पन्न करने के लिए–जबरदस्ती पकड़कर लाए गए हैं। यदि ऐसे रूपों की तह में उनके प्रवर्तक या प्रेषक भाव का पता लग जाए तो समझिए कि कवि के हृदय का पता लग गया और वे रूप हृदय प्रेरित हुए। अंग्रेज कवि कॉलरिज ने, जिसने कवि-कल्पना पर अच्छा विवेचन किया है, अपनी एक कविता[2] में ऐसे रूपावरण को आनन्द-स्वरूप आत्मा से निकला हुआ कहा है, जिसके प्रभाव से जीवन में रोचकता रहती है। जब तक यह रूपावरण (कल्पना का) जीवन में साथ लगा चलता है तब तक दुःख की परिस्थिति में भी आनन्द-स्वप्न नहीं टूटता। पर धीरे-धीरे यह दिव्य आवरण हट जाता है और मन गिरने लगता है। भावोद्रेक और कल्पना में इतना घनिष्ठ सम्बन्ध है कि एक काव्य-मीमांसक ने दोनों को एक ही कहना ठीक समझकर कह दिया है–"कल्पना आनन्द है।" (Imagination is joy)[3]

सच्चे कवियों की कल्पना की बात जाने दीजिए, साधारण व्यवहार में भी लोग जोश में आकर कल्पना का जो व्यवहार बराबर किया करते हैं वह भी किसी पहाड़ को 'शिशु' और 'पांडव' कहनेवाले कवियों के व्यवहार से कहीं उचित होता है। किसी निष्ठुर कर्म करनेवाले को यदि कोई 'हत्यारा' कह देता है, तो वह सच्ची कल्पना का

1. चातक = (चत् = माँगना), याचना करनेवाला।
2. Dejection Oda, 4th April 1802.
3. G.W. Mackale's Lectures on Poetry.

उपयोग करता है; क्योंकि विरक्ति या घृणा के अतिरेक से प्रेरित होकर ही उसकी अन्तर्वृत्ति हत्यारे का रूप सामने करती है, जिससे भाव की मात्रा के अनुरूप आलंबन खड़ा हो जाता है। 'हत्यारा' शब्द का लाक्षणिक प्रयोग ही विरक्ति की अधिकता का व्यंजक है। उसके स्थान पर यदि कोई उसे 'बकरा' कहे, तो या तो किसी भाव की व्यंजना न होगी या किसी ऐसे भाव की होगी जो प्रस्तुत विषय के मेल में नहीं। कहलानेवाला कोई भाव अवश्य चाहिए और उस भाव को प्रस्तुत वस्तु के अनुरूप होना चाहिए। भारी मूर्ख को लोग जो 'गदहा' कहते हैं वह इसीलिए कि 'मूर्ख' कहने से उनका जी नहीं भरता—उनके हृदय में उपहास अथवा तिरस्कार का जो भाव रहता है उसकी व्यंजना नहीं होती।

कहने की आवश्यकता नहीं कि अलंकार-विधान में उपयुक्त उपमान लाने में कल्पना ही काम करती है। जहाँ वस्तु, गुण या क्रिया के पृथक्-पृथक् साम्य पर ही कवि की दृष्टि रहती है वहाँ वह उपमा, रूपक, उत्प्रेक्षा आदि का सहारा लेता है और जहाँ व्यापार-समष्टि या पूर्ण प्रसंग का साम्य अपेक्षित होता है वहाँ दृष्टान्त, अर्थान्तरन्यास और अन्योक्ति का। उपर्युक्त विवेचन से यह प्रकट है कि प्रस्तुत के मेल में जो अप्रस्तुत रखा जाए—चाहे वह वस्तु, गुण या क्रिया हो अथवा व्यापार समष्टि—वह प्राकृतिक और चित्ताकर्षक हो तथा उसी प्रकार का भाव जगानेवाला हो जिस प्रकार का प्रस्तुत व्यापार-समष्टि के समन्वय में कवि की सहृदयता का जिस पूर्णता के साथ हमें दर्शन होता है उस पूर्णता के साथ; वस्तु, क्रिया आदि के पृथक्-पृथक् समन्वय में नहीं। इसी से सुन्दर अन्योक्तियाँ इतनी मर्मस्पर्शिणी होती हैं। चुना हुआ अप्रस्तुत व्यापार जितना ही प्राकृतिक होगा—जितना ही अधिक मनुष्य जाति के आदिम जीवन में सुलभ दृश्यों के अन्तर्गत होगा उतना ही रमणीय और अनुरंजनकारी होगा। सूरदासजी ने कई स्थलों पर अपनी कल्पना के बल से प्रस्तुत प्रसंग के मेल में अत्यन्त मनोरम व्यापार-समष्टि की योजना की है। कोई गोपिका या राधा स्वप्न में श्रीकृष्ण के दर्शनों का सुख प्राप्त कर रही थी कि उसकी नींद उचट गई। इस व्यापार के मेल में कैसा प्रकृति-व्यापी और गूढ़ व्यापार सूर ने रखा है, देखिए—

हमको सपनेहू में सोच।
जा दिन तें बिछुरे नंदनंदन ता दिन तें यह पोच ॥
मनौ गोपाल आए मेरे घर, हँसि करि भुजा गही।
कहा करौं बैरिनि भइ निंदिया, निमिष न और रही ॥
ज्यों चकई प्रतिबिम्ब देखि कै आनंदी प्रिय जानि।
सूर पवन मिसि निठुर विधाता चपल कियो जल आनि ॥

स्वप्न में अपने ही मानस में किसी का रूप देखने और जल में अपना ही प्रतिबिम्ब देखने का कैसा गूढ़ और सुन्दर साम्य है। इसके उपरान्त पवन द्वारा प्रशान्त जल के हिल जाने से छाया का मिट जाना कैसा भूतव्यापी व्यापार स्वप्नभंग के मेल में लाया गया है।

इसी प्रकार प्राकृतिक चित्रों द्वारा सूर ने कई जगह पूरे प्रसंग की व्यंजना की है।

जैसे, गोपियाँ मथुरा से कुछ ही दूर पर पड़ी विरह से तड़फड़ा रही हैं। पर कृष्ण राजसुख के आनन्द में फूले नहीं समा रहे हैं। यह बात वे इस चित्र द्वारा कहते हैं—

सागर-कूल मीन तरफत है, हुलसि होत जल पीन।

जैसा ऊपर कहा गया है, जिसे निर्माण करनेवाली—सृष्टि खड़ी करनेवाली कल्पना कहते हैं उसकी पूर्णता किसी एक प्रस्तुत वस्तु के लिए कोई दूसरी अप्रस्तुत वस्तु जो कि प्रायः कवि-परम्परा में प्रसिद्ध हुआ करती है—रख देने में उतनी नहीं दिखाई पड़ती जितनी किसी एक पूर्ण प्रसंग के मेल का कोई दूसरा प्रसंग—जिसमें अनेक प्राकृतिक वस्तुओं और व्यापारों की नवीन योजना रहती है—रखने में देखी जाती है। सूरदासजी ने कल्पना की इस पूर्णता का परिचय जगह-जगह दिया है, इसका अनुमान ऊपर उद्धृत पदों से हो सकता है। कबीर, जायसी आदि कुछ रहस्यवादी कवियों ने इस जीवन का मार्मिक स्वरूप तथा परोक्ष जगत् की कुछ धुँधली-सी झलक दिखाने के लिए इसी अन्योक्ति की पद्धति का अवलम्बन किया है; जैसे—

हंसा प्यारे! सरवर तजि कहँ जाय!
जेहि सरवर विच मोती चुनते, बहुविधि केलि कराय॥
सूख ताल, पुरइनि जल छोड़े, कमल गयो कुँभिलाय।
कह कबीर जो अबही बिछुरे, बहुरि मिलै कब आय॥

रहस्यवादी कवियों के समान सूर की कल्पना भी कभी-कभी इस लोक का अतिक्रमण करके आदर्श लोक की ओर संकेत करने लगती है; जैसे—

चकई री! चलि चरन-सरोवर जहाँ न प्रेम वियोग।
निसि दिन राम राम की वर्षा, भय रुज नहिं दुख सोग॥
जहाँ सनक से मीन, हँस सिव, मुनि-जन-नख-रवि-प्रभा-प्रकास।
प्रफुलित कमल, निमिष नहिं साँस डर, गुंजत निगम सुबास॥
जेहि सर सुभग मुक्ति मुक्ता-फल, सुकृत अमृतरस पीजै।
सो सर छाँड़ि कुबुद्धि बिहंगम! इहाँ कहा रहि कीजै॥

पर एक व्यक्तवादी सगुणोपासक कवि की उक्ति होने के कारण इस चित्र में वह रहस्यमयी अव्यक्तता या धुँधलापन नहीं है। कवि अपनी भावना को स्पष्ट और अधिक व्यक्त करने के लिए जगह-जगह आकुल दिखाई पड़ता है। इसी से अन्योक्ति का मार्ग छोड़ जगह-जगह उसने रूपक का आश्रय लिया है। इसी अन्योक्ति का दीनदयाल गिरिजी ने अच्छा निर्वाह किया है—

चल चकई! वा सर विषय जहँ नहिं रैन बिछोह।
रहत एकरस दिवस ही सुहृद हंस-संदोह॥
सुहृद हंस-संदोह कोह अरु द्रोह न जाके।
भोगत सुख-अंबोह, मोह-दुख होय न ताके॥
वरनै दीनदयाल भाग्य बिनु जाय न सकई।
पिय-मिलिप नित रहै ताहि सर चल तू चकई॥

इसी अन्योक्ति पद्धति को कवीन्द्र रवीन्द्र ने आजकल अपने विस्तृत प्रकृति-निरीक्षण के बल से और अधिक पल्लवित करके जो पूर्ण और भव्य स्वरूप प्रदान किया है वह हमारे नवीन हिन्दी-साहित्य क्षेत्र में 'गाँव में नया-नया आया ऊँट' हो रहा है। बहुत से नवयुवकों को अपना एक नया ऊँट छोड़ने का हौंसला हो गया है। जैसे भावों या तथ्यों की व्यंजना के लिए श्रीयुत् रवीन्द्र, प्रकृति के क्रीड़ास्थल से लेकर नाना मूर्त्त स्वरूप खड़ा करते हैं वैसे भावों को ग्रहण करने तक की क्षमता न रखनेवाले बहुतेरे ऊटपटाँग चित्र खड़ा करने और कुछ असंबद्ध प्रलाप करने को ही 'छायावाद' की कविता समझ अपनी भी कुछ करामात दिखाने के फेर में पड़ गए हैं। चित्रों के द्वारा बात कहना बहुत ठीक है, पर कहने के लिए कोई बात भी तो हो। कुछ तो काव्य-रीति से सर्वथा अनभिज्ञ, छन्द अलंकार आदि के ज्ञान से बिल्कुल कोरे देखे जाते हैं। बड़ी भारी बुराई यह है कि अपने को एक 'नए सम्प्रदाय' में समझ अहंकारवश वे कुछ सीखने का कभी नाम भी नहीं लेना चाहते और अपनी अनभिज्ञता को एक चलते नाम की ओट में छिपाना चाहते हैं। मैंने कई एक से उन्हीं की रचना लेकर कुछ प्रश्न किए; पर उनका मानसिक विकास बहुत साधारण कोटि का—कोई गम्भीर तत्त्व ग्रहण करने के अनुपयुक्त—पाया। ऐसों के द्वारा काव्यक्षेत्र में भी, राजनीतिक क्षेत्र के समान, पाखंड के प्रचार की आशंका है। अतः आवश्यकता इस बात की है कि रहस्यवाद का प्रकृत स्वरूप और उसका इतिहास आदि साहित्य-सेवियों के सामने रखा जाए तथा पुराने और नए रहस्यवादी कवियों की रचनाओं की सूक्ष्म परीक्षा द्वारा रहस्यवाद की कविता के साहित्यिक स्वरूप की मीमांसा की जाए। इस विषय पर अपने विचार मैं किसी दूसरे समय प्रकट करूँगा। इस समय जो इतना कह गया, उसी के लिए क्षमा चाहता हूँ।

यहाँ तक तो सूर की सहृदयता की बात हुई। अब उनकी साहित्यिक निपुणता के सम्बन्ध में भी दो-चार बातें कहना आवश्यक है। किसी कवि की रचना के विचार के सुभीते के लिए हम दो पक्ष कर सकते हैं—हृदय-पक्ष और कला-पक्ष। हृदय-पक्ष का कुछ दिग्दर्शन हो चुका। अब सूर की कला-निपुणता के काव्य के बाह्यांग के सम्बन्ध में यह समझ रखना चाहिए कि वह भी उनमें पूर्ण रूप से वर्तमान हैं। यद्यपि काव्य में हृदय-पक्ष ही प्रधान है, पर बहिरंग भी कम आवश्यक नहीं है। रीति, अलंकार, छन्द ये सब बहिरंग विधान के अन्तर्गत हैं, जिनके द्वारा काव्यात्मा की अभिव्यक्ति में सहायता पहुँचती है। सूर, तुलसी, बिहारी आदि कवियों में दोनों पक्ष प्रायः सम हैं। जायसी में हृदय-पक्ष की प्रधानता है, कला-पक्ष में (अलंकारों का बहुत कुछ व्यवहार होते हुए भी) त्रुटि और न्यूनता है। केशव में कला-पक्ष की प्रधान है, हृदय-पक्ष न्यून है।

यह तो आरम्भ में ही कहा जा चुका है कि सूर की रचना जयदेव और विद्यापति के गीत-काव्यों की शैली पर है, जिसमें सूर और लय के सौन्दर्य और माधुर्य का भी रस-परिपाक में बहुत कुछ योग रहता है। सूरसागर में कोई राग या रागिनी छूटी न

होगी इससे यह संगीत-प्रेमियों के लिए भी बड़ा भारी खजाना है। नाद-सौन्दर्य.के साधनों में अनुप्रास आदि शब्दालंकार भी हैं। संस्कृत के 'गीत-गोविन्द' में कोमल-कान्त पदावली और अनुप्रास की ओर बहुत कुछ ध्यान है। विद्यापति की रचना में कोमल पदावली का आग्रह तो है, पर अनुप्रास का उतना नहीं। सूर में चलती भाषा की कोमलता है, वृत्ति-विधान और अनुप्रास की ओर झुकाव कम है। इससे भाषा की स्वाभाविकता में बाधा नहीं पड़ने पाई है। भावुक सूर ने अपना 'शब्द-शोधन' दूसरी ओर दिखाया है। उन्होंने चलते हुए वाक्यों, मुहावरों और कहीं-कहीं कहावतों का बहुत अच्छा प्रयोग.किया है। कहने का तात्पर्य यह है कि सूर की भाषा बहुत चलती हुई और स्वाभाविक है। काव्य-भाषा होने से यद्यपि उसमें कहीं-कहीं संस्कृत के पद, कवि के समय के पूर्व के परम्परागत प्रयोग तथा ब्रज से दूर-दूर के प्रदेशों के शब्द भी आ मिले हैं, पर उनकी मात्रा इतनी नहीं है कि भाषा के स्वरूप में कुछ अन्तर पड़े या कृत्रिमता आए। श्लेष और यमक कूट पदों में ही अधिकतर पाए जाते हैं।

अर्थालंकारों की अलबत्ता पूर्ण प्रचुरता है, विशेषतः उपमा, रूपक, उत्प्रेक्षा आदि सादृश्य-मूलक अलंकारों की। यद्यपि उपमान अधिकतर साहित्य-प्रसिद्ध और परम्परागत ही है, पर स्वकल्पित नए-नए उपमानों की भी कमी नहीं है। कहीं-कहीं तो जो प्रसिद्ध उपमान भी लिए गए हैं, वे प्रसंग के बीच बड़ी ही अनूठी उद्‌भावना के साथ बैठाए गए हैं। स्फटिक के आँगन में बालक कृष्ण घुटनों के बल चल रहे हैं और उनके हाथ-पैर का प्रतिबिम्ब पड़ता चलता है। इस पर कवि की उत्प्रेक्षा देखिए–

फटिक-भूमि पर कर-पग छाया यह सोभा अति राजति।
करि करि प्रति पद प्रतिमनिं बसुधा कमल बैठकी साजति ॥

रूप या अंगों की शोभा के वर्णन में उपमा, उत्प्रेक्षा की भरमार बराबर मिलेगी। इनमें बहुत-सी पुरानी और बँधी हुई हैं, और कुछ नवीन भी हैं। उपमा, उत्प्रेक्षा की सबसे अधिकता 'हरिजू की बात-छबि' के वर्णन में पाई जाती है; यों तो जहाँ-तहाँ रूप-वर्णन हैं, सर्वत्र ये अलंकार भरे पड़े हैं। उपमान सब तरह के हैं, पृथ्वी पर के भी और पृथ्वी के बाहर के भी–सामान्य प्राकृतिक व्यापार भी और पौराणिक प्रसंग भी। पिछले प्रकार के उपमानों के उदाहरण इस प्रकार हैं–

(क) नील स्वेत पर पीत लाल मनि लटकन माल रुराई।
सनि, गुरु, असुर, देवगुरु मिलि मनो, भौम सहित समुदाई ॥

(ख) हरि कर राजत माखन रोटी
मनौ बराह भूधर सह पृथवी धरी दसनन की कोटी ॥

अंग-शोभा और वेश-भूषा आदि के वर्णन में सूर को उपमा देने की झक-सी चढ़ जाती है और वे उपमा पर उपमा, उत्प्रेक्षा पर उत्प्रेक्षा करते चले जाते हैं। इस झक में कभी-कभी परिमिति या मर्यादा का विचार (Sense of proportion) नहीं रह जाता, जैसे, ऊपर के उदाहरण (ख) में, कहाँ मक्खन लगी हुई छोटी-सी रोटी और कहाँ गोल पृथ्वी! हाँ, जहाँ ईश्वरत्व या देवत्व की भावना से किसी छोटे व्यापार द्वारा अत्यन्त

वृहद व्यापार की ओर संकेत मात्र किया है वहाँ ऐसी बात खटकती है; जैसे इस पद में–

मथत दधि मथनी टेकि रह्यो।
आरि करत मटकी गहि मोहन बासुकि संभु डर्‌यो॥
मन्दर डरत, सिन्धु पुनि काँपत, फिरि जनि मथन करै।
प्रलय होय जनिं गहे मथानी, प्रभु मर्याद टरै॥

पर उक्त दोनों उदाहरणों से सम्बन्ध में तो इतना बिना कहे नहीं रहा जाता कि ऐसे उपमान बहुत काव्योपयोगी नहीं जँचते। काव्य में ऐसे ही उपमान अच्छी सहायता पहुँचाते हैं जो सामान्यतः प्रत्यक्ष रूप में परिचित होते हैं और जिनकी भव्यता, विशालता या रमणीयता आदि का संस्कार जनसाधारण के हृदय पर पहले से जमा चला आता है, न शनि का कोयले-सा कालापन ही किसी ने आँखों देखा है, न बराह भगवान का दाँत की नोक पर पृथ्वी उठाना। यह बात दूसरी है कि केशव जैसे कुछ प्रसिद्ध कवियों ने भी 'भानु मनो सनि अंक लिए' ऐसी उत्प्रेक्षा की ओर रुचि दिखाई है।

हमारे कहने का यह तात्पर्य नहीं कि ज्ञान-विज्ञान के प्रसार से जो सूक्ष्म से सूक्ष्म और वृहत् क्षेत्र मनुष्य के लिए खुलते जाते हैं उनके भीतर के नाना रमणीय और अद्‌भुत रूपों और व्यापारों का–जो सर्वसाधारण को प्रत्यक्ष नहीं हैं–काव्य में उपयोग करके उसके क्षेत्र का विस्तार न किया जाए। उनका प्रयोग किया जाए, कवि की प्रतिभा द्वारा वे गोचर रूप में सामने लाए जाएँ, पर दूसरे प्रकार की रचनाओं में लाए जाएँ, केवल अंग, आभूषण आदि की उपमा के लिए नहीं। ज्योतिर्विज्ञान द्वारा खगोल के बीच न जाने कितने चक्कर खाते, बनते-बिगड़ते, रंग-बिरंग के पिंडों, अपार ज्योति-समूहों आदि का पता लगा है जिनके सामने पृथ्वी किसी गिनती में नहीं। कोई विश्वव्यापिनी ज्ञान-दृष्टिवाला कवि यदि विश्व की कोई गंभीर समस्या लेकर उसे काव्य रूप में रखना चाहता है तो वह इन सबको हस्तामलक बनाकर सामने ला सकता है।

सूरदासजी में जितनी सहृदयता और भावुकता है, प्रायः उतनी ही चातुरता और वाग्विदग्धता (Wit) भी है। किसी बात को कहने के न जाने कितने टेढ़े-मेढ़े ढंग उन्हें मालूम थे। गोपियों के वचन में कितनी विदग्धता और वक्रता भरी है। वचन-रचना की उस वक्रता के सम्बन्ध में आगे विचार किया जाएगा। यहाँ पर हम वैदग्ध्य से उस उपयोग का उल्लेख करना चाहते हैं जो आलंकारिक कुतूहल उत्पन्न करने के लिए किया गया है। साहित्य-प्रसिद्ध-उपमानों को लेकर सूर ने बड़ी-बड़ी क्रीड़ाएँ की हैं। कहीं उनको लेकर रूपकातिशयोक्ति द्वारा "अद्‌भुत एक अनुपम बाग" लगाया है, कहीं जब जैसा जी चाहा है, उन्हें संगत सिद्ध करके दिखा दिया है, कहीं असंगत गोपियाँ वियोग में कुढ़कर एक स्थान पर कृष्ण के अंगों के उपमानों को लेकर उपमा को इस प्रकार न्यायसंगत ठहराती हैं–

ऊधो! अब यह समुझि भई।
नँदनंदन के अंग-अंग प्रति उपमा न्याय दई ॥
कुंतल कुटिल भँवर भरि भाँवरि मालति भुरै लई ॥
तजत न गहरु कियो कपटी जब जानी निरस न गई ॥
आनन इंदुबरन संमुख तजि करखे तैं न नई।
निरमोही नहिं नेह, कुमुदिनी अंतहि हेम हई ॥
तन घनश्याम सेई निसिबासर रति रसना छिंजई ॥
सूर विवेकहीन चातक-मुख बूँदौ तौ न सई ॥

इसी प्रकार दूसरे स्थान पर वे अपने नेत्रों के उपमानों को अनुपयुक्त ठहराती हैं—

उपमा एक न नैन गही।
कबि जन कहत-कहत चलि आए, सुधि करि-करि काहू न कही ॥
कह चकोर-मुख-बिधु बिनु जीवन, भँवर न तहँ उड़ि जात।
हरिमुख-कमलकोस बिछरे तें ठाले क्यों ठहरात ?
खंजन मनरंजन जन जौ पै, कबहुँ नाहिं सतरात।
पंख पसारि न उड़त, मंद ह्वै समर-समीप बिकात ॥
आए बधन व्याध ह्वै ऊधो, जो मृग क्यों न पलाय ?
देखत भागि बसै घन बन में जँह कोउ संग न धाय ॥
ब्रजलोचन बिनु लोचन कैसे ? प्रति दिन अति दुख बाँढ़त।
सूरदास मीनता कछू इक, जल भरि संग न छाँड़त ॥

दोनों उदाहरणों में उपमानों की उपयुक्तता और अनुपयुक्तता का जो आरोप किया गया है, वह हृदय के क्षोभ से उत्पन्न है; इसी से उसमें सरसता है, काव्य की योग्यता है। यदि कोई कठहुज्जती इन्हीं उपमानों को लेकर कहने लगे "वाह! नेत्र भ्रमर कैसे हो सकते हैं! भ्रमर होते तो उड़ जाते! मृग कैसे हो सकते हैं? मृग होते तो जमीन पर चौकड़ी न भरते?" तो उसके कथन में कुछ भी काव्यत्व न होगा।

उपमानों की आनंद-दशा का वर्णन करके इसी प्रकार सूर ने 'अप्रस्तुत प्रशंसा' द्वारा राधा के अंगों और चेष्टाओं का विरह से द्युतिहीन और मंद होना व्यंजित किया है—

तब तें इन सबहिन सचु पायो।
जब तें हरि संदेस तिहारो सुनत ताँवरो आयो ॥
फूले व्याल दुरे तें प्रगटे, पवन पेट भरि खायो।
ऊँचे बैठि बिहंग सभा बिच कोकिल मंगल गायो ॥
निकसि कंदरा तें केहरिहू माथे पूँछ हिलायो।
बन-गृह में गजराज निकसि कै अँग-अँग गर्व जनायो।

चेष्टाओं और अंगों का मन्द और श्रीहीन होना कारण है, और उपमानों का

आनन्दित होना कार्य है। यहाँ अप्रस्तुत कार्य के वर्णन द्वारा प्रस्तुत कारण की व्यंजना की गई है। गोस्वामी तुलसीदासजी ने जानकी के न रहने पर उपमानों का प्रसन्न होना; राम के मुख से कहलाया है—

कुन्दकली, दाड़िम, दामिनी। कमल, सरद ससि, अहि-भामिनी ॥
श्रीफल कनक कदलि हरषाहीं। नेकु न संक सकुच मन माहीं ॥
सुनु जानकी! तोहि बिनु आजू। हरषे सकल पाइ जनु राजू ॥

पर यहाँ उपमानों के आनन्द से केवल सीता के न रहने की व्यंजना होती है। सूर की 'अप्रस्तुत प्रशंसा' में उक्ति का चमत्कार भी कुछ विशेष है और रसात्मकता भी।

दूर की बूझ या ऊहावाले चमत्कार-प्रधान पद भी सूर ने बहुत से कहे हैं; जैसे—

(क) दूर करहु कर बीना धरिबो।
मोहे मृग नाहीं रथ हाँक्यों, नाहिंन होत चंद को ढरिबो ॥

(ख) मन राखन को बेनु लियो कर, मृग थाके उडुपति न चरै।
अति आतुर ह्वै सिंह लिख्यो कर जेहि भामिनी करुन टरै ॥

राधा मन बहलाने के लिए, किसी प्रकार रात बिताने के लिए वीणा लेकर बैठीं। उस वीणा या वेणु के स्वर से मोहित होकर चन्द्रमा के रथ का हिरन अड़ गया और चन्द्रमा के रुक जाने से रात और भी बढ़ गई। इस पर घबराकर वे सिंह का चित्र बनाने लगीं जिससे मृग डरकर भाग जाए। जायसी की 'पद्मावत' में भी यह उक्ति ज्यों की त्यों आई है—

गहै बीन मकु रैनि बिहाई। ससि-बाहन तहँ रहै ओनाई।
पुनि धनि सिंह उरेहै लागै। ऐसेहि बिथा रैनि सब जागै ॥

जायसी की पद्मावत विक्रम संवत् 1597 में बनी और 'सूरसागर' संवत् 1607 के लगभग बन चुका था। अतः जायसी की रचना कुछ पूर्व की ही मानी जाएगी। पूर्व की न सही तो भी किसी दूसरे से यह उक्ति ली हो, इसकी सम्भावना नहीं। उक्ति सूर और जायसी दोनों से पुरानी है। दोनों ने स्वतंत्र रूप में इसे कवि-परम्परा द्वारा प्राप्त किया।

कहीं-कहीं सूर ने कल्पना को अधिक बढ़ाकर, या यों कहिए कि ऊहा का सहारा लेकर—जैसे पीछे बिहारी ने बहुत किया—वर्णन कुछ अस्वाभाविक कर दिया है। चन्द्र की दाहकता से चिढ़कर एक गोपी राधा से कहती है—

कर धनु लै किन चंदही मारि?
तू हरुबाय जाए मंदिर चढ़ि ससि-सम्मुख दर्पन बिस्तारि।
याहि भाँति बुलाय, मुकुर महि अति बल खंड खंड करि डारि ॥

गोपियों का विरहोन्माद कितना ही बड़ा हो, पर उनकी बुद्धि बिल्कुल बच्चों की-सी दिखाना स्वाभाविक नहीं जँचता। कविता में दूर की सूझ या चमत्कार ही सब कुछ नहीं है।

पावस के घन-गर्जन आदि वियोगिनी को सन्तापदायक होते हैं, यह तो एक बँधी चली आती हुई बात है। सूर ने एक प्रसंग कल्पित करके इस बात को ऐसी युक्ति से रख दिया है कि इसमें एक अनूठापन आ गया है। वे कहते हैं कि पावस आने पर सखियाँ राधा को मालूम ही नहीं होने देतीं कि पावस आया है। वे और-और बातें बताकर उन्हें बहकाती रहती हैं—

बात बूझत यों बहरावति।
सुनहु स्याम! वै सखी सयानी पावस ऋतु राधहिं न सुनावति।
घन गरजत तौ कहत कुसलमति गूँजत गुहा सिंह समझावति॥
नहिं दामिनि, द्रुम दवा सैल चढ़ि फिरि बयारि उलटी झर लावति।
नाहिंन मोर बकत पिक दादुर, ग्वाल-मंडली खगन खेलावति॥

सूर को वचन-रचना की चतुराई और शब्दों की क्रीड़ा का भी पूरा शौक था। बीच-बीच में आए हुए कूट पद इस बात के प्रमाण हैं, जिसमें या तो अनेकार्थवाची शब्दों को लेकर या किसी एक वस्तु को सूचित करने के लिए अनेक शब्दों की लम्बी कड़ी जोड़कर खेलवाड़ किया गया है। सूर की प्रकृति कुछ क्रीड़ाशील थी। उन्हें कुछ खेल-तमाशे का भी शौक था। लीलापुरुषोत्तम के उपासक कवि में यह विशेषता होनी ही चाहिए। तुलसी के गम्भीर मानस में इस प्रवृत्ति का आभास नहीं मिलता। अपनी इस शब्द-कौशल की प्रवृत्ति के कारण सूर ने व्यवहार के कुछ पारिभाषिक शब्दों को लेकर भी एक-आध जगह उक्तियाँ बाँधी हैं; जैसे—

साँचो सो लिखवार कहावै।
काया ग्राम मसाहत करि कै, जमा बाँधि ठनरावै।
मन्मथ करै कैद अपनी में, जान जहतिया लावै॥

काव्य में इस प्रकार की उक्तियाँ ठीक नहीं होतीं। आचार्यों ने 'अप्रतीत्व' दोष के अन्तर्गत इस बात का संकेत किया है। सूर भी एक ही आध जगह ऐसी उक्तियाँ लाए हैं; पर वे 'प्रेम-फौजदारी' ऐसी पुस्तकों के लिए नमूने का काम दे गई हैं।

यहाँ तक तो सूरदासजी की कुछ विशेषताओं का अनुसंधान हुआ। अब उनकी पूर्ण रचना के सम्बन्ध में कुछ सामान्य मत स्थिर करना चाहिए। पहले तो यह समझ रखना चाहिए कि सूरसागर वास्तव में एक महासागर है जिसमें हर प्रकार का जल आकर मिला है। जिस प्रकार उसमें मधुर अमृत है उसी प्रकार कुछ खारा, फीका और साधारण जल भी। खारे, फीके और साधारण जल से अमृत को अलग करने में विवेचकों को प्रवृत्त रहना चाहिए। 'सूरसागर' में बहुत से पद बिल्कुल साधारण श्रेणी के मिलेंगे। एक ही पद में भी कुछ चरण तो अनूठे और अद्वितीय मिलेंगे और कुछ साधारण, और कभी-कभी तो भरती के। कई जगह वाक्य-रचना अव्यवस्थित मिलेगी और छंद या तुकान्त में खपाने के लिए शब्द भी कुछ विकृत किए हुए, तोड़-मरोड़े हुए पाए जाएँगे; जैसे 'रहत' के लिए 'राहत', 'जितेक' के लिए 'जितेत', 'पानी' के लिए 'पान्यो' इत्यादि। व्याकरण के लिए लिंग आदि का विपर्यय या अनियम भी कहीं-कहीं मिल

जाता है। जैसे, 'सूल' शब्द कहीं पुल्लिंग आया है कहीं स्त्रीलिंग। सारांश यह कि यदि हम भाषा पर सामान्यतः विचार करते हैं तो वह सर्वत्र तुलसी की-सी गठी हुई, सुव्यवस्थित और अपरिवर्तनीय न मिलेगी। कहीं-कहीं किसी वाक्य या किसी चरण तक को हम बदल दें तो कोई हानि न होगी। किसी-किसी पद में कुछ वाक्य कुछ विशेष अर्थ शक्ति नहीं रखते, चरण की पूर्ति करने का ही काम देते जान पड़ते हैं। बात यह है कि नित्य कुछ-न-कुछ पद बनाना उनका नियम था। उन्होंने बहुत अधिक पद कहे हैं। फुटकर पद कहते चले गए हैं; इससे एक ही भाव वाले बहुत से पद भी आ गए हैं और कहीं-कहीं भाषा भी शिथिल हो गई है। अन्धे होने के कारण लिखे पदों को सामने रखकर काटने-छाँटने या हरताल लगाने का उन्हें वैसा मौका न था जैसा तुलसीदास को।

उपासना-पद्धति के भेद के कारण सूर और तुलसी की रचना में जो भेद कहा जाता है उस पर भी थोड़ा ध्यान देना चाहिए। तुलसी की उपासना सेव्य-सेवक-भाव से कही जाती है और सूर की सख्य भाव से। यहाँ तक कि भक्तों में सूरदासजी श्रीकृष्ण के सखा उद्धव के अवतार कहे जाते हैं। यहाँ पर हमें केवल यह देखना है कि इस उपासना भेद का सूर की रचना के स्वरूप पर क्या प्रभाव पड़ा है। यदि विचार करके देखा जाए तो सूर में जो कुछ संकोच का अभाव या प्रगल्भता पाई जाती है वह गृहीत विषय के कारण। इन्होंने वात्सल्य और शृंगार ही वर्णन के लिए चुने हैं। जिसे बाल-क्रीड़ा और शृंगार-क्रीड़ा का अत्यन्त विस्तृत वर्णन करना है, वह यदि संकोच-भाव छोड़ लड़कों की नटखटी, यौवन सुलभ हास-परिहास आदि का वर्णन न करेगा तो काम कैसे चलेगा? कालिदास ने भी कुमारसम्भव में पार्वती के अंग-प्रत्यंग का शृंगारी वर्णन किया है। तो क्या उनकी शंकर की उपासना भी सख्य भाव की हुई और उनका यह वर्णन उसी सख्य भाव के कारण हुआ? थोड़ा-सा ध्यान देने से यह जाना जा सकता है कि आरम्भ में सूर ने जो बहुत दूर तक विनय के पद कहे हैं, वे दीन सेवक या दास के रूप में ही कहे हैं। मिलान करने पर सूर की विनयावली और तुलसी की विनय-पत्रिका में सखा और सेवक का कोई भेद न पाया जाएगा। विनय में सूर भी ऐसा ही कहते पाए जाएँगे—"प्रभू! हौं सब पतितन को टीको"। यों तो तुलसी भी प्रेम-भाव में मग्न हो सामीप्य और घनिष्ठता अनुभव करते हुए 'पूतरा बाँधने' के लिए तैयार होकर गए हैं और शबरी आदि को तारने पर कहते हैं—'तारेहु का रही गाई?'

इसी साम्प्रदायिक प्रवाद से प्रभावित होकर कुछ महानुभावों ने सूर और तुलसी में प्रकृति-भेद बताने का प्रयत्न किया है और सूर को खरा तथा स्पष्टवादी और तुलसी को सिफारिशी, खुशामदी या लल्लो-चप्पो करनेवाला कहा है। उनकी राय में तुलसी कभी राम की निन्दा नहीं करते, पर सूर ने दो-चार स्थानों पर कृष्ण के कामों की निन्दा भी की है; यथा—

(क) तुम जानत राधा है छोटी।
हम सों सदा दुरावति है यह, बात कहै मुख चोटी पोटी॥
नँदनंदन याही के बस हैं, बिबस देखि बेंदी छबि चोटी।
सूरदास प्रभु वै अति खोटे, यह उनहूँ तें अति ही खोटी॥

(ख) सखी री! स्याम कहा हित जानै।
सूरदास सर्वस जो दीजै कारो कृतहि न मानै।

पर यह कथन कहाँ तक ठीक है, इसका निर्णय इस प्रश्न के उत्तर द्वारा झटपट हो सकता है! "सूरदास प्रभु वै अति खोटे", "कारो कृतहि न मानै" इन दोनों वाक्यों में वाच्यार्थ के अतिरिक्त संलक्ष्य-असंलक्ष्य किसी प्रकार का व्यंग्यार्थ भी है या नहीं? यदि किसी प्रकार का व्यंग्य नहीं है तो उक्त कथन ठीक हो सकता है। पर किसी प्रकार का व्यंग्यार्थ न होने पर ये दोनों वाक्य रसात्मक न होंगे, इनमें कुछ भी काव्यत्व न होगा। पर हमारे देखने में ये दोनों वाक्य असंलक्ष्यक्रम व्यंग्य के कारण रसात्मक हैं। इन दोनों पदों पर साहित्यिक दृष्टि से जो थोड़ा-सा भी ध्यान देगा वह जान लेगा कि कृष्ण न तो वास्तव में खोटे कहे गए हैं, न कलूटे कृतघ्न। प्रथम पद में जो सखी की उक्ति है वह विनोद या परिहास की उक्ति है, सरासर गाली नहीं है। सखी का यह विनोद हर्ष का ही एक स्वरूप है और संचारी के रूप में यह प्रिय सखी राधा के प्रति रति-भाव की व्यंजना करता है। इससे सखी के उस आनन्द का पता चलता है जो राधा-कृष्ण के परस्पर प्रेम को देख उसे हो रहा है। इसी प्रकार दूसरा पद विरहाकुल गोपी का वचन है जिससे कुछ विनोद-मिश्रित अमर्ष व्यंजित होता है। यह अमर्ष भी यहाँ रति-भाव का व्यंजक है इसके कहने की आवश्यकता नहीं। यह आरम्भ में ही कहा जा चुका है कि कृष्ण और गोपियों का प्रेम लोकमर्यादा से परे जीवनोत्सव का क्रीड़ा के रूप में सामने रखा गया है। इस सम्बन्ध में हमारा केवल यही निवेदन है कि साम्प्रदायिक परिभाषाओं के चक्कर में साहित्यिक दृष्टि खो न देनी चाहिए।

तुलसी पर दूसरा इलजाम, जिससे सूर बरी किए गए हैं, यह है कि वे रह-रहकर फिजूल याद दिलाया करते हैं कि राम परमेश्वर हैं। ठीक है, तुलसी ऐसा जरूर करते हैं। पर कहाँ? रामचरितमानस में। पर रामचरितमानस तुलसीदास का एकमात्र ग्रन्थ नहीं है। उसके अतिरिक्त तुलसीदासजी के और भी कई ग्रन्थ हैं। क्या सबमें यही बात पाई जाती है? यदि नहीं, तो इसका विवेचन करना चाहिए कि 'रामचरितमानस' में ही यह बात क्यों है। मेरी समझ में इसके कारण ये हैं–

(1) रामचरितमानस की कथा के वक्ता तीन हैं–शिव, याज्ञवल्क्य और काकभुशुंडि। श्रोता हैं पार्वती; भरद्वाज और गरुड़। इन तीनों श्रोताओं ने अपना यह मोह प्रकट किया है कि कहीं राम मनुष्य तो नहीं हैं। तीनों वक्ता जो कथा कह रहे हैं वह इसी मोह को छुड़ाने के लिए। इसलिए कथा के बीच-बीच में याद दिलाते जाना बहुत उचित है। गोस्वामीजी ने भूमिका में ही इस बात को स्पष्ट करके शंका की जगह नहीं छोड़ी है।

(2) रामचरितमानस एक प्रबन्ध-काव्य है जिसमें कथा का प्रवाह अनेक घटनाओं को

लेता हुआ लगातार चला चलता है। इस दशा में कथा-प्रवाह में मग्न पाठक या श्रोता को असल बात की ओर ध्यान दिलाते रहने की आवश्यकता समय-समय पर उस कवि को अवश्य मालूम होगी जो नायक को ईश्वरावतार के रूप में ही दिखाना चाहता है। फुटकर पद्यों में इसकी आवश्यकता न प्रतीत होगी। सूरसागर की शैली पर तुलसी की 'गीतावली' है। उसमें यह बात नहीं पाई जाती। जब कि समान शैली की रचना मिलती है तब मिलान के लिए उसी को लेना चाहिए।

(३) श्रीकृष्ण के लिए 'हरि', 'जनार्दन' आदि विष्णुवाचक शब्द बराबर लाए जाते हैं। इससे चेतावनी की आवश्यकता नहीं रह जाती। गोपियों ने कृष्ण के लिए बराबर 'हरि' शब्द का व्यवहार किया है।

इस प्रसंग को छोड़ने से पहले इतना और कह देना चाहता हूँ कि जिस प्रकार तुलसी ने राम की सान्निध्य-प्राप्ति के कारण दशरथ, कौशल्या, केवट, शबरी, जटायु आदि के भाग्य को शिव, सनकादिक के भाग्य से भी बढ़कर कहा है उसी प्रकार अनेक शब्दों में सूर ने भी जगह-जगह नन्द-यशोदा और गोप-गोपियों के भाग्य को सराहा है। यह भी याद ही दिलाना है कि कृष्ण परमेश्वर हैं।

सूरदासजी अपने भाव में मग्न रहनेवाले थे, अपने चारों ओर की परिस्थिति की आलोचना करनेवाले नहीं। संसार में क्या हो रहा है, लोक की प्रवृत्ति क्या है, समाज किस ओर जा रहा है, इन बातों की ओर उन्होंने अधिक ध्यान नहीं दिया है। तुलसीदासजी लोक की गति के सूक्ष्म पर्यालोचक थे। वे उसके बीच पैदा होनेवाली बुराइयों को तीव्र दृष्टि से देखनेवाले थे। जिस प्रकार उन्होंने अपने समय की जनता की दुखदशा और दुर्वृत्ति तथा मर्यादा के ह्रास पर दृष्टिपात किया है, उसी प्रकार लोक-मर्यादा के ह्रास में सहायता पहुँचानेवाली प्रच्छन्न शक्तियों को भी पहचाना है। किस प्रकार उन्होंने कबीर, दादू आदि के लोक-विरोधी स्वरूप को पहचानकर उनके उद्धत व्यक्तिवाद के विरुद्ध घोषणा की, यह हम गोस्वामीजी की आलोचना में दिखा चुके हैं।[1] सूरदासजी अपने भाव-भजन और मन्दिर के नृत्य-गीत में ही लीन रहते थे, इन सब आदेशों से बहुत दुबले नहीं रहते थे। पर 'निर्गुन बानी' की जो हवा बह रही थी, उनकी ओर उनके कान अवश्य थे।

तुलसी की आलोचना में हम सूचित कर चुके हैं कि तुलसी का ब्रजभाषा और अवधी दोनों काव्य-भाषाओं पर तुल्य अधिकार था और उन्होंने जितनी शैलियों की काव्य-रचना प्रचलित थी उन सब पर बहुत उत्कृष्ट रचना की है। यह बात सूर में नहीं है। सूरसागर की पद्धति पर वैसी ही मनोहारिणी और सरस रचना तुलसी की 'गीतावली' मौजूद है; पर रामचरितमानस और कवितावली की शैली की सूर की कोई कृति नहीं है। इसके अतिरिक्त मनुष्य-जीवन की जितनी अधिक दशाएँ, जितनी अधिक वृत्तियाँ तुलसी ने दिखाई हैं, उतनी सूर ने नहीं। तुलसी ने अपने चरित्र-चित्रण द्वारा

1. देखिए काशी नागरी प्रचारिणी सभा द्वारा प्रकाशित 'गोस्वामी तुलसीदास' ग्रन्थ।

जैसे विविध प्रकार के ऊँचे आदर्श खड़े किए हैं वैसे सूर ने नहीं। तुलसी की प्रतिभा सर्वतोमुखी है और सूर की एकमुखी। एक एकमुखी होकर उसने अपनी दिशा में जितनी दूर तक दौड़ लगाई है उतनी दूर तक की तुलसी ने भी नहीं; और किसी कवि की तो बात ही क्या है। जिस क्षेत्र को सूर ने चुना है उस पर उनका अधिकार अपरिमित है, उसके वे सम्राट हैं।

सूर की विशेषताओं के इस संक्षिप्त दिग्दर्शन को समाप्त करने के पहले इतना और कह देने को जी चाहता है कि सूर में साम्प्रदायिकता की छाप तुलसी की अपेक्षा अधिक है। अष्टछाप में वे थे ही। उन्होंने अनन्य उपासना के अनुसार कृष्ण या हरि को छोड़ और देवताओं की स्तुति नहीं की है। ग्रन्थारम्भ में भी प्रथानुसार गणेश या सरस्वती को याद नहीं किया है; पर तुलसीदासजी की वन्दना कितनी विस्तृत है, यह रामचरितमानस और विनय-पत्रिका के पढ़नेवाले मात्र जानते हैं। उनमें लोक-संग्रह का भाव पूरा-पूरा था। उनकी दृष्टि लोक-विस्तृत थी। जन-समाज के बीच या कम से कम हिन्दू समाज के बीच परस्पर सहानुभूति और सम्मान का भाव तथा सुखद व्यवस्था स्थापित देखने की अभिलाषा भी उनमें बहुत कुछ थी। शिव और राम को एक-दूसरे का उपासक बनाकर उन्होंने शैवों और वैष्णवों में भेद-बुद्धि को रोकने का प्रयत्न किया था। पर सूरदासजी का इन सब बातों की ओर ध्यान नहीं था।

जो तुलसीदासजी के ग्रन्थों को पढ़ता है वह उन्हें देवताओं से उदासीन भी नहीं समझता; उनका शत्रु और द्रोही समझना तो दूर रहा। इतने पर भी कुछ लोगों ने वनवास के करुण प्रसंग के भीतर अथवा राम के महत्त्व आदि की भावना में लीन करनेवाले किसी पद में 'सुर स्वारथी' आदि शब्द देखकर यह कहना बहुत जरूरी समझा है कि "सूर ने तुलसी के समान देवताओं को गालियाँ नहीं दी हैं।" इस पर यही समझकर रह जाना पड़ता है कि यह मत-वेलक्षण्य के प्रदर्शन का युग है।

सूर की विशेषताओं का स्थूल रूप से इतना विचार करने के उपरान्त अब हम उनकी उस संगीत-भूमि में थोड़ा प्रवेश करते हैं जो 'भ्रमर-गीत' के नाम से प्रसिद्ध है और जिसमें वचन की भाव-प्रेरित वक्रता द्वारा प्रेम-प्रसूत न जाने कितनी अन्तर्वृत्तियों का उद्‌घाटन परम मनोहर है। 'भ्रमरगीत' का प्रसंग इस प्रकार आया है—श्रीकृष्ण अक्रूर के साथ कंस के निमंत्रण पर मथुरा गए और वहाँ कंस को मारकर अपने पिता वसुदेव का उद्धार किया। इसी बीच में कुब्जा नाम की कंस की एक दासी को उसकी सेवा से प्रसन्न होकर उन्होंने अपने प्रेम की अधिकारिणी बनाया। जब अवधि बीत जाने पर भी वे लौटकर गोकुल न आए तब नन्द, यशोदा तथा सारे ब्रजवासी बड़े दुखी हुए। उन गोपियों के विरह का क्या कहना है जिनके साथ उन्होंने इतनी क्रीड़ाएँ की थीं। बहुत दिनों पीछे श्रीकृष्ण ने ज्ञानोपदेश द्वारा गोपियों को समझाने-बुझाने के लिए अपने सखा उद्धव को ब्रज में भेजा। उद्धव ही को क्यों भेजा? कारण यह था कि उद्धव को अपने ज्ञान का बड़ा गर्व था, प्रेम या भक्ति-मार्ग की वे उपेक्षा करते थे। कृष्ण का उन्हें गोपियों के पास भेजने में यह अभिप्राय था कि वे उनकी प्रीति

की गूढ़ता और तन्मयता देखकर शिक्षा ग्रहण करें और सगुण भक्ति-मार्ग की सरसता और सुगमता के सामने उनका ज्ञान-गर्व दूर हो—

जदुपति जानि उद्धव-रीति।
जेहि प्रगट निज सखा कहियत करत भाव अनीति॥
बिरह-दुख जहँ नाहिं जामत, नाहिं उपजत प्रेम।
रेख, रूप न बरन जाके यह धर्‌यो वह नेम॥
त्रिगुन तन करि लखत हमकों, ब्रह्म मानत और।
बिना गुन क्यों पुहुमि उधरै, यह करत मन डौर॥
बिरह-रस के मंत्र कहिए क्यों चलै संसार।
कछु कहत यह एक प्रगटत, अति भर्‌यो हंकार॥
प्रेम भजन न नेकु याके, जाय क्यों समझाय?
सूर प्रभु मन यहै आनी ब्रजहि देहुँ पठाय॥

"त्रिगुन तन करि लखत हमकों, ब्रह्म मानत और" इसी भ्रम का निवारण करना चाहते थे। जगत् से ब्रह्म को सदा अलग मानना, जगत् की नाना विभूतियों में उसे न स्वीकार करना भक्ति-मार्गियों के निकट बड़ी भारी भ्रान्ति है। 'अहमात्मा गुडाकेश, सर्वभूताशयस्थितः' इस भगवद्वाक्य को मन में बैठाए हुए भक्त-जन गीता के इस उपदेश के अनुसार भगवान् के व्यक्त स्वरूप की ओर आकर्षित रहते हैं—

क्लेशोऽधिकवरस्तेषामव्यक्तासक्तचेतसाम्।
अव्यक्ता हि गतिर्दुःखा देववद्भिरवाप्यते॥

उद्धव बात-बात में 'एक प्रकटत'—अद्वैतवाद का राग अलापते थे। पर 'बिरह रस के मंत्र कहिए क्यों चलै संसार?'—रस-विहीन उपदेश से लोक-व्यवहार कैसे चल सकता है? रसविहीन उपदेश किस प्रकार असर नहीं करते, यही दिखाने को भ्रमर-गीत की रचना हुई है।

उद्धव के ब्रज में दिखाई पड़ते ही सारे ब्रजवासी उन्हें घेर लेते हैं। वे नन्द यशोदा से संदेसा कह चुकने के उपरान्त गोपियों की ओर फ़िरकर कृष्ण के संदेश के रूप में ज्ञान-चर्चा छेड़ते हैं। इसी बीच एक भौंरा उड़ता-उड़ता गोपियों के पास आकर गुनगुनाने लगता है—

यहि अन्तर मधुकर इक आयो।
निज सुभाव अनुसार निकट होई सुन्दर शब्द सुनायो॥
पूछन लागीं ताहि गोपिका "कुबजा तोहिं पठायो?
कैधों सूर स्यामसुन्दर को हमें संदेसो लायो?"

फिर तो गोपियाँ मानो उसी भ्रमर को सम्बोधन करके जो-जो जी में आता है, खरी-खोटी, उलटी-सीधी, सब सुना चलती हैं। इसी से इस प्रसंग का नाम 'भ्रमरगीत' पड़ा है। कभी गोपियाँ उद्धव का नाम लेकर कहती हैं, कभी उसी भ्रमर को सम्बोधन करके कहती हैं—विशेषतः जब पुरुष और कठोर वचन मुँह से निकालना होता है।

शृंगार रस का ऐसा सुन्दर 'उपालम्भ-काव्य' दूसरा नहीं है।

उद्धव को देखते ही गोपियों को सम्बन्ध-भावना के कारण कृष्ण के मिलने का-सा सुख हुआ–

ऊधो! पा लागौं भले आए।
तुम देखे जनु माधव देखे, तुम त्रय ताप नसाए ॥

प्रिय के सम्बन्ध से बहुत-सी वस्तुएँ प्रिय लगने लगती हैं। यही बात यहाँ अपने स्वाभाविक रूप में दिखाई गई है। इसी को बढ़ाकर बिहारी कुछ और दूर तक ले गए हैं। उनकी नायिका को नायक के भेजे हुए पंखे की हवा लगने से उलटा और पसीना होता है। यह एक तमाशे की बात जरूर हो गई है–

हित करि तुम पठयो, लगे वा बिजना की बाय ॥
टरी तपनि तन की तऊ चली पसीने न्हाय ॥

सूर ने भी प्रिय की वस्तु पाकर 'सात्विक' होना दिखाया है; पर तमाशे के रूप में नहीं, अत्यंत स्वाभाविक और मर्मस्पर्शी रूप में तथा अत्यन्त अर्थ-प्राचुर्य के साथ। उद्धव के हाथ से श्याम की पत्री राधा अपने हाथ में लेती है और–

निरखत अंक स्यामसुन्दर के बार-बार लावति छाती।
लोचन-जल कागद-मसि मिलिकै ह्वै गई स्याम स्याम की पाती ॥

आँसुओं से भींगकर स्याही के फैलने से सारी चिट्ठी काली हो गई, इससे कृष्ण सम्बन्ध की भावना के कारण प्रबल प्रेमोद्रेक सूचित हुआ। आगे देखिए तो इस प्रेमोद्रेक की तीव्रता व्यंजित करने के लिए 'अंक' और 'स्याम' शब्दों में श्लेष कैसा काम कर रहा है। पत्री पाकर वैसा ही प्रेम उमड़ा जैसा कृष्ण को पाकर उमड़ता। कृष्ण की पत्री ही उनके लिए कृष्ण हो गई। जैसे वे कृष्ण के अंक (गोद अर्थात् शरीर) को पाकर आलिंगन करतीं वैसे ही कृष्ण के लिखे अंक (अक्षर) देखकर वे पत्री को बार-बार हृदय से लगाती हैं। यहीं भावाधिपति सूर ने भाव का और आधिक्य व्यंजित करने के लिए शब्दसाम्य की सहायता ऐसे कौशल से ली गई है कि एक बार शब्दों का साधारण अर्थ (अक्षर और काला) लेने से जिस भाव की अधिकता सूचित हुई फिर आगे उनका श्लिष्ट अर्थ (गोद और श्रीकृष्ण) लेने से उसी भाव की और अधिकता व्यंजित हुई। इससे जो लाघव हुआ है–मजमून में जो चुस्ती आई है–वह तो है ही, साथ ही प्रेम के अंतभूर्त एक मानसिक दशा के चित्र का रंग कैसा चटकीला हो गया है! शब्दसाम्य को उपयोग में लानेवाला सच्चा कवि-कौशल यही है।

यदि केशवदास के ढंग पर सूर भी यहाँ उक्त शब्दसाम्य को लेकर 'कृष्ण' और 'पत्री' की तुलना पर जोर देने लगते–कहते कि पत्री मानो कृष्ण ही हैं, क्योंकि वह भी श्याम है और उसके भी अंक वक्षस्थल हैं–तो काव्य की रमणीयता कुछ भी न आती। राधा को वह पत्री जो कृष्ण के समान लग रही है, वह सादृश्य या साधर्म्य के कारण नहीं, बल्कि सम्बन्ध-भावना के कारण, कृष्ण के हाथ की लिखी होने के कारण। केवल शब्दात्मक साम्य को लेकर यदि हम किसी पहाड़ को कहें कि यह बैल

है क्योंकि इसे भी 'शृंग' है, तो यह काव्यकला तो न होगी, और कोई कला हो तो हो। क्या जरूरी है कि शब्दों की जितनी कलाबाजियाँ हों, सब काव्य ही कहलाएँ?

गोपियाँ कहती हैं कि हमने इतने सन्देश भेजे हैं कि शायद उनके मथुरा के कुएँ भर गए होंगे? पर जो सन्देश लेकर जाता है वह लौटता नहीं—

संदेसनि मधुबन कूप भरे।
जो कोउ पथिक गए हैं ह्याँ तें फिरि नहिं अवन करे॥
कै वै स्याम सिखाय समीधे, कै वै बीच मरे?
अपने नहिं पठवत नंद-नंदन हमरेउ फेरि धरे॥
मसि खूँटी कागद जल भीजे, सर दव लागि जरे!

प्रिय से सम्बन्ध रखनेवाले व्यक्तियों या वस्तुओं का प्रिय लगना ऊपर दिखा आए हैं, इस पद में प्रेमाभिलाष की पूर्ति में जो वस्तुएँ बाधक होती हैं; सहायक नहीं होतीं या उपयोग में नहीं आतीं, उनके ऊपर बड़ी सुन्दर झल्लाहट स्त्रियों की स्वाभाविक बोली में प्रकट की गई है। पथिक सन्देसा लेकर गए, पर न लौटे; न जाने कहाँ मर गए! कोई चिट्ठी भी नहीं आती है, मथुरा भर में स्याही ही चुक गई, या कागज भींगकर गल गए, अथवा सरकंडों में (जिनकी कलम बनती है) आग लग गई, वे जल गए!

जो कोई पथिक उधर से होकर निकलता है उसे रोककर गोपियाँ अपना सन्देसा कहने लगती हैं। अब तो यह दशा है कि इसी डर से पथिकों ने उधर से होकर जाना ही छोड़ दिया है—

सूरदास सदेसन के डर पथिक न वा मग जात।

ज्यों ही उद्धव अपना ज्ञान-सन्देश सुनाना आरम्भ करते हैं, त्यों ही गोपियाँ चकपकाकर पूछने लगती हैं—

हम सों कहत कौन सी बातें?
सुनि, ऊधो! हम समझत नाहीं, फिर बूझति हैं तातें॥
को नृप भयो, कंस किन मार्‌यो, को बसुद्यौ-सुत आहि?
यहाँ हमारे परम मनोहर जीजतु हैं मुख चाहि॥

गोपियों को यह 'चकपकाहट' उद्धव की बात की असंगति पर होती है। जिसने ऐसा सन्देसा भेजा है वह न जाने कौन है। परम प्रेमी कृष्ण तो हो नहीं सकते। इसका तात्पर्य यह नहीं कि वे सचमुच उद्धव को कृष्ण का दूत नहीं समझ रही हैं। वे केवल विश्वास करने की अपनी अतत्परता और आश्चर्य मात्र व्यंजित कर रही हैं। कृष्ण के सम्बन्ध से उद्धव भी गोपियों को प्रिय और अनोखे लग रहे हैं। इसी से बीच-बीच में वे उन्हें बनाने और उनसे परिहास करने लगती हैं। वे कृष्ण पर भी फबती छोड़ती हैं और उद्धव को भी बनाती हैं—

ऊधो! जान्यो ज्ञान तिहारो।
जानै कहा राजगति-लीला अन्त अहीर बिचारा॥

हम सबै अयानी, एक सयानी कुबजा सों मन मान्या ॥
आवत नाहिं लाज के मारे, मानहु कान्ह खिस्यान्यो ॥
ऊधो! जाहु बाँह धरि ल्याओ सुन्दर स्याम पियारो।
ब्याहौ लाख, धरौ दस कुबरी, अन्तहि कान्ह हमारो ॥

परिहास के अतिरिक्त अन्तिम चरण में प्रेम की उच्च दशा के 'औदार्य्य' की कैसी साफ झलक है।

उद्धव कहते जाते हैं, परा गोपियों के मन में यह बात समाती ही नहीं कि यह कृष्ण का सन्देसा है। कभी वे कहती हैं—"ऊधो! जाय बहुरि सुनि आवहू कहा कह्यो है नन्दकुमार"; कभी कहती हैं—"स्याम तुम्हें ह्याँ नाहिं पठाए, तुम हौ बीच भुलाने।"

जब उद्धव बकते ही जाते हैं तब वे और भी बनाती हैं; कहती हैं कि जरा अपने होश की दवा करो।

ऊधो! तुम अपनो जतन करौ।
हित की कहत कुहित की लागै, किन बेकाज ररौ ?
जाय करौ उपचार आपनो, हम जो कहत हैं जी की।
कछू कहत कछुवै कहि डारत, धुन देखियत नहि नीकी ॥

बीच-बीच में वे खिझला भी उठती हैं और कहती हैं कि तुम्हारे मुँह कौन लगे, तुम तो सनक गए हो। वहाँ सिर खाने लगे थे तभी तुम्हें भेजकर श्रीकृष्ण ने अपना पल्ला छुड़ाया—

साधु होय तेहि उत्तर दीजै तुमसों मानी हारि।
याही तें तुम्हैं नंद-नंदन जू यहाँ पठाए टारि ॥

फिर चित्त में कुछ विनोद-वृत्ति के आ जाने पर कहती हैं—भई! खूब आए! इस दुःख दशा में भी अपनी बेढब बातों से एक बार लोगों को हँसा दिया—

"ऊधो! भली करी तुम आए।
ये बातें कहि कहि या दुख में ब्रज के लोग हँसाए।"

प्रेम के जिस हास-क्रीड़ामय स्वरूप को सूर ने लिया है, विप्रलम्भ दशा के अश्रु और दीर्घ निःश्वास के बीच-बीच में भी बराबर उसकी क्षणिक और क्षीण रेखा झलक जाती है। श्याम गोपियों के पास नहीं हैं; उनके सखा ही संयोग से उनके बीच आ फँसे हैं जो सदा उनके पास रहते हैं। बस यही सम्बन्ध-भावना कृष्ण के सन्देश की विलक्षणता की भावना के साथ मिलते ही रह-रहकर थोड़ी-थोड़ी देर के लिए वृत्ति को विनोदमयी कर देती है—

ऊधो! हम आज भईं बड़भागी।
बिसरे सब दुख देखत तुमको, स्यामसुन्दर हम लागीं ॥
ज्यों दर्पन मधि दृग निरखत, जहँ हाथ तहाँ नहिं जाई।
त्यों ही सूर हम मिलीं साँवरे, बिरह-बिथा बिसाई ॥

मध्यस्थ द्वारा संयोग-सूत्र का कैसा सुन्दर स्पष्टीकरण सूर ने किया है! जो

सम्बन्ध-भावना बीच-बीच में गोपियों की वृत्ति विनोदमयी कर देती है वह कभी-कभी स्पष्ट शब्दों में निर्दिष्ट होकर सामने आ जाती है और पाठक उसे पहचान सकते हैं; जैसे—

मधुकर! जानत है सब कोऊ।
जैसे तुम और मीत तुम्हारे, गुननि निपुन हौ दोऊ॥
पाके चोर, हृदय के कपटी, तुम कारे औ वोऊ।

उद्धव को जो 'पक्के चोर और कपटी' प्रेम के ये सम्बोधन मिल रहे हैं वे कृष्ण के संसर्ग के प्रसाद से।

ऐसेई जन दूत कहावत।
ऐसी परकृति परति छाँह की जुवतिन ज्ञान बुझावत॥

गोपियाँ कहती हैं कि बैठे-बैठे योग और ज्ञान का सन्देसा भेजनेवाले कैसे हैं, यह हम अच्छी तरह जानते हैं—

हम तौ निपट अहीरि बावरी जोग दीजिए ज्ञानिन।
कहा कथत मामी के आगे जानत नाना नानिन॥

कृष्ण की सम्बन्ध-भावना स्थान को भी कुछ भी अनुरंजक रूप प्रदान करती है—

विलग जनि मानहु, ऊधौ प्यारे!
वह मथुरा काजर की कोठरि, जे आवहिं ते कारे॥
तुम कारे, सुफलकसुत कारे, कारे मधुप भँवारे।

गोपियाँ कहती हैं—'तुम्हारा दोष नहीं। वह स्थान ही ऐसा हो रहा है जहाँ से तुम आ रहे हो। एक कृष्ण से वहाँ ऐसी कृष्णता छा रही है कि तुम काले हो, अक्रूर जो आए थे वे भी ऐसे ही काले थे, और यह घूमता हुआ भौंरा भी जो बहुत दिन वहाँ न रहा होगा, घूमता-फिरता कभी जा पड़ा होगा, वैसा ही काला है।'

उद्धव अपने ज्ञानोपदेश की भूमिका ही बाँध रहे थे कि गोपियों के मन में कुछ-कुछ 'शंका' होने लगी—

मधुकर! देखि स्याम तन तेरो।
हरिमुख की सुनि मीठी बातैं डरपत है मन मेरो॥
अब लौं कौन हेतु गावत है हम्ह आगे यह गीत।
सूर इते सों गारि कहा है जो पै त्रिगुन-अतीत॥

'त्रिगुणातीत' होंगे, हमें इससे क्या? तू क्यों बार-बार यह कहता है? कुछ भेद जान नहीं पड़ता।

उद्धव को कभी एक भोलाभाला आदमी ठहराकर गोपियाँ अनुमान करती हैं कि कहीं श्रीकृष्ण ने यह सन्देसा इनके हाथ भेजकर हँसी न की हो और ये इसे ठीक मानकर बक-बक कर रहे हों! यही पता लगाने के लिए वे उद्धव से पूछती हैं—"अच्छा, यह तो बताओ कि जब वे तुम्हें सन्देश कहकर भेजने लगे थे तब कुछ 'मुस्कुराए' भी थे?"

ऊधो! जाहु तुम्हें हम जाने।
साँच कहौ तुमको अपनी सौं, बूझति बात निदाने।
सूर स्याम जब तुम्हें पठाए तब नेकहु मुसकाने?

यह अनुमान या 'वितर्क' रागात्मिका वृत्ति से सर्वथा निर्लिप्त शुद्ध बुद्धि की क्रिया नहीं है। संचारी 'मति' के समान यह भी भाव-प्रेरित है; हृदय की रागद्वेष-वृत्ति से सम्बन्ध रखता है। किसी बात को मानने न मानने की भी रुचि हुआ करती है। कृष्ण के प्रेम को गोपियाँ छोड़ना नहीं चाहतीं; अतः यह बात मानने को उनका जी नहीं करता कि कृष्ण ने ऐसा अप्रिय संदेश भेजा होगा। जिस बात को कोई मानना नहीं चाहता उसको न मानने के वह हजार रास्ते ढूँढ़ता है। बस, गोपियों के अन्तःकरण की यही स्थिति ऊपर के पद में दिखाई गई है।

उद्धव के ज्ञान-योग की गोपियाँ कितनी कद्र करती हैं, अब थोड़ा यह भी देखिए। जो ऐसी चीज ढोए फिरता है, जिसे बहुत से लोग बिल्कुल निकम्मा समझ रहे हैं; उसे वे बेवकूफ समझकर ही नहीं रह जाते, बल्कि उसे बनाने में भी कभी-कभी पूरी कल्पना खर्च करते हैं। बेवकूफी पर हँसने का रिवाज बहुत पुराना है। लोग बना-बनाया बेवकूफ पाकर हँसते भी हैं और हँसने के लिए बेवकूफ बनाते भी हैं। हास की प्रेरणा की कल्पना को मूर्ख का स्वरूप जोड़ने और वाणी को कुछ शब्द-रचना करने में तत्पर करती है। गोपियाँ कुछ-कुछ इसी प्रेरणावश उद्धव से नीचे लिखी बात उस समय कहती हैं जब वे घबराकर उठने को तैयार होते हैं–

ऊधो! जोग बिसरि जनि जाहु।
बाँजहु गाँठि, कहूँ जनि छूटै, फिर पाछे पछिताहु॥
ऐसी वस्तु अनूपम, मधुकर! मरम न जानै और।
ब्रजबासिन के नाहिं काम की, तुम्हरे ही है ठौर॥

"देखना, अपना योग कहीं भूल न जाना, गाँठ में बाँध रखो; कहीं छूट जाए तो फिर पीछे पछताओगे। ऐसी वस्तु जिसका मर्म सिवा तुम्हारे या तुम्हारे-ऐसे दो-चार फालतू दिमागवालों के और कोई जान ही नहीं सकता, ब्रजवासियों के किसी काम की नहीं। ऐसी फालतू चीज के लिए तुम्हारे ही यहाँ जगह होगी, यहाँ नहीं है।" जिसके सखा के दर्शन से विरह से मुरझाई हुई गोपियों में इतनी चपलता आ गई कि वे लड़कों की तरह चिढ़ाने को तैयार हो गईं उसके दर्शन से उनमें कितनी सजीवता आती, यह समझने की बात है। ज्ञानपयोग पर भी कैसी मीठी चुटकी है। जिसे केवल एक आध आदमी समझते हैं वह वस्तु सबके काम की नहीं हो सकती। उद्धव जब उसे गले लगाते हैं तब गोपियों का भाव बदलता है और वे उन्हें सीधे-साधे बेवकूफ नहीं लगते, बल्कि एक ठग या धूर्त के रूप में दिखाई पड़ते हैं। यह भावान्तर उनकी कल्पना को कैसा चित्र खड़ा करने में लगते हैं, देखिए–

(क) आयो घोष बड़ो व्यापारी !
लादि खेप यह ज्ञान-जोग की ब्रज मैं आय उतारी॥

फाटक दै करहाटक माँगत भोरी निपट सुधारी।

(ख) ऊधो! ब्रज में पैंठ करी।

यह निर्गुन निर्मूल गाठरी अब किन करहु खरी॥

नफा जानिकै ह्याँ लै आए सबै वस्तु अकरी।

उदाहरण (ख) में 'निर्मूल' शब्द कितना अर्थगर्भित है! साधारण दृष्टि से तो यही अर्थ दिखाई पड़ता है कि 'बना जड़-पत्ते की वस्तुवाली' अर्थात् जिसमें कुछ भी नहीं है, शून्य है। पर साथ ही इस अर्थ का पूरा संकेत मिलता है—"जिसमें कुछ मूलधन या पास की पूँजी नहीं लगी है" अर्थात् वह (ज्ञान-गठरी) केवल किसी के मुँह से सुनकर इकट्ठी कर ली है, उसमें हृदय नहीं लगा है—लग ही नहीं सकता—जो मनुष्य की असल पूँजी है! सूर ने यहाँ जिस बात को इस मार्मिक ढंग से कहा है उसी को गोस्वामी तुलसीदासजी ने दार्शनिक विनरूपण के ढंग पर 'स्वानुभूति' और 'वाक्य-ज्ञान' का भेद बताकर कहा है—

वाक्य-ज्ञान अत्यन्त निपुन भव पार न पावै कोई।

जिमि-गृह मध्य दीप की बातन तम निवृत्ति नहिं होई।

पूर्ण तत्त्वाभास केवल कोरी बुद्धि की क्रिया से नहीं हो सकता यह बात शंकराचार्य ऐसे प्रचंड बुद्धि के दार्शनिक को भी माननी पड़ी थी। पारमार्थिक सत्ता के बोध की सम्भावना उन्होंने बहुत कुछ स्वानुभूति द्वारा कही है, केवल शब्दबोध या तर्क द्वारा नहीं। वर्तमान समय का सबसे आगे बढ़ा हुआ दार्शनिक बर्गसन (Bergson) भी कोरी बुद्धि-क्रिया को एकांगी, भ्रान्तिजनक और असमर्थ बताकर स्वानुभूति (Intuition) की ओर संकेत कर रहा है। एडवर्ड कार्पेन्टर ने भी अपनी प्रसिद्ध अंग्रेजी पुस्तक (Civilization, its Causes and Cure) में वर्तमान समय की उस दार्शनिक प्रवृत्ति का विरोध किया है जिसमें बुद्धि-क्रिया ही सब कुछ मानी गई है, मनुष्य के हृदय-पक्ष तथा स्वानुभूति-पक्ष का एकदम तिरस्कार कर दिया गया है। उसने 'शब्दबोध की प्रणाली' को 'अज्ञान-प्रणाली' कहा है। वर्तमान काल के प्रसिद्ध उर्दू शायर अकबर ने भी 'बुद्धि-रोग' से छुटकारा पाने पर खुशी जाहिर की है—"मैं मरीजे होश था, मस्ती ने अच्छा कर दिया।" यही पक्ष तुलसी, सूर आदि भक्तों का भी रहा है। गोस्वामी तुलसीदासजी ने स्पष्ट कह दिया है कि अज्ञान ही के द्वारा शब्दबोध के ही सहारे तो ज्ञान की बातें कही जाती हैं। वे ललकारकर कहते हैं—"ज्ञान कहै अज्ञान बिनु, सो गुरु तुलसीदास।"

जब उद्धव की बकवाद बन्द नहीं होती, वे ऐसी बातें कहते ही जाते हैं जो गोपियों को बेसिर-पैर की लगती हैं, जिनका कुछ स्पष्ट अर्थ नहीं जान पड़ता, तब वे ऊबकर झुँझला उठती हैं। कहती हैं—"तुझसे कौन सिरपच्ची करे—ऐसी को ठाली बैठी है तोसों मूड़ खपावै" कह दिया कि तेरा सिर पटकना व्यर्थ है।"

"कत श्रम करत, सुनत को ह्याँ है! होत ज्यौं बन को रोयो।

सूर इते पै समझत नाहीं, निपट दई को खोयो॥"

"निपट दई को खोयो"—स्त्रियों के झुंझलाहट के कैसे स्वाभाविक वचन हैं! अन्त में वे उद्धव पर इस प्रकार झल्ला उठती हैं—

(क) ऊधो! राखति हौं पति तेरी।
ह्याँ तें जाहु, दुरहु आगे तें, देखत आँखि बरति हैं मेरी॥
ते तौ तैसइ दोउ बने हैं, वै अहीर, वह कंस की चेरी।

(ख) रहु रे मधुकर मधु-मतवारे!
कहा करौं निर्गुन लैकै हौं, जीवहु कान्ह हमारे॥

क्या यह कहने की आवश्यकता है कि इस सारी 'झुंझलाहट' और 'झल्लाहट' (उग्रता) की तह में प्रेम की एक अखंड धारा बह रही है?

यह झल्लाहट बराबर नहीं रहती। थोड़ी देर में शान्त भाव आ जाता है और 'मति' का उदय दिखलाई पड़ता है—

(क) ऊधो! जो तुम हमहिं सुनायो।
सो हम निपट कठिनई करिकै या मन कों समुझायो॥
जुगुति जतन करि हमहुँ ताहि गहि सुपथ-पंथ लौं लायो।
भटकि फिर्यो बोहित के खग ज्यों, पुनि फिरि हरि पै आयो॥

(ख). मधुकर! हम जो कहौ करैं।
पठयो है गोपाल कृपा कै, आयसु तें न टरैं॥
रसना वारि फेरि नव खँड कै दै निरगुन के साथ।
इतनी तनक बिलग जनि मानहुँ, अखियाँ नाहीं हाथ॥

ध्यान रखना चाहिए कि 'मति' संचारी भाव है, बुद्धि की स्वतंत्र निर्लिप्त क्रिया नहीं है। यह कृष्ण के प्रेम का आधार लिए हुए है। उद्धव का उपदेश गोपियों के मन में बैठा हो, यह बात नहीं है। वे बड़ी मुश्किल से उसे मानने का जो प्रयत्न कर रही हैं, वह केवल इस ख्याल से कि कृष्ण ने कहलवाया है और उनके खास दोस्त कह रहे हैं। यह ख़याल आते ही फिर तो वे अपनी विवशता का अनुभव मात्र सामने रखती हैं। वे कहती हैं कि जबान तो कहो हम अभी 'निर्गुन' के हवाले कर दें; तुम्हारी तरह मुँह से 'निर्गुन-निर्गुन' बका करें, या जबान ही कटा डालें—सब दिन के लिए मौन हो जाएँ। पर आँखों से हम लाचार हैं, वे दर्शन की लालसा नहीं छोड़ सकतीं।

कभी-कभी उनकी वृत्ति अत्यन्त दीन और नम्र हो जाती है और उनके मुँह से ऐसे वचन निकलते हैं—

(क) ऊधो! हम हैं तुम्हारी दासी।
काहे को कटु बचन कहत हौ, करत आपनी हाँसी॥

(ख) अपने मन सुरति करत रहिबी।
ऊधो! इतनी बात स्याम सों समय पाय कहिबो।
घोष बसत की चूक हमारी कछू न जिय गहिबी॥

कहाँ वह 'उग्रता' और कहाँ यह अदब से भरी 'दीनता'। ऐसी ही दशा के बीच राधा अपनी सखी से अपनी उस विह्वलता या 'मोह' की बात कहती हैं जिसके कारण उद्धव के आगे कुछ कहते नहीं बनता–

सँदेसों कैसे कै अब कहौं ?
इन नैनन्ह या तन को पहरो कब लौं देति रहौं ?
जो कछु बिचार होय उर अंतर रचि पचि-सोचि गहौं।
मुख आनत, ऊधो तन चितवन न सो विचार, न हौं ॥

इस प्रकार वे अपनी दुःख-दशा कहते-कहते थक जाती हैं। फिर वे सोचती हैं कि हमारी दशा पर कृष्ण कदाचित् उतना ध्यान न दें; इससे वे नन्द और यशोदा की व्याकुलता का वर्णन करती हैं, गायों का दुख सुनाती हैं कि कदाचित् उन्हीं का खयाल करके वे एक बार आ जाएँ–

ऊधो! इतनी कहियो जाय।
अति कृसगात भई हैं तुम बिनु बहुत दुखारी गाय।
जल-समूह बरसत अँखियन तें हूँकति लीन्हें नावँ ॥
जहाँ-जहाँ गोदोहन करते ढूँढ़त सोइ ठावँ ॥

कृष्ण किसी प्रकार आवें, बस यही अभिलाषा सबसे ऊपर है। वे किसी के खयाल से आवें, आवें तो सही। बदले में कृष्ण भी वैसा ही प्रेम रखें, इतनी बड़ी बात की आशा गोपियों से अब नहीं करते बनती। अब तो वे बहुत थोड़े में संतुष्ट होने को तैयार हैं। केवल उनका दर्शन पा जाएँ, बस। यह तोष-वृत्ति नैराश्यजन्य है। नीचे के पद में जो 'क्षमा' या 'उदारता' है वह भी अभाव के दुख की ही ओर से आती हुई जान पड़ती है–

ऊधो! कहियो यह संदेस।
लोग कहत कुबजा रस माते, तातें, तुम सकुचो जनि लेस ॥

जिसके न रहने से जीवन की धारा ही खंडित जान पड़ती है उसके दोषों का ध्यान कैसा? वह आवे, चाहे दो-चार और दोष भी साथ लगाता आवे। यह चीज की वह कदर है जो उसके न रहने पर मालूम होती है। वियोग के अन्तर्गत यह हृदय की बड़ी ही उदार दशा है। इसमें दृष्टि दोषों की ओर जाती ही नहीं। यह दशा दूसरे के दोषों को ही आँख के सामने से नहीं हटाती, बल्कि स्वयं अपने में दोष सुझाने लगती है। प्रेम द्वारा आत्म-शुद्धि का यह विधान कैसा अचूक है! राधा अपनी एक-एक त्रुटि का स्मरण या कल्पना करती हैं और व्याकुल होती हैं–

मेरे मन इतनी सूल रही।
वै बतियाँ छतियाँ लिखी राखीं जे नंदलाल कही ॥
एक दिवस मेरे गृह आए, मैं ही मथति दही।
देखि तिन्हैं मैं मान कियो सखि, सो हरि गुसा गही ॥

कभी-कभी उन्हें अपने प्रेम की ही कमी पर पछतावा होता है–

कहाँ लगि मानिए अपनी चूक !
बिनु गोपाल, ऊधो! मेरी छाती ह्वै न गई द्वै टूक ॥

वियोग गोपियों के हृदय को कभी-कभी कैसा कोमल, उदार और सहिष्णु कर देता है, इसकी कैसी अनुतापमिश्रित सूचना निम्न पद में है—

फिरि ब्रज बसहु, गोकुलनाथ!
बहुरि न तुमहि जगाय पठवौं गोधनन के साथ ॥
बरजौं न माखन खात कबहूँ, दैंहौं देन लुटाय।
कबहूँ न दैहौं उराहनो जसुमति के आगे जाय ॥
दौरि दाम न देहुँगी, लकुटि न जसुमति पानि।
चोरी न देहुँ उधारि, किए औगुन न कहिहौं आनि ॥
करिहौं न तुमसों मान हठ, हठिहौं न माँगत दान।
कहिहौं न मृदु मुरली बजावन, करन तुमसों गान ॥
कहिहौं न चरनन देन जावक, गुहन बेनी फूल।
कहिहौं न करन सिंगार बट-तर वसन जमुना-कूल।
भुज-भूषनजुत कंध धरिकै रास नाहिं कराउँ।
हौं संकेत-निकुंज बसिकै दूति-मुखि न बुलाउँ।
एक बार जु दरस दिखवहु प्रीति-पंथ बसाय।
करौं चंवर चढ़ाय आसन नयन अंग अंग लाय ॥
देहु दरसन, नंदनंदन! मिलन ही की आस।
सूर प्रभु की कुँवर-छबि को मरत लोचन प्यास ॥

इन मर्मभरी भोली-भाली प्रतिज्ञाओं में जो अनुपान, अधीनता और त्याग के उद्गार हैं उनका यह प्रेम-गर्वसूचक वाक्य 'कहिहौं न चरनन देन जावक' स्वमर्यमाण विषय होने के कारण विरोधी नहीं होता। उक्त पद में ध्यान देने की सबसे बड़ी बात यह है कि प्रेम अब किस प्रकार चपल क्रीड़ा-वृत्ति छोड़ शान्त आराधना के रूप में परिणत होने को तैयार हो गया। यह प्रेम का भक्ति में पर्य्यवसान है। सुख क्रीड़ा-त्यागरूप विरति-पक्ष दिखाकर मानो सूर ने भक्ति-मार्ग के शान्त रस का स्वरूप दिखाया है।

आत्मोत्सर्ग की पराकाष्ठा वहाँ समझनी चाहिए जहाँ प्रेमी निराश होकर प्रिय के दर्शन का आग्रह भी छोड़ देता है। इस अवस्था में वह अपने लिए प्रिय से कुछ चाहना छोड़ देता है और उसका प्रेम इस अविचल कामना के रूप में आ जाता है कि प्रिय चाहे जहाँ रहे, सुख से रहे, उसका बाल भी बाँका न हो—

जँह-जँह रहौ राज करौ तहँ-तहँ लेहु कोटि सिर भार।
यह असीस हम देहिं सूर सुनु न्हात खसै जनि बार ॥

विरहोन्माद की गहरी व्याकुलता के बीच में भी यह कामना बराबर बनी रहती है। गोपियों के वियोग में चन्द्रमा तपते सूर्य, गाय-बछड़े, बाघ और भेड़िये जान पड़ रहे हैं। वे उद्धव से कहती हैं—'तुम तो यहाँ की दशा देख ही रहे हो; कह देना कि जब तक ये

सब आफतें यहाँ से टल न जाएँ तब तक वे वहीं रहे; ऐसी हालत में यहाँ न आवें—

ऊधो! इतनी जाय कहौ।
सब वल्लभी कहति हरि सों 'ये दिन मधुपुरी रहौ॥
आज काल तुमहू देखत हौ तपत तरनि सम चंद।
सुन्दरस्याम परम कोमल तनु, क्यों सहिहैं नंदनंद॥
मधुर मोर पिक परुष प्रबल अति बन उपबन चढ़ि बोलत॥
सिंह बृतंकन सम गाय बच्छ ब्रज वीथिन-बीथन डोलत॥
तुम तौ परम साधु कोमलमन जानत हौ सब रीति।
सूर स्याम को क्यों बोलैं ब्रज बिन टारे यह ईति॥

विरही घोर दुःख सहता हुआ भी यह कभी मन में नहीं लाता कि यह प्रेम दूर हो जाता तो अच्छा था। कोई मन्त्रशास्त्री आकर कहे—'अच्छा, हम वह प्रेम ही मन्त्रबल से उड़ाए देते हैं जो सारे बखेड़े की जड़ है, तो कोई वियोगी शायद ही तैयार होगा—चाहे वह दुनिया भर से कहता फिरे कि 'प्रीति करि काहू सुख न लह्यो'। और दुखों से वियोग-दुख में यही विशेषता है। वियोगी रस्सी तुड़ाकर प्रेम के बाड़े के बाहर नहीं भागना चाहता। गोपियाँ प्रेम-क्षेत्र के बाहर की किसी वस्तु के प्रति कैसी उपेक्षा या लापरवाही प्रकट करती हैं—

मधुकर! कौन मनायौ मानै ?
सिखवहु तिनहि समाधि की बातैं जे हैं लोग सयाने।
हम अपने ब्रज ऐसेइ बसिहैं बिरह-बाय बौराने॥

वे उद्धव को उलटा समझाती हैं कि विरह से भी प्रेम की पुष्टि होती है, वह पक्का होता है—

ऊधो! बिरहौ प्रेम करे।
ज्यों बिनु पुट पट गहै न रंगहि, पुट गहे रसहि परै।
जौ आवों घट दहत अनल तनु तौ पुनि अमिय भरै॥

इसे प्रेम-सिद्धान्त का उपदेश मात्र समझकर न छोड़िए, भाव के स्वरूप पर भी ध्यान दीजिए। वह प्रतिकूल स्थिति की अनिवार्यता से उत्पन्न 'आत्मसमाधान' की स्वाभाविक वृत्ति है। एक अफीमची घोड़ी पर सवार कहीं जा रहे थे। जिधर उन्हें जाना था उधर का रास्ता छोड़ घोड़ी दूसरी ओर चलने लगी। जब बहुत मोड़ने पर भी वह न मुड़ी तब उन्होंने बाग ढीली करके कहा—'अच्छा, चल! इधर भी मेरा काम है।' इसी प्रकार की अन्तर्वृत्ति इस वाक्य से भी झलकती है—

हम तौ दुहूँ भाँति फल पायो।
जौ ब्रजनाथ मिलें तौ नीको, नातरु जग जस गायो।

यह तो 'आत्मसमाधान' हुआ। दूसरे की कोई बात न मानने पर मन में कुछ खटक-सी रहती है कि इसे दुख पहुँचा होगा। अपनी इस खटक को मिटाने के लिए दूसरे के समाधान की प्रवृत्ति होती है; जैसे—

ऊधो! मनमाने की बात।

जरत पतंग दीप में जैसे औ फिरि फिरि लपटात।

रहत चकोर पुहुमि पर, मधुकर! ससि अकास भरमात॥

इस समाधान के अतिरिक्त 'धृति' की भी व्यंजना देखिए—

अब हमरे जिय बैठ्यो यह पद 'होनी होइ सो होउ'।

मिटि गयो मान परेखो, ऊधो! हिरदय हतो सो होउ॥

'भ्रमरगीत' में कुब्जा का नाम भी बार-बार आया है। इसके कारण 'असूया' की बड़ी वक्रतापूर्ण व्यंजनाएँ मिलती हैं। जब उद्धव कृष्ण का सन्देश कहकर अपनी ज्ञान-चर्चा छेड़ते हैं तभी गोपियाँ कहती हैं कि यह कृष्ण का सन्देश नहीं जान पड़ता, यह तो उसी कुबड़ी पीठवाली की कारस्तानी मालूम पड़ती है—

मधुकर! कान्ह कही नहिं होहीं।

यह तौ नई सखी सिखई हैं निज अनुराग बर हीं॥

रचि राखी कूबरी पीठ पै ये बातैं चकचोही।

फिर वे 'असूया' का भाव इन साफ शब्दों में प्रकट करती हैं कि इस समय कृष्ण की चहेती कुब्जा का ही जीवन सफल है—

जीवन मुँहचाहो को नीको।

दरस परस दिन राति करति है कान्ह पियारे पी को॥

वे उद्धव से कहती हैं कि तुम अपनी ज्ञान-कथा वहीं रखो जहाँ इस समय खूब आनन्द-मंगल हो रहा है; यहाँ जगह नहीं है—

या कहँ यहाँ ठौर नाहीं, लै राखो जहाँ सुचैन।

हम सब सखि गोपाल उपासिनि हमसों बातैं छाँड़ि।

सूर, मधुप! लै राखु मधुपुरी कुब्जा के घर गाड़ि॥

वहीं 'कुब्जा के घर गाड़ रखो' स्त्रियों के मुख से कैसे जले-कटे स्वाभाविक शब्द हैं। सन्देश का उत्तर थोड़े ही में वे यह देती हैं कि यदि यह ज्ञानयोग ऐसी उत्तम वस्तु है तो इसे कुबड़ी को दो; हमारे सामने वह (कृष्ण का) रूप ही कर दो; हम अपना उसी को देखा करें—

पा लागौं कहियौ मोहन सों जोग कूबरी दीजै।

सूरदास प्रभु रूप निहारैं, हमरे सम्मुख कीजै॥

वे कृष्ण, जिन्होंने इतनी गोपियों का मन चुराया, एक साधारण कुबड़ी दासी के प्रेम-जाल में फँस गए। इस पर देखिए कैसी मीठी चुटकी और कैसा कुतूहलपूर्ण कृत्रिम सन्तोष प्रकाशित किया गया है—

बरु वै कुबजा भलो कियो।

सुनि सुनि समाचार, ऊधो! मो कछुक सिरात हियो॥

जाको गुन, गति, नाम, रूप हरि हार्‍यो, फिर न दियो।

तिन अपनो मन हरते न जान्यो, हँसि-हँसि लोग जियो॥

क्षुब्ध हृदय की कैसी भाव-प्रेरित वचन-रचना है! इसी प्रकार की वाग्विदग्धता और वक्रता (बाँकपन) उद्धव के 'निराकार' शब्द पर आगे गोपियों की विलक्षण उक्ति में दिखाई पड़ता है। वे राधा को सम्बोधन करके कहती हैं–

मोहन माँग्यो अपनोरूप।
या ब्रज बसत अँचै तुम बैठीं, ता बिनु तहाँ निरूप ॥

'कृष्ण का रूप तो तुम पी गई हो', वह तुम्हारे हृदय में रह गया है (तुम निरन्तर उनके रूप का ध्यान करती रहती हो); इससे वे वहाँ 'निरूप'–बिना आकार के–हो रहे हैं। उद्धव के द्वारा उन्होंने अपना वही रूप माँग भेजा है कि निराकारता मिटे। तुम जो रात-दिन उनके रूप का ध्यान करती रहती हो उसे भी उद्धव छुड़ाने आए हैं; यह बात कितने टेढ़े ढंग से; किस वक्रता के साथ; प्रकट की गई है! वाणी ने यह वक्रता हृदय की प्रेरणा से; उठते हुए भावों की लपेट में; ग्रहण की है। इसकी तह में भावस्रोत छिपा हुआ है।

ऐसे ही बाँकपन के साथ वे कृष्ण के रूप का ध्यान हृदय से न निकलने का कारण बताती हैं–

उर में माखनचोर गड़े।
अब कैसहु निकसत नहिं, ऊधो! तिरछे ह्वै जो अड़े ॥

जो लम्बी चीज किसी बरतन में जाकर तिरछी हो जाएगी वह बड़ी मुश्किल से निकलेगी। कृष्ण की मूर्ति का राधा जब ध्यान करने लगती हैं तब उनकी त्रिभंगी मूर्ति ही ध्यान में आती है; इसी से वह मन में अटक-सी गई है; निकलती नहीं है। वचन की जो वक्रता भाव-प्रेरित होती है, वही काव्य होती है। 'वक्रोक्तिर्काव्य-जीवितम्' से यही वक्रता अभिप्रेत है; वक्रोक्ति अलंकार नहीं। भावोद्रेक से उक्ति में जो एक प्रकार का बाँकपन आ जाता है; तात्पर्य-कथन के सीधे मार्ग को छोड़कर वचन जो एक भिन्न प्रणाली ग्रहण करते हैं; उसी की रमणीयता काव्य की रमणीयता के भीतर आ सकती है। भाव-प्रसूत वचन-रचना में ही भाव या भावना तीव्र करने की क्षमता पाई जाती है। कोई मनुष्य किसी को बड़ा बहादुर कह रहा है। दूसरे से सुनकर रहा नहीं जाता; वह कह सकता है–'हाँ! तभी न बिल्ली देखकर गिर पड़े थे।' कहनेवाला सीधी तरह से कह सकता था–'वह बहादुर नहीं, भारी डरपोक है; बिल्ली देखकर डर सकता है।' इस पर सीधे वाक्य से उसको सन्तोष नहीं हो सकता था। भीरु को वीर सुनकर जो उपहास की उमंग उसके हृदय में उठी उसने श्रोताओं को भी उपहासोन्मुख करने के लिए बिल्ली से डरने को बहादुरी के सबूत में पेश करा दिया। काव्य की उक्ति का लक्ष्य किसी वस्तु या विषय का बोध कराना नहीं; बल्कि उस वस्तु या विषय के सम्बन्ध में कोई भाव या रागात्मक स्थिति उत्पन्न कराना होता है। तार्किक जिस प्रकार श्रोता को अपनी विचार-पद्धति पर लाना चाहता है उसी प्रकार कवि अपनी भाव-पद्धति पर।

उपर्युक्त विवेचन से यह स्पष्ट है कि 'विदग्धता' वहीं तक काव्योपयोगी हो सकती

है जहाँ तक भावप्रेरित हो—जहाँ तक उसका कारण कोई भाव या कम से कम कोई रागात्मक दशा हो। 'विदग्धा-नायिका' की वचन-विदग्धता या क्रिया-विदग्धता में काव्य की रमणीयता इसीलिए होती है कि उसकी तह में रति-भाव वर्तमान रहता है। किसी पुराने चोर या चाईं की विदग्धता का ब्योरेवार वर्णन काव्य के अन्तर्गत नहीं आ सकता; क्योंकि उसमें रसात्मकता नहीं। सूर ने कई स्थलों पर बालक कृष्ण की वचन विदग्धता दिखाई है; जैसे—

मैं अपने मंदिर के कोने माखन राख्यो जानि।
सोई जाय तुम्हारे ढोटा लीनो है पहिचानि॥
बूझी ग्वालिन घर में आयो, नेकु न संका मानी।
सूर स्याम यह उतर बनायो 'चीटी काढ़त पानी'॥

इस विदग्धता में जो रमणीयता है वह इसी कारण कि इससे बाल-प्रकृति का चित्रण होता है और वह भय-प्रेरित है।

अब सूर ने अपने सिद्धान्त-पक्ष का जो काव्यात्मक निरूपण किया है थोड़ा उसे भी दिखाकर इस प्रबन्ध को समाप्त करते हैं। उद्धव के ज्ञानयोग का पूरा लेक्चर सुनकर और उसे अपने सीधे-सादे प्रेममार्ग की अपेक्षा दुर्गम और दुर्बोध जानकर गोपियाँ कहती हैं—

काहे को रोकत मारग सूधो?
सुनहु मधुप निर्गुन-कंटक तें राजपंथ क्यों रूधो?
ताको कहा परेखो कीजै जानत छाँछ न दूधो।
सूर मूर अक्रूर गए लै ब्याज निवेरत ऊधो॥

हम अपने प्रेम या भक्ति के सीधे और चौड़े राजमार्ग पर जा रही हैं। उस मार्ग में तुम ये निर्गुण-रूपी काँटे क्यों बिछाते हो? हमारा रास्ता क्यों रोकते हो? जैसे तुम्हारे लिए रास्ता है, वैसे हमारे लिए भी है। तुम अपने रास्ते चलो, हम अपने रास्ते। एक दूसरे का रास्ता रोकने क्यों जाएँ? भक्ति और ज्ञान के सम्बन्ध में सूर का यही मत समझिए। वे ज्ञान के विरोधी नहीं, भक्ति-विरोधी ज्ञान के विरोधी हैं। गोपियों से वे उद्धव की बातों के अन्तिम उत्तर के रूप में कहलाते हैं—

बार-बार ये बचन निवारो।
भक्ति-विरोधी ज्ञान तिहारो॥

मनुष्य की पूर्ण अभिव्यक्ति रागात्मिका वृत्ति और बोध-वृत्ति दोनों के मेल में है। अतः इनमें किसी का निषेध उचित नहीं। कोई एक की ओर मुख्यतः प्रवृत्त रहता है, कोई दूसरे की ओर। कुछ ऐसे पूर्ण-प्रज्ञ भी होते हैं जिनमें हृदय पक्ष और बुद्धि पक्ष दोनों की पूर्णता रहती है। वल्लभाचार्यजी ऐसे ही थे।

सूरदासजी वल्लभाचार्य के शिष्यों में से थे। वल्लभाचार्य ज्ञान-मार्ग की ओर तो वेदान्त की एक शाखा के प्रवर्त्तक थे और भक्ति-मार्ग की ओर एक अत्यन्त प्रेमोपासक सम्प्रदाय के। वल्लभाचार्यजी का अद्वैतवाद 'शुद्धाद्वैत' कहलाता है। रामानुजाचार्यजी ने

अद्वैत को दो पक्षों (चित् और अचित्) से युक्त या विशिष्ट दिखाया था। वल्लभ ने यह विशिष्टता हटाकर ब्रह्म को फिर शुद्ध किया। उन्होंने निरूपित किया कि सत्, चित्त और आनन्द स्वरूप ब्रह्म अपनी इच्छानुसार इन तीनों स्वरूपों का आविर्भाव (विकास) और तिरोभाव करता रहता है। जड़ जगत भी ब्रह्म ही है, वह अपने चित् और आनन्द स्वरूपों का पूर्ण तिरोभाव किए हुए तथा सत् स्वरूप का कुछ अंशतः आविर्भाव किए हुए। चेतन जगत् भी ब्रह्म ही है जिसमें सत्, चित्, आनन्द इन तीनों स्वरूपों का कुछ आविर्भाव और कुछ तिरोभाव रहता है। इस सिद्धान्त में मायात्मक जगत् मिथ्या नहीं माना गया है। माया ब्रह्म ही की शक्ति मानी गई है जो उसी की इच्छा से विभक्त होती है। जीव अपने शुद्ध ब्रह्म-स्वरूप को तभी प्राप्त करता है जब आविर्भाव और तिरोभाव दोनों मिट जाते हैं और यह बात केवल ईश्वर के अनुग्रह से ही, जिसे 'पुष्टि' या 'पोषण' कहते हैं, हो सकती है। इस अनुग्रह की प्राप्ति के लिए वल्लभाचार्य ने एक विस्तृत उपासना-पद्धति भी चलाई, जिसे 'पुष्टि-मार्ग' कहते हैं। रामानुज और वल्लभ दोनों का मोक्ष कैवल्य से भिन्न है। रामानुज की मुक्ति सारूप्य या सालोक्य मुक्ति है, वल्लभ की सायुज्य। जिस प्रकार वल्लभ की मुक्ति प्रेम के चरमानन्द की दशा है उसी प्रकार उनके उपास्य भी प्रेम-मूर्ति कृष्ण हैं।

जगत् के नाना रूपों से ब्रह्म की जो प्रत्यक्ष सत्ता दिखाई पड़ रही है, उसका जो सगुण स्वरूप चारों ओर भासित हो रहा है, उसका बार-बार निषेध और निर्गुण ब्रह्म का अत्यन्त सूक्ष्म निरूपण सुनकर गोपियाँ उद्धव से कहती हैं कि तुम व्यर्थ तिनके की ओट में इतना भारी दमकता हुआ सुमेरु छिपाने का उद्योग कर रहे हो—

सुमिरै कथा कौन निर्गुन की, रचि पचि बात बनावत।
सगुन सुमेरु प्रकट देखियत, तुम तृन की ओट दुरावत ॥

उद्धव के ब्रह्म-निरूपण का कुछ भी आशय गोपियों की समझ में नहीं आता। वे पूछती हैं कि वह बिना रूप-रेखावाला तुम्हें कभी प्रत्यक्ष भी होता है, तुम्हें आकर्षित और मोहित भी करता है?

रेख न रूप, बरन जाके नहिं ताको हमैं बतावत।
अपनी कहौ दरस वैसे को तुम कबहूँ हौ पावत ?
मुरली अधर धरत है सो, पुनि गोधन बन बन चारत ?
नैन बिसाल, भौंह बंकट करि देख्यो कबहूँ निहारत ?
तन त्रिभंग करि, नटवर बपु धरि पीताम्बर तेहि सोहत ?
सूर स्याम ज्यों देत हमैं सुख त्यों तुमको सोउ मोहत ?

'बतावत' पद में असंगतता किस प्रकार व्यंग्य है! जिनकी न कोई 'रूप-रेखा न वर्ण' उसे बताना या बताने का प्रयत्न करना असंगत ही है। बताई वह वस्तु जाती है जिसका कुछ विशिष्ट स्वरूप होता है। पूर्णतया स्पष्ट और निर्दिष्ट अर्थ व्यक्त न होने पर भी कुछ शब्दों और वाक्यों को बार-बार दुहराना ही तो किसी वस्तु का सम्यक् साक्षात्कार नहीं है। यदि किसी प्रकार मान भी लें कि तुमने उस निर्गुण-ब्रह्म के स्वरूप

को समझा है तो यह बताओ कि वह स्वरूप तुम्हारे मन को मोहता भी है, तुम्हें कुछ आकर्षित भी करता है? यदि नहीं, तो वह व्यवहार या उपासना के योग्य नहीं, केवल तर्क-वितर्क के लिए ही है।

गोपियाँ आग्रह के साथ कहती हैं कि जिसमें तुम मन लगाने को कहते हो उसकी कोई ऐसी बात या ऐसा लक्षण तो बताओ जिस पर मन ठहराया जा सके। पहले तो देश और काल के बीच उसका कोई स्थान हमारे लिए निर्दिष्ट कर दो—

निर्गुन कौन देस को बासी?

मधुकर! हँसि समझाय, सौंह दे बूझति साँच न हाँसी।

स्त्रियों के कैसे स्वाभाविक हाव-भाव-भरे ये वचन हैं—"कसम है, हम ठीक-ठीक पूछती हैं, हँसी नहीं, कि तुम्हारा निर्गुण कहाँ का रहनेवाला है?" कुछ विनोद, कुछ चपलता, कुछ भोलापन, कुछ घनिष्ठता—कितनी बातें इस छोटे से वाक्य से टपकती हैं।

ज्ञान-मार्गी वेदान्तियों और दार्शनिकों के सिद्धान्तों की लोक अव्यवहार्यता तथा उनके बेडौल और भड़कीले शब्दों के अर्थों की अस्पष्टता और दुर्बोधता आदि की ओर गोपियों की झुँझलाहट कैसा संकेत कर रही है—

याकी सीख सुनै ब्रज को रे!

जाकी रहनि कहनि अनमिल अति, कहत समुझि अति थोरे।

"इसकी बात कौन सुने जो कहता कुछ है; और करता कुछ है; तथा जो ऐसी बातें मुँह से निकालता है जिसको खुद बहुत ही कम समझता है।" पिछले कथन से सबके नहीं तो अधिकांश ब्रह्म-ज्ञान छाँटनेवालों के स्वरूप का चित्रण हो जाता है। वे बहुत से ऐसे बँधे हुए वाक्यों और शब्दों की झड़ी बाँधा करते हैं जिनके अर्थ की स्पष्ट धारणा उन्हें कुछ भी नहीं रहती। बिना समझी हुई बातें बककर वे लोगों के बीच बड़े समझदार बना करते हैं।

निर्गुण की नीरसता और सगुण की सरलता किस प्रकार अपने हृदय के सच्चे अनुभव के रूप में गोपियाँ उद्धव के सामने, क्या, जगत् के सामने रखती हैं—

ऊनो कर्म कियो मातुल बधि मदिरा-मत्त प्रमाद।

सूर स्याम एते अवगुन में निर्गुन तें अति स्वाद॥

ज्ञान मार्ग का गोपियों ने तिरस्कार तो किया, पर यह सोचकर कि कहीं उद्धव का जी न दुखी हो; वे उनका समाधान भी करती हैं। वे समझाती हैं कि ज्ञान-मार्ग को हम बुरा नहीं कहती हैं, वह अत्यन्त श्रेष्ठ मार्ग है; पर अपनी रुचि को हम क्या करें? वह हमारे अनुकूल नहीं पड़ता। रुचि-भिन्नता दो समान वस्तुओं में भी भेद करके एक की ओर आकर्षित करती है। और दूसरी से दूर रखती हैं—

ऊधो! तुम अति चतुर सुजान।

द्वै लोचन जो बिरद किए स्रुति गावत एक समान।

भेद चकोर कियो तिनहू में बिधु प्रीतम, रिपु भान॥

उद्धव अपनी-सी कहते जा रहे हैं कि बीच में कोयल बोल उठती है। गोपियाँ चट उद्धव का ध्यान उधर ले जाती हैं—

ऊधो! कोकिल कूजत कानन।
तुम हमको उपदेश करत हौ भस्म लगावन आनन ॥

वह सुनो! कोयल कूक रही है। तुम तो हमें राख मलने को कह रहे हो; उधर प्रकृति क्या कह रही है, वह भी सुनो।

'भ्रमरगीत' की भूमिका के रूप में ही यहाँ सूर के सम्बन्ध में कुछ विचार संक्षेप में प्रकट किए गए हैं। आशा है, विस्तृत आलोचना का अवसर भी कभी मिलेगा।

गुरुधाम, काशी
श्री पंचमी सं. 1982

—रामचन्द्र शुक्ल

भ्रमर-गीत-सार

श्रीकृष्ण का वचन उद्धव-प्रति

राग सारंग

पहिले करि परनाम नन्द सों समाचार सब दीजो।
औ वहाँ वृषभानु गोप सों जाय सकल सुधि लीजो॥
श्रीदामा आदिक सब ग्वालन मेरे हुतो[1] भेंटियो।
सुख-संदेस सुनाय हमारी गोपिन को दुख मेटियो॥
मंत्री एक बन बसत हमारो ताहि मिले सचु[2] पाइयो।
सावधान है मेरे हूतो ताही माथ नवाइयो॥
सुन्दर परम किसोर बयक्रम चंचल नयन बिसाल।
कर मुरली सिर मोरपंख पीताम्बर उर बनमाल॥
जनि डरियो तुम सघन बनन में ब्रजदेवी रखवार।
बृन्दाबन सो बसत निरन्तर कबहुँ न होत नियार[3]॥
उद्धव प्रति सब कहीं स्यामजू अपने मन की प्रीति।
सूरदास किरपा करि पठए यहै सफल ब्रजरीति॥ 1 ॥

राग सोरठ

कहियो नन्द कठोर भए।
हम दोउ बीरैं[4] डारि पर घरै मानो थाती सौंपि गए।
तनक-तनक तैं पालि बड़े किए बहुतैं सुख दिखराए।
गोचारन को चलत हमारे पाछै कोसक धाए॥
ये बसुदेव देवकी हमसों कहत आपने जाए।
बहुरि बिधाता जसुमतिजू के हमहिं न गोद खिलाए॥
कौन काज यह राज, नगर को सब सुख सों सुख पाए ?
सूरदास ब्रज समाधान[5] करु आजु काल्हि हम आए॥ 2 ॥

---

(1) *हुतो*—ओर से, तरफ से। (2) *सचु*—सुख। (3) *नियार*—न्यारे, अलग। (4) *बीर*—भाई। (5) *समाधान*—प्रबोध, तसल्ली।

राग बिलावल

तबहिं उपँगसुत[1] आय गए।
सखा सखा कछु अंतर नाहीं भरि-भरि अंक लए॥
अति सुन्दर तन स्याम सरीखो देखत हरि पछिताने।
एसे को वैसी बुधि होती ब्रज पठवैं तब आने॥
या आगे रस-काव्य प्रकासे जोग-वचन प्रगटावै।
सुर ज्ञान दृढ़ याके हिरदय जुवतिन जोग सिखावै॥ 3 ॥
हरि गोकुल की प्रीति चलाई।
सुनहु उपँगसुत मोहिं न बिसरत ब्रजवासी सुखदाई॥
यह चित होत जाउँ मैं अबहीं, यहाँ नहीं मन लागत।
गोप सुग्वाल गाय बन चारत अति दुख पायो त्यागत॥
कहँ माखन-चोरी? कह जसुमति 'पूत जेब' करि प्रेम।
सूर स्याम के बचन सहित[2] सुनि व्यापत अपन नेम॥ 4 ॥

राग रामकली

जदुपति लख्यो तेहि मुसकात।
कहत हम मन रही जोई सोइ भई यह बात॥
बचन परगट करन लागे प्रेम-कथा चलाय।
सुनहु उद्धव मोहिं ब्रज की सुधि नहीं बिसराय॥
रैनि सोवत, चलत, जागत लगत नहिं मन आन।
नन्द जसुमति नारि नर ब्रज जहाँ मेरो प्रान॥
कहत हरि सुनि[3] उपँगसुत! यह कहत हों रसरीति।
सूर चित तें टरति नाहीं राधिका की प्रीति॥ 5 ॥

राग सारंग

सखा? सुनो मेरी इक बात।
वह लतागन संग गोरिन सुधि करत पछितात॥
कहाँ वह वृषभानुतनया परम सुन्दर गात।
सुरति आए रासरस की अधिक जिय अकुलात॥
सदा हित यह रहत नाहीं सकल मिथ्या-जात।
सूर प्रभु यह सुनौ मोसों एक ही सों नात॥ 6 ॥

---

(1) *उपँगसुत*–उद्धव। (2) *सहित*–हित या प्रेमयुक्त। (3) *सुनि*–सुन।

राग टोड़ी

उद्धव! यह मन निश्चय जानो।
मन क्रम बच मैं तुम्हैं पठावत ब्रज को तुरत पलानो[1] ॥
पूरन ब्रह्म, सकल अबिनासी ताके तुम हौ ज्ञाता।
रेख न रूप, जाति, कुल नाहीं जाके नहिं पितु माता ॥
यह मत दै गोपिन कहँ आवहु बिरह-नदी में भासति[2]।
सूर तुरत यह जाय कहा तुम ब्रह्म बिना नहिं आसति[3] ॥ 7 ॥

राग नट

उद्धव! बेगि ही ब्रज जाहु।
सुरति सँदेस सुनाय मेटो बल्लभिन[4] को दाहु ॥
काम पावक तूलमय तन बिरह-स्वास समीर।
भसम नाहिं न होन पावत लोचनन के नीर ॥
अजौं लौं यहि भाँति ह्वैहै कछुक सजग सरीर।
इते पर बिनु समाधाने क्यों धरैं तिय धीर ॥
कहौं कहा बनाय तुमसों सखा साधु प्रबीन ?
सूर सुमति बिचारिए क्यों जियै जल बिनु मीन ॥ 8 ॥

राग सारंग

पथिक ! सँदेसों कहियो जाय।
आवैंगे हम दोनों भैया, मैया जनि अकुलाय ॥
याको बिलग[5] बहुत हम मान्यो जो कहि पठयो धाय[6]।
कहँ लौं कीर्ति मानिए तुम्हरी बड़ो कियो पय प्याय ॥
कहियो जाय नन्दबाबा सों, अरु गहि पकर्‌यो पाय।
दोऊ दुखी होन नहिं पावहि धूमरि धौरी[7] गाय ॥
यद्यपि मथुरा बिभव बहुत है तुम बिनु कछु न सुहाय।
सूरदास ब्रजवासी लोगनि भेंटत हृदय जुड़ाय ॥ 9 ॥
नीके रहियो जसुमति मैया।
आवैंगे दिन चारि पाँच में हम हलधर दोउ भैया ॥
जा दिन तें हम तुमतें बिछुरे काहु न कह्यो 'कन्हैया'।

---

(1) *पलानो*—जाओ, प्रस्थान करो। (2) *भासति*—डूबती है। (3) *आसति*—आसक्ति, सामीप्य, मुक्ति। (4) *बल्लभी*—प्यारी। (5) *बिलग मानना*—बुरा मानना। (6) *धाय*—दाई यशोदा ने कृष्ण के मथुरा आने पर देवकी के पास कहला भेजा था कि—"हौं तो धाय तिहारे सुत की कृपा करत ही रहियो।" (7) *धौरी*—सफेद।

कबहुँ प्रात न कियो कलेवा, साँझ न पीन्ही[1] धैया[2] ॥
बंसी बेनु सँभारि राखियो और अबेर सबेरो।
मति लै जाय चुराय राधिका कछुक खिलौनो मेरो।
कहियो जाय नन्दबाबा सों निपट बिठुर जिय कीन्हो।
सूर स्याम पहुँचाय मधुपुरी[3] बहुरि सँदेस न लीन्हो ॥ 10 ॥

राग कल्याण

उद्धव मन अभिलाष बढ़ायो।
जदुपति जोग जानि जिय साँचो नयन अकास चढ़ायो ॥
नारिन पै मोको पठवत हो कहत सिखावन जोग।
मन ही मन अब करत प्रसंसा है मिथ्या सुख-भोग ॥
आयसु मानि लियो सिर ऊपर प्रभु-आज्ञा परमान।
सूरदास प्रभु पठवत गोकुल मैं क्यों कहौं कि आन ॥ 11 ॥

उद्धव-प्रति कुब्जा के वाक्य

राग सारंग

सुनियो एक सँदेसो ऊधो तुम गोकुल को जात।
ता पाछे तुम कहियो उनसों एक हमारी बात ॥
माता-पिता को हेत जानि कै कान्ह मधुपुरी आए।
नाहिंन स्याम तिहारे प्रीतम, ना जसुदा के जाए ॥
समुझौ बूझौ अपने मन में तुम जो कहा भलो कीन्हो।
कहँ बालक तुम मत्त ग्वालिनी सबै आप-बस कीन्हो ॥
और जसोदा माखन-काजै बहुतक त्रास दिखाई।
तुमहिं सबै मिलि दाँवरि दीन्हीं रंच[4] दया नहिं आई ॥
अरु वृषभानुसुता जो कीन्हीं सो तुम सब जिय जानो।
याही लाज तजी ब्रज मोहन अब काहे दुख मानो ?
सूरदास यह सुनि सुनि बातें स्याम रहे सिर नाई।
इत कुब्जा एक प्रेम ग्वालिनी कहत न कछु बनि आई ॥ 12 ॥

---

(1) *पीन्ही*–पी। (2) *धैया*–थन से सीधी छूटती दूध की धारा। (3) *मधुपुरी*–मथुरा। (4) *रंच*–तनिक, जरा भी।

उद्धव का ब्रज में आना

राग मलार

कोऊ आवत है तन स्याम।
वैसेइ पट, वैसिय रथ-बैठनि, वैसिय है उर दाम॥
जैसी हुतिं उठि तैसिय दौरीं छाँडि सकल ग्रह-काम।
रोम पुलक, गदगद भईं तिहिं छन सोचि अंग अभिराम॥
इतनी कहत आय गए ऊधो, रही ठगी तिहि ठाम।
सूरदास प्रभु ह्याँ क्यों आवैं बँधे कुब्जा रस स्याम॥ 13॥

उद्धव का ब्रज में दिखाई पड़ना

राग मलार

है कोई बैसीई अनुहारि।
मधुबन में इत आवत, सखि री! चितौ तु नयन निहारि॥
माथे मुकुट, मनोहर कुण्डल, पीत बसन रुचिकारि॥
रथ पर बैठि कहत सारथि सों ब्रज तन[1] बाँह पसारि॥
जानति नाहिंन पहिचानति हौं मनु बीते जुग चारि।
सूरदास स्वामी के बिछरे जैसे मीन बिनु बारि॥ 14॥

राग सोरठ

देखो नन्दद्वार रथ ठाढ़ो।
बहुरि सखि सुफलकसुत[2] आयो पर्यो सँदेह उर गाढ़ो॥
प्रान हमारे तबहिं गयो लै अब केहि कारन आयो।
जानति हौं अनुमान सखी री! कृपा करन उठि धायो॥
इतने अंतर आय उपँगसुत तेहि छन दरसन दीन्हो।
तब पहिचानि सखा हरिजू को परम सुचित तन कीन्हो॥
तब परनाम कियो अति रुचि सों और सबहिं कर जोरे।
सुनियत रहे तैसेई देखे परम चतुर मति-भोरे[3]॥
तुम्हरो दरसन पाय आपनो जन्म सकल करि जान्यो।
सूर ऊधो सों मिलत भयो सुख ज्यों झख पायो पान्यो[4]॥ 15॥

---

(1) *तन*–ओर, तरफ। (2) *सुफलकसुत*–अक्रूर। (3) *भोरे*–भोले। (4) *पान्यो*–पानी। *झख पायो पान्यो*–मछली ने पानी पाया।

कहौ कहाँ तें आए हौ।
जानति हौं अनुमान मनो तुम जादेवनाथ पठाए हौ॥
वैसोई बरन, बसन पुनि वैसेइ, तन भूषन सजि ल्याए हौ।
सरबसु लै तब संग सिंधारे अब का पर पहिराए हौ।
सुनहु, मधुप! एकै मन सबकी सो तो वहाँ लै छाए हौ।
मधुबन की मानिनी मनोहर तहँहिं जाहु जहँ भाए हौ॥
अब यह कौन सयानप? ब्रज पर का कारन उठि धाए हौ।
सूर जहाँ लौं स्यामगात हैं जानि भले करि पाए हौ॥ 16॥

राग नट

ऊधो को उपदेश सुनौ किन कान दै?
सुन्दर स्याम सुजान पठायो मान दै॥ ध्रूव॥
कोउ आयो उत तायँ जितै नँदसुवन सिधारे।
वहै बेनु-धुनि होय मनो आए नँदप्यारे॥
धाईं सब गलगाजि कै[1] ऊधो देखे जाय।
लै आईं ब्रजनाथ पै हो, आनन्द उर न समाय॥
अरघ आरती, तिलक दूब, दधि माथे दीन्हीं।
कंचन-कलस भराय आनि परिकरमा कीन्हीं॥
गोप-भीर आँगन भई मिलि बैठे यादवजात[2]।
जलझारी आगे धरी, हो, बूझति, हरि-कुसलात॥
कुसल छेम बसुदेव, कुसल देवी कुबजाऊ।
कुसल-छेम अक्रूर, कुसल नीके बलदाऊ॥
पूछि कुसल गोपाल की रहीं सकल गहि पाय।
प्रेम-मगन ऊधो भए, हो, देखत ब्रज को भाय[3]॥
मन मन ऊधो कहै यह न बूझिय गोपालहिं[4]।
ब्रज को हेतु बिसारि जोग सिखवत ब्रजबालहि॥
पाती बाँचि न आवई रहे नयन जल पूरि।
देखि प्रेम गोपीन को, हो, ज्ञान-गरब गयो दूरी॥
तब इत उत बहराय नीर नयनन में सोख्यो।
ठानी कथा प्रबोध बोलि सब गुरू समोख्यो[5]॥
जो ब्रत मुनिवर ध्यावहीं पर पावहिं नहिं पार।
सो ब्रत सीखो गोपिका, हो, छाँडि बिषय-विस्तार॥

---

(1) *गलगाजि कै*—आनन्दित होकर। (2) *यादवजात*—यादव के उत्पन्न अर्थात् उद्धव। (3) *भाय*—भाव।
(4) *यह न...गोपालहि*—गोपाल की यह बात समझ में नहीं आती। (5) *समोख्यो*—सहेजकर कहा।

सुनि ऊधो के बचन रहीं नीचे करि तारे[1] ॥
मनो सुधा सो सींचि आनि विषज्वाला जारे ॥
हम अबला कह जानहीं जोग जुगुति की रीति।
नँदनंदन ब्रज छाँड़ि कै, हो, को लिखि पूजै भीति[2] ?
अबिगत, अगह, अपार, आदि अवगत है सोई।
आदि निरंजन नाम ताहि रंजै सब कोई ॥
नैन नासिका-अग्र है तहाँ ब्रह्म को बास।
अबिनासी बिनसै नहीं, हो, सहज ज्योति पर कास ॥
घर लागै[3] औघूरि[4] कहे मन कहा बँधावै ?
अपनो घर परिहरे कहो को घरहि बतावै ?
मूरख जादवजात हैं हमहिं सिखावत जोग।
हमको भूली कहत हैं, हो, हम भूली किधौं लोग ?
गोपिहु तें भयो अंध ताहि दुहुँ लोचन ऐसे !
ज्ञान नँन जौ अंध ताहि सूझै धौं कैसे ?
बूझै निगम बोलाइ कै, कहै बेद समुझाय।
आदि अंत जाके नहीं, हो, कौन पिता को माय ?
चरन नहीं भुज नहीं, कहौ ऊखल किन बाँधो ?
नैन नासिका मुख नहीं, चोरि दधि कौने खाँधो[5] ?
कौन खिलायो गोद में, किन कहे तोंतरे बैन ?
ऊधो ताको न्याव है, हो, जाहि न सूझै नैन ॥
हम बूझति सतभाव न्याय तुम्हरे मुख साँचो।
प्रेम-नेह रसकथा कहौ कंचन की काँचो[6] ॥
जो कोउ पावै सीस दै[7] ताको कीजै नेम।
मधुप हमारी सौं[8] कहौ, हो, जोग भलो किधौं प्रेम ॥
प्रेम प्रेम सों होय प्रेम सों पारहिं जैए।
प्रेम बँध्यो संसार, प्रेम परमारथ पैए ॥
एकै निहचै प्रेम को जीवन-मुक्ति रसाल।
साँचो निहचै प्रेम को, हो, जो मिलिहैं नँदलाल ॥
सुनि गोपिन को प्रेम नेम[9] ऊधो को भूल्यो।
गावत गुन-गोपाल फिरत कुंजन में फूल्यो ॥
छन गोपिन के पग धरै धन्य तिहारो नेम।

---

(1) तारे—पुतली, आँख। (2) भीति—दीवार। (3) घर लागै—ठिकाने लगता है। (4) औघूरि—घूमकर। घर...बँधावै—मन घूमकर फिर अपने ही ठिकाने आता है, उसे कह-सुनकर क्या कोई बाँध सकते हैं? (5) *खाँधो*—(सं. खादन) खाया। (6) *काँचो*—काँच। (7) *सीस दै*—सिर देकर, प्राण खोकर। (8) *हमारी सौं*—हमारी सौगंध। (9) *नेम*—नियम, योग।

धाय-धाय द्रुम भेंटहीं, हो, ऊधो छाके प्रेम ॥
धनि गोपी, धनि गोप, धन्य सुरभी बनचारी।
धन्य-धन्य! सो भूमि जहाँ बिहरे बनवारी ॥
उपदेसन आयो हुतो मोहिं भयो उपदेस।
ऊधो जदुपति पै गए, हो, किए गोप को बेस ॥
भूल्यो, जदुपति नाम, कहत गोपाल गोसाँई।
एक बार ब्रज जाहु देहु गोपिन दिखराई।
गोकुल को सुख छाँड़ि कै कहाँ बसे हौ आय।
कृपावत हरि जानि कै, हो, ऊधो पकरे पाय ॥
देखत ब्रज को प्रेम नेम कछु नाहिंन भावै।
उमड़्यो नयननि नीर बात कछु कहत न आवै ॥
सूर स्याम भूतल गिरे, रहे नयन जल छाय।
पोंछि पीतपट सों कह्यो, 'आए जोग सिखाय'? ॥ 17 ॥

राग धनाश्री

हमसों कहत कौन की बातें?
सुनि ऊधो! हम समुझत नाहीं फिरि पूछति हैं तातें ॥
को नृप भयो कंस किन मार्‌यो को बसुधो-सुत आहि ?
यहाँ हमारे परम मनोहर जीजतु हैं मुख चाहि[1] ॥
दिनप्रति जात सहज गोचारन गोप सखा लै संग।
बासरगत रजनीमुख[2] आवत करत नयन गति पंग[3] ॥
को व्यापक पूरन अबिनासी, को बिधि-बेद-अपार ?
सूर बृथा बकवाद करत हौ या ब्रज नन्दकुमार ॥ 18 ॥

राग सारंग

तू अति! कासों कहत बनाय?
बिन समुझे हम फिरि बूझति हैं एक बार कहौ गाय ॥
किन बै गवन कीन्हों संकटनि चढ़ि सुफलकसुत के संग।
किन वै रजक लुटाई बिबिध पट पहिरे अपने अंग ?
किन हति चाप निदरि गज मार्‌यो किन वे कल्ल मथि जाने[4]?
उग्रसेन बसुदेव देवकी किन वे निगड़ हठि भाने[5] ?
तू काकी है करत प्रसंसा; कौने घोष[6] पठायो ?

---

(1) *चाहि*–देखकर। (2) *रजनीमुख*–संख्या। (3) *पंग*–स्तब्ध। (4) *मथि जाने*–पछाड़ा। (5) *निगड़ भाने*–बेड़ी तोड़ी। (6) *घोष*–अहीरों की बस्ती।

किन मातुल बधि लयो जगत जस कौन मधुपुरी छायो ?
माथे मोर मुकुट बनगुंजा, मुख मुरली-धुनि बाजै।
सूरदास जसोदानंदन गोकुल कह न बिराजै ॥ 19 ॥

राग सारंग

हम तो नन्दघोस की बासी।
नाम गोपाल, जाति कुल गोपहि, गोप-गोपाल-उपासी ॥
गिरवरधारी गोधनचारी, बृन्दाबन-अभिलासी।
राजा नंद जसोदा रानी, जलधि नदी जमुना सी ॥
प्रान हमारे परम मनोहर कमलनयन सुखरासी।
सूरदास प्रभु कहौं कहाँ लौं अष्ट महासिधि दासी ॥ 20 ॥

राग केदार

गोकुल सबै गोपाल-उदासी।
जोग-अंग साधत जे ऊधो ते सब बसत ईसपुर कासी ॥
यद्यपि हरि हम तजि अनाथ करि तदपि रहति चरननि रसरासी[1]।
अपनी सीतलताहि न छाँडत यद्यपि है ससि राहु-गरासी ॥
का अपराध जोग लिखि पठवत प्रेम भजन तजि करत उदासी[2]।
सूरदास ऐसी को बिरहिन माँ गति मुक्ति तजे गुनरासी ? ॥ 21 ॥

राग धनाश्री

जीवन मुँहचाही[3] को नीको।
दरस परस दिन रात करति है कान्ह पियारे पी को ॥
नयनन मूँदि-मूँदि किन देखौ बँध्यो ज्ञान पोथी को।
आछे सुन्दर स्याम मनोहर और जगत सब फीको ॥
सुनौ जोग को कालै कीजे जहाँ ज्यान[4] है जी को ?
खाटी मही नहीं रुचि मानै सूर खबैया घी को ॥ 22 ॥

राग काफी

आयो घोष बड़ो व्योपारी।
लादि खेप[5] गुन ज्ञान-जोग की ब्रज में आन उतारी ॥
फाटक[6] दैकर हाटक माँगत भोरै निपट सुधारी[7]।

---

(1) *रासी*–रासी या पगी हुई। (2) *उदासी*–विरक्त। (3) *मुँह चाहा*–हिती, प्रिया। (4) *ज्यान*–जियान, हानि। (5) *खेप*–माल का बोझ। (6) *फाटक*–अनाज फटकने से निकला हुआ कदन्न, फटकन। (7) धारी–समझकर।

धुर[1] ही तें खोटो खायो है लये फिरत सिर भारी ॥
इनके कहे कौन डहकावै[2] ऐसी कौन अजानी ?
अपनो दूध छाँडि को पीवै खार कूप को पानी ॥
ऊधो जाहु सबार[3] यहाँ तें बेगि गहरु[4] जनि लावौ।
मुँहमाँग्यो पैहो सूरज प्रभु साहुहि आनि दिखावौ ॥ 23 ॥

जोग ठगौरी[5] ब्रज न बिकैहै।
यह ब्योपार तिहारो ऊधो! ऐसोई फिरि जैहै ॥
जापै लै आए हौ मधुकर ताके उर न समैहै।
दाख छाँड़ि कै कटुक निंबौरी[6] को अपने मुख खैहै ?
मूरी के पातन के केना[7] को मुक्ताहल दैहै।
सूरदास प्रभु गुनहि छाँड़ि कै को निर्गुन निबैहै ? ॥ 24 ॥

राग नट

आए जोग सिखावन पाँड़े।
परमारथी पुराननि लादे ज्यों बनजारे टाँड़े[8] ॥
हमरी गति पति कमलनयन की जोग सिखैं ते राँड़े।
कहौ मधुप, कैसे समायँगे एक म्यान दो खाँड़े ॥
कहु षटपद, कैसे खैयतु है हाथिन के संग गाड़े[9]।
काकी भूख गई बयारि भखि बिना दूध घृत माँड़े ॥
काहे जो झाला[10] लै मिलवत, कौन चोर तुम डाँड़े[11]।
सूरदास तीनों नहिं उपजत धनिया धान कुम्हाँड़े[12] ॥ 25 ॥

राग बिलावल

ए अलि! कहा जोग में नीको ?
तजि रसरीति नन्दनन्दन की सिखवत निर्गुन फीको ॥
देखत सुनत नाहि कछु स्रवननि, ज्योति ज्योति करि ध्यावत।
सुन्दर स्याम दयालु कृपानिधि कैसे हौ बिसरावत ?
सुनि रसाल मुरली-सुर की धुनि सोइ कौतुक रस भूलैं।
अपनी भुजा ग्रीव पर मेलैं[13] गोपिन के सुख फूलैं ॥

---

(1) *धुर*—मूल, आरंभ। (2) *डहकावै*—सौदे में धोखा खाय, ठगाए। (3) *सवार*—सवेरे। (4) *गहरु*—विलंब, देर। (5) *ठगौरी*—ठगौने का सौदा। (6) *निंबौरी*—नीम का फल। (7) *केना*—सौदा। छोटा-मोटा साग, मूली आदि का बदला। (8) *टाँड़ा*—व्यापार का माल। (9) *गाँडा*—गन्ने या चारे का कटा हुआ टुकड़ा। हाथी के साथ गाँड़े खाना (कहावत) देखादेखी अनहोनी बात करना। (10) *झाला*—झल्ल बकवाद। (11) *डाँड़े*—दंड दिया। (12) *धनिया धान कुम्हाँड़े*—धनिया, धान और कुम्हड़ा। (13) *मेलैं*—डलते थे।

लोककानि कुल को भ्रम प्रभु मिलि-मिलि कै घर बन खेली[1]।
अब तुम सूर खवावन आए जोग जहर की बेली ॥ 26 ॥

राग मलार

हमरे कौन जोग व्रत साधै ?
मृगत्वच, भस्म अधारि[2], जटा को को इतनौ अवराधै ?
जाकी कहूँ थाह नहिं पैए अगम, अपार, अगाधै।
गिरिधर लाल छबीले मुख पर इते बाँध[3] को बाँधै ?
आसन पवन बिभूति मृगछाला ध्याननि को अवराधै ?
सूरदास मानिक परिहरि कै राख गाँठि को बाँधै ? ॥ 27 ॥

राग धनाश्री

हम तो दुहूँ भाँति फल पायो।
को ब्रजनाथ मिलैं तो नीको, नातरु जग जस गायो ॥
कहँ बै गोकुल की गोपी सब बरनहीन लघुजाती।
कहँ बै कमला के स्वामी सग मिल बैठीं इक पाँती ॥
निगमध्यान मुनिज्ञान अगोचर, ते भए घोषनिवासी।
ता ऊपर अब साँच कहो धौं मुक्ति कौन की दासी ?
जोग-कथा, पा लागों[4] ऊधो, ना कहु बारंबार।
सूर स्याम तजि और भजै जो ताकी जननी छार[5] ॥ 28 ॥

राग कान्हरों

पूरनता इन नयनन पूरी।
तुम जो कहत स्रवननि सुनि समुझत, ये याही दुख मरति बिसूरी[6] ॥
हरि अंतर्यामी सब जानत बुद्धि विचारत बचन समूरी[7]।
वै रस रूप रतन सागर निधि क्यों मनि पाय खवावत धूरी[8] ॥
रहु रे कुटिल, चपल, मधु लंपट, कितब[9] सँदेस कहत कटु कूरी[10]।
कहँ मुनिध्यान कहाँ ब्रजयुवती! कैसे जात कुलिस करि चूरी ॥
देखु प्रगट सरिता, सागर, सर, सीतल सुभग स्वाद रुचि रूरी[11]।
सूर स्वातिजल बसै जिय चातक चित्त लागत सब झूरी[12] ॥ 29 ॥

---

(1) *खेली*–खेली, खेल डाला, कुछ न समझा। (2) *अधारी*–साधुओं की टेकने की लकड़ी। (3) *बाँध*–आडंबर। (4) *पा लागों*–पैर पड़ती हूँ। (5) *छार*–भस्म, राख-मिट्टी। (6) *बिसूरी*–बिलखकर। (7) *समूरी*–जड़-मूल से। (8) *धूरी*–धूल। (9) *कितव*–धूर्त, छली। (10) *कूरी*–क्रूर, निष्ठुर। (11) *रूरी*–अच्छी। (12) *झूरी*–नीरस।

राग धनाश्री

कहतें हरि कबहूँ न उदास।
राति खवाय पिवाय अधररस क्यों बिसरत सो व्रज को बास ॥
तुमसों प्रेम कथा को कहिबो मनहुँ काटिबो घास।
बहिरो तान-स्वाद कहँ जानै, गूँगो-बात-मिठास।
सुनु री सखी, बहुरि फिरि ऐहैं वे सुख बिबिध बिलास।
सूरदास ऊधो अब हमको भयो तेहरों मास[1] ॥ 30 ॥

तेरो बुरो न कोऊ मानै।
रस की बात मधुप नीरस सुनु, रसिक होत सो जानै ॥
दादुर बसै निकट कमलन के जन्म न रस पहिचानै।
अलि अनुराग उड़न मन बाँध्यो कहे सुनत नहि कानै ॥
सरिता चलै मिलन सागर को कूल मूल द्रूम भानै[2]।
कायर वकै, लोह[3] तें भाजै, लरै जो सूर बखानै ॥ 31 ॥

धर ही के बाढ़े[4] रावरे।
नाहिन मीत वियोगबस परे अनवउगे[5] अति बावरे !
भुख मरि जाय चरै नहिं तिनुका सिंह को यहै स्वभाव रे !
स्रवन सुधा-मुरली के पोषे, जोग-जहर न खवाव रे !
ऊधो हमहि सीख का दैहो? हरि बिनु अनत न ठाँव रे !
सूरदास कहा लै कीजै थाही नदिया नाव रे ॥ 32 ॥

राग मलार

स्याममुख देखे ही परतीति।
जो तुम कोटि जतन करि सिखवत जोग ध्यान की रीति ॥
नाहिंन कछू सयान ज्ञान में यह हम कैसे मानैं।
कहौ कहा कहिए या नभ को कैसे उर में आनैं ॥
यह मन एक, एक वह सूरति, भृंगकीट[6] सम माने।
सूर सपथ दै बूझत ऊधो वह ब्रज लोग सयाने ॥ 33 ॥

---

(1) *भयो तेरहों मास*—अवधि बीत गई, बहुत दिन हो गए। (2) *भानें*—तोड़ती है। (3) *लोह*—लोहा, हथियार। (4) *घर ही के बाढ़े*—अपने ही घर बढ़-बढ़कर बात करनेवाले। (5) *अनवउगे*—अँगवोगे, सहोगे। (6) *भृंगकीट*—बिलनी नाम का कीड़ा जिसके विषय में प्रसिद्ध है कि वह और कीड़े को पकड़कर उसे अपने रूप का कर देता है।

राग धनाश्री

लरिकाई को प्रेम, कहौ अलि, कैसे करिकै छूटत ?
कहा कहौं ब्रजनाथ-चरित अब अंतरगति[1] यों लूटत ॥
चंचल चाल मनोहर चितवनि, वह मुसुकानि मंद धुन गावत।
नटवर भेस नंदनंदन को वह विनोद गृह वन तें आवत ॥
चरनकमल की सपथ करति हौं यह संदेस मोहि विष सम लागत।
सूरदास मोहि निमिष न बिसरत मोहत मूरति सोवत जागत ॥ 34 ॥

राग सोरठ

अटपटि बात तिहारी ऊधो सुनै सो ऐसी को है ?
हम अहीरि अबला सठ, मधुकर! तिन्हैं जोग कैसे सौहे ?
बूचिहि[2] खुभी[3] आँधरी काजर नकटी पहिरै बेसरि[4]।
मुँडली पाटी पारन चाहै, कोढ़ी अंगहि केसरि ॥
बहिरी सों पति मतो करै[5] सो उतर कौन पै पावै ?
ऐसो न्याव है ताको ऊधो जो हमैं जोग सिखावै ॥
जो तुम हमको लाए कृपा करि सिर चढ़ाय हम लीन्हे।
सूरदास नरियर जो विष को करहि बंदना कीन्हे ॥ 35 ॥

राग बिहागरो

बरु वै कुब्जा भलो कियो।
सुनि सुनि समाचार ऊधो मो कछुक सिरात हियो ॥
जाको गुन, गति, नाम, रूप, हरि हारयो, फिरि न दियो।
तिन अपनो मन हरत न जान्यो हँसि हँसि लोग जियो ॥
सूर तनक चंदन चढ़ाय तन ब्रजपति वस्य कियो।
और सकल नागरि नारिन को दासी दाँव लियो ॥ 36 ॥

राग सारंग

हरि काहे के अंतर्यामी ?
जौ हरि मिलत नहीं यहि औसर, अवधि बतावत लामी[6] ॥
अपनी चोप[7] जाम उठि बैठे और निरस बेकामी[8]।

---

(1) *अंतरगति*–चित्त की वृत्ति, मन। (2) *बूची*–कनकटी, जिसका कान कटा हो। (3) *खुभी*–कान में पहनने का एक गहना, लौंग। (4) *बेसरि*–नाक में पहनने का एक गहना। (5) *मतो करै*–सलाह करे। (6) *लामी*–लंबी। (7) *चोप*–चाह, चाव। (8) *बेकामी*–निष्काम।

सो कहँ पीर पराई जानै जो हरि गरुड़ागामी ॥
आई उधरि प्रीति कलई सी जैसे खाटी आमी।
सूर इते पर अनख[1] मरति हैं, ऊधो, पंवत मामी[2] ॥ 37 ॥

बिलग जनि मानहु, ऊधौ प्यारे!
वह मथुरा काजर की कोठरि जे आवहिं ते कारे ॥
तुम कारे, सुफलकसुत कारे, कारे मधुप भँवारे।
तिनके संग अधिक छवि उपजत कमलनैन मनिआरे[3] ॥
मानहु नील माट[4] तें काढ़े लै जमुना ज्यों पखारे।
ता गुन स्याम भई कालिंदी सूर स्याम-गुन न्यारे ॥ 38 ॥

राग सारंग

अपनो स्वारथ को सब कोऊ।
चुप करि रहौ मधुप रस-लंपट! तुम देखे अरु बोऊ ॥
औरौ कछू सँदेस कहन को कहि पठयो किन सोऊ।
लीन्हे फिरत जोग जुवतिन को बड़े सयाने दोऊ ॥
तब कत मोहन रास खिलाई जौ पै ज्ञान हुतोऊ ?
अब हमरे जिय बैठो यह पद 'हानी होउ सो होऊ' ॥
मिटि गयो मान परेखो[5] ऊधो हिरदय हतो सो होऊ।
सूरदास प्रभु गोकुलनायक चित-चिंत्ता अब खोऊ ॥ 39 ॥

तुम जो कहत सँदेसों आनि।
कहा करौं वा नँदनंदन सों होत नहीं हितहानि ॥
जोग-जुगुति किहि काज हमारे जदपि महा सुखखानि ?
सने सनेह स्यामसुन्दर के हिलि मिलि कै मन मानि ॥
सोहत लोह परसि ज्यों सुबरन बारह बानि[6]।
पुनि वह चोप कहाँ चुम्बक ज्यों लटपटाय लपटानि ॥
रूपरहित नीरासा निरगुन निगमहु परत न जानि।
सूरदास कौन बिधि तासों अब कीजै पहिचानि ॥ 40 ॥

राग धनाश्री

हम तौ कान्ह केलि की भूखी।
कैसे निरगुन सुनहि तिहारो बिरहिनी बिरह-बिदूखी[7] ?
कहिए कहा यहौ नहिं जानत काहि जोग है जोग।

---

(1) *अनख*—कुढ़न। (2) *मामी पीना*—किसी बात को पी जाना, साफ इनकार करना।
(3) *मनिआरे*—सुहावना, रौनक। (4) *माट*—मटका, मिट्टी का बरतन। (5) *मान परेखो*—आसरा, भरोसा।
(6) *बाहर बानि*—द्वादश वर्ण अर्थात् सूर्य की तरह चमकनेवाला खरा। (7) *विदूखी*—दुखी।

पा लागौं तुमहीं सो वा पर बसत बावरे लोग ॥
अंजन, अभरन, चीर, चारु बरु नेक आप तन कीजै।
दंड कमंडल, भस्म अधारी जो जुवतिन को दीजै ॥
सूरदास देखि दृढ़ता गोपिन की ऊधो यह ब्रत पायो।
कहै 'कृपानिधि हो कृपाल हो! प्रेमै पढ़न पठायो' ॥ 41 ॥

अँखियाँ हरि-दरसन की भूखी।
कैसे रहैं रूपरसराची ये बतियाँ सुनि रूखी ॥
अवधि गनत इकटक मग जोवत तब एती नहिं झूखी[1]।
अब इन जोग-सँदेसन ऊधो अति अकुलानी दूखी ॥
बारक[2] वह मुख फेरि दिखाओ दुहि पय पिवत पतूखी[3]।
सूर सिकत हटि नाव चलायो ये सरिता हैं सूखी[4] ॥ 42 ॥

राग सारंग

जाय कहौ बूझी कुसलात।
जाके ज्ञान न होय सो मानै कही तिहारी बात ॥
कारो नाम, रूप पुनि कारो, कारे अंग सखा सब गात।
जो पै भले होत कहुँ कारे तौं कत बदलि सुता लै जात[5] ॥
हमको जोग, भेग कुबजा को काके हिये समात ?
सूरदास सेए सो पति कै पाले जिन्ह तेही पछितात ॥ 43 ॥

कहाँ लौं कीजै बहुत बड़ाई।
अतिहि अगाध अपार अगोचर मनसा तहाँ न जाई ॥
जल बिनु तरँग, भीति बिनु चित्रन, बिन चित ही चतुराई।
अब ब्रज में अनरीति कछू यह ऊधो आनि चलाई ॥
रूप न रेख, बदन, बपु जाके संग न सखा सहाई।
ता निर्गुन सों प्रीति निरंतर क्यों निब है, री माई ?
मन चुभि रही माधुरी मूरति रोम-रोम अरुझाई।
हौं बलि गई सूर प्रभु ताके जाके स्याम सदा सुखदाई ॥ 44 ॥

राग मलार

काहे को गोपीनाथ कहावत ?
जो पै मधुकर कहत हमारे गोकुल काहे न आवत?
सपने की पहिचानि जानि कै हमहिं कलेक लगावत।

---

(1) *झूखी*—संतप्त हुई। (2) *बारक*—एक बार। (3) *पतूखी*—पत्ते का दोना। (4) *सूर...सूखी*—व्यर्थ बालू में नाव चलाते हो, ये सूखी नदियाँ हैं। (5) *तौ कत...लै जात*—तो क्या लड़के (कृष्ण) को बदलकर लड़की ले जाते ?

जो पै स्याम कूबरी रीझे सो किन नाम धरावत ?
ज्यों गजराज काज के औसर औरै दसन दिखावत[1]।
कहन सुनन को हम हैं ऊधो सूर अनत[2] बिरमावत ॥ 45 ॥

अब कत सुरति होति है, राजन् ?
दिन दस प्रीति करी स्वारथ-हित रहत आपने काजन ॥
सबै अयानि भईं सुनि मुरली ठगीं कपट की छाजन।
अब मन भयो सिंधु के खग ज्यों फिरि फिरि सरत जहाजन ॥
वह नातो टूटो ता दिन तें सुफलकसुत-सँग भाजन।
गोपीनाथ कहाय सूर प्रभु कत मारत हौ लाजन ॥ 46 ॥

राग सोरठ

लिखि आई ब्रजनाथ की छाप[3]।
बाँधे फिरत सीस पर ऊधो, देखत आवै ताप ॥
नूतन रीति नन्दनन्दन की घर-घर दीजत थाप।
हरि आगे कुब्जा अधिकारी, तातें है यह दाप ॥
आए कहन जोग अवराधो अबिगत-कथा की जाप।
सूर सँदेसों सुनि नहिं लागै कहौ कौन को पाप ॥ 47 ॥

राग सारंग

फिरि-फिरि कहा सिखावत बात ?
प्रातकाल उठि देखत ऊधो घर-घर माखन खात ॥
जाकी बात-कहत हौ हमसों सो है हमसों दूरि।
ह्याँ है निकट जसोदानन्दन प्रान-सजीवनभूरि ॥
बालक संग लये दधि चोरत खात खबावत डोलत।
सूर सीस धुनि चौंकत नावहिं अब काहे न मुख बोलत ? ॥ 48 ॥

राग धनाश्री

अपने सगुन गोपालै, माई! यहि बिधि काहे देत ?
ऊधो की ये निरगुन बातैं मीठी कैसे लेत।
धर्म, अधर्म कामना सुनावत सुख औ मुक्ति समेत ॥
काकी भूख गई मनलाडू सो देखहु चित चेत।
सूर स्याम तजि को भुस फटकै[4] मधुप तिहारे हेत ? ॥ 49 ॥

---

(1) *ज्यों गजराज...दिखावत*—(कहावत) हाथी के दाँत खाने के और दिखाने के और (2) *अनत*—अन्यत्र। (3) *छाप*—चिह्न, मुहर। (4) *भुस फटकै*—भूसी फटकारै अर्थात् भूसी में से कुछ निकालने का-सा प्रयत्न करे।

राग सारंग

हमको हरि की कथा सुनाव।
अपनी ज्ञानकथा हो ऊधो ! मथुरा हीलै गाव॥
नागरि नारि भले बूझैंगी अपने बचन सुभाव।
पा लागों, इन बातनि, रे अलि! उनही जाय रिझाव॥
सुनि, प्रियसखा स्यामसुन्दर के जो पै जिय सति भाव॥
हरिमुख अति आरत इन नयननि बारक बहुरि दिखाव॥
जो कोउ कोटि जतन करे, मधुकर, बिरहिनि और सुहाव ?
सूरदास मीनन को जल बिनु नाहिंन और उपाव॥ 50॥

राग कान्हरो

अलि हो! कैसे कहौं हरि के रूप-रसहि ?
मेरे तन में भेद बहुत बिधि रसना न जानै नयन की दसहि॥
जिन देखे तो आहिं बचन बिनु जिन्हैं बजन दरसन न तिसहि।
बिन बानी भरि उमगि प्रेमजल सुमिरि वा सगुन जसहि॥
बार-बार पछितात यहै मन कहा करै जो बिधि न बसहि[1]।
सूरदास अंगन की यह गति को समुझावै या छपद पंसुहि[2] ? *॥ 51॥

राग सारंग

हमारे हरि हारिल[3] की लकरी।
मन बच क्रम नन्दनन्दन सों उर यह दृढ़ करि पकरी॥
जागत, सोबत, सपने सौंतुख कान्ह-कान्ह जक[4] री।
सुनतहि जोग लगत ऐसो अलि! ज्यों करुई ककरी॥
सोई व्याधि हमें लै आए देखी सुनी न करी।
यह तौ सूर तिन्हैं लै दीजै जिनके मन चकरी[5]॥ 52॥
फिरि-फिरि कहा सिखावत मौन ?
दुसह बचन अति यों लागत उर ज्यों जारे पर लौन॥
सिंगी, भस्म, त्वचामृग, मुद्रा अरु अबरोधन पौन।

---

(1) *न बसहि*—वश में नहीं है। (2) *या छपद पसुहि*—पश्चात्पद पशु को। (3) *हारिल*—एक पक्षी जो प्रायः चंगुल में कोई लकड़ी या तिनका लिए रहता है। (4) *जक*—रट, धुन। (5) *चकरी*—चकई, चकई नामक खिलौने की तरह चंचल या घूमता हुआ।

* इसका पाठ 'या छपद पसुहि' जान पड़ता है। अर्थ होगा—'इस पशु (मूर्ख) छपद (षट्पद-भ्रमर) को कौन समझाए'।

हम अबला अहीर, सठ मधुकर ! घर बन जानै कौन ॥
यह मत लै तिनहीं उपदेसौ जिन्हैं आजु सब सोहत।
सूर आज लौं सुनी न देखी पोत[1] सूतरी पोहत ॥ 53 ॥

राग जैतश्री

प्रेमरहित यह जोग कौन काज गायो ?
दीनन सों निठुर बचन कहे कहा पायो ?
नयनन निज कमलनयन सुन्दर मुख हेरो।
मूँदन ते नयन कहत कौन ज्ञान तेरो ?
तामें कहु मधुकर! हम कहाँ लैन जाहीं।
जामें प्रिय प्राणनाथ नन्दनन्दन नाहीं ?
जिनके तुम सखा साधु बातें कहु तिनकी।
जीवैं सुनि स्यामकथा दासी हम जिनकी ॥
निरगुन अबिनासी गुन आनि आनि भाखौ।
सूरदास जिय कै जिय कहाँ कान्ह राखौ ? ॥ 54 ॥

राम केदारो

जनि चालो, अलि, बात पराई।
ना कोउ कहै सुनै या ब्रज में नइ कीरति सब जाति हिंराई ॥
बूझें समाचार मुख ऊधो कुल की सब आरति बिसराई।
भले संग बसि भई भली मति, भले मेल पहिचान कराई ॥
सुंदर कथा कटुक सी लागति उपजत उर उपदेश खराई[2]।
उलटी नाव सूर के प्रभु को बहे जात माँगत उतराई ॥ 55 ॥

राग मलार

याकी सीख सुनै ब्रज को, रे ?
जाकी रहनि कहनि अनमिल, अलि, कहत समुझि अति थोरे ॥
आपुन पद-मकरंद सुधारस, हृदय रहत नित बोरे।
हमसों कहत बिरस समझौ, है गगन कूप खनि खोरे[3] ॥
घान को गाँव पयार ते जानौ ज्ञान विषयरस भोरे।
सूर सो बहुत कहे न रहै रस गूलर को फल फोरे[4] ॥ 56 ॥

---

(1) *पोत*–माला की गुरिया। (2) *खराई*–खारापन। (3) *खोरे*–नहाए। (4) *गूलर को फूल फोरे*–गूलर का फल फोड़ने से अर्थात् ढकी-छिपी बात खोलने से।

निरखत अंक स्यामसुन्दर के बारबार लावति छाती।
लोचन-जल कागद-मसि मिलि कै ह्वै गई स्याम स्याम की पाती[1]॥
गोकुल बसत संग गिरिधर के कबहुँ बयारि लगी नहिं ताती।
तब की कथा कहा कहौं, ऊधो, जब हम बेनुनाद सुनि जाती॥
हरि के लाड़[2] गनति नहिं काहू निसिदिन सुदिन रासरसमाती।
प्राननाथ तुम कब धौं मिलोगे सूरदास प्रभु बालसँघाती॥ 57॥

राग मारू

मोहिं अलि दूहुँ भाँति फल होत।
तब रस-अधर लेति मुरली अब भई कूबरी सौत।
तुम जो जोगमत सिखवन आए भस्म चढ़ावन अंग।
इत बिरहिन मैं कहुँ कोउ देखी सुमन गुहाये मंग[3]।
कानन मुद्रा पहिरि मेखली धरे जटा आधारी।
यहाँ तरल तरिवन कहँ देखे अरु तनसुख[4] की सारी॥
परम बियोगिन रटति रैन दिन धरि मनमोहन-ध्यान।
तुम तों चलो बेगि मधुबन को जहाँ-जहाँ जोग को ज्ञान।
निसिदिन जीजतु है या ब्रज में देखि मनोहर रूप।
सूर जोग लै घर-घर डोलौ, लेहु लेहु धरि सूप॥ 58॥

राग सारंग

बिलग जनि मानौ हमरी बात।
डरपित बचन कठोर कहति, मति बिनु पति यों उठि जात[5]॥
जो कोउ कहत जरै अपने[6] कछु फिरि पाछे पछितात।
जो प्रसाद पावत तुम ऊधो कृस्न नाम लै खात॥
मनु जु तिहारो हरिचरनन तर अचल रहत दिन-रात।
'सूर स्याम तें जोग अधिक' केहि-कहि आवत यह बात ?॥ 59॥

अपनी सी[7] कठिन करत मन निसिदिन।
कहि कहि कथा, मधुप, समुझावति तदपि न रहत नन्दनन्दन बिन॥
बरजत श्रवन सँदेस, नयन जल, मुख बतियाँ कछु और चलावत।
बहुत भाँति चित धरत निठुरता सब तजि और यहै जिय आवत॥
कोटि स्वर्ग सम सुख अनुमानत हरि-समीप समता नहिं पावत।

---

(1) *पाती*—पत्री, चिट्ठी। (2) *लाड़*—प्रेम। (3) *मंग*—माँग। (4) *तनसुख*—एक कपड़ा। (5) *पति उठि जात*—मर्यादा जाती रहती है। (6) *जरै अपने*—अपना जी जलने पर। (7) *अपनी सी*—अपनी भरसक।

थकित सिंधु-नौका के खग ज्यों फिरि फिरि फेर वहै गुन गावत ॥
जे बासना न बिदरत अंतर[1] तेइ-तेइ अधिक अनूअर[2] दाहत।
सूरदास परिहरि न सकत तन बारक बहुरि मिल्यों है चाहत ॥ 60 ॥

राग धनाश्री

रहु रे, मधुकर! मधुमतवारे!
कहा करौं निर्गुन लै कै हौं जीवहु कान्ह हमारे ॥
लोटत नीच परागपंग में पचत, न आपु सम्हारे।
बारंबार सरक[3] मदिरा की अपरस[4] कहा उघारे ॥
तुम जानत हमहूँ वैसी हैं जैसे कुसुम तिहारे।
घरी पहर सबको बिलमावत जेते आवत कारे ॥
सुन्दरस्याम को सर्बवस अर्प्यो अब कापै हम लेहिं उधारे[5] ॥ 61 ॥

राग बिलावल

काहे को रोकत मारग सूधो ?
सुनहु मधुप! निर्गुन-कंटक तें राजपंथ क्यों रूधो[6] ?
कै तुम सिखै पाठाए कुब्जा, कैं कही स्यामधन जू धौं ?
बेद पुरान सुमृति सब ढूँढ़ौ जुवतिन जोग कहूँ घौं ?
ताको कहा परेखो[7] कीजै जानत छाछ न दूधौ।
सूर मूर अक्रूर गए लै ब्याज निबेरत[8] ऊधो ॥ 62 ॥

राग मलार

बातन सब कोऊ समुझावै।
जेद्दि बिधि मिलन मिलैं वै माधव सो बिधि कोउ न बतावै ॥
जद्यपि जतन अनेक रचीं पचि और अनत बिरमावै।
तद्यपि हठी हमारे नयना और न देखे भावै ॥
बासर-निसा प्रानबल्लभ तजि रसना और न गावै।
सूरदास प्रभु प्रेमहिं, लगि करि कहिए जो कहि आबै ॥ 63 ॥

---

(1) *जे बासना...अंतर*–जिस वासना के कारण हृदय नहीं फटता है। (2) *अनूअर*–अनुत्तर लगातार। (3) *सरक*–मद्यपात्र। (4) *अपरस*–विरस, रसहीन। (5) *उधारे*–उधार में, उधार, कर्ज। (6) *रूँधो*–रोकते हो, छेंकते हो। (7) *परेखो*–विश्वास। (8) *निबेरत*–निबटाते हैं, वसूल करते हैं।

राग सारंग

निर्गुन कौन देस को बासी?
मधुकर! हँसि समुझाय, सौंह दै बूझति साँच, न हाँसी ॥
को है जनक, जननि को कहियत, कौन नारि, को दासी ?
कैसो बरन, भेस है कैसो केहि रस कै अभिलासी ॥
पावैगो पुनि कियो आपनो जो रे! कहैगो गाँसी[1] ॥
सुनत मौन ह्वै रह्यो ठग्यो सो सूर सबै मति नासी ॥ 64 ॥

राग केदारा

नाहिंन रह्यो मन में ठौर।
नंदनंदन अछत कैसे आनिए उर और ?
चलत, चितवत, दिबस, जागत, सपन सोवत राति।
हृदय तें वह स्याम मूरति छन न इत उत जाति ॥
कहत कथा अनेक ऊधो लोक-लाभ दिखाय।
कहा करौं तन प्रेम-पूरन घट न सिंधु समाय ॥
स्याम गात सरोज-आनन ललित अति मृदु हास।
सूर ऐसे रूप कारन मरत लोचन प्यास ॥ 65 ॥

राग मलार

ब्रजजन सकल स्याम-ब्रतधारी।
बिन गोपाल और नहिं जानत आन कहैं व्यभिचारी ॥
जोग मोट सिर बोझ आनि कैं, कत तुम घोष उतारी ?
इतनी दूरि जाहु चलि कासी जंहाँ बिकति है प्यारी[2] ॥
यह संदेश नहिं सुनै तिहारो, है मंडली अनन्य हमारी।
जो रसरीति करी हरि हमसौं सो कत जात बिसारी ?
महामुक्ति कोऊ नहिं बूझै, जदपि पदारथ चारी।
सूरदास स्वामी मनमोहन मूरति की बलिहारी ॥ 66 ॥

राग धनाश्री

कहति कहा ऊधो सों बौरी[3]।
जाको सुनत रहे हरि के ढिग स्यामसखा यह सो री !
हमको जोग सिखावन आयो, यह तेरे मन आवत ?

---

(1) *गाँसी*–गांस या कपट की बात, चुभनेवाली बात। (2) *प्यारी*–महँगी (पंजाबी)। (3) *बौरी*–पगली।

कहा कहत री! मैं पत्यात[1] री नहीं सुनी कहनावत ?
करनी भली भलेई जानै, कपट कुटिल की खानि।
हरि को सखा नहीं री माई! यह मन निसचय जानि॥
कहाँ रास-रस कहाँ जोग-जप? इतना अंतर भाखत।
सूर सबै तुम कत भइँ बौरी याकी पति[2] जो राखत ॥ 67 ॥

राग रामकली

ऐसेई जन दूत कहावत!
मोको एक अचम्भी आवत यामें ये कह पावत ?
बचन कठोर कहत, कहि दाहत, अपनी महत्त[3] गँवावत।
ऐसी परकृति[4] परति छाँह की जुबतिन ज्ञान बुझावत॥
आपुन निलज रहत नखसिख लौं एते पर पुनि गावत।
सूर करत परसंसा अपनी, हारेहु जीति कहावत ॥ 68 ॥

राग धनाश्री

प्रकृति जोई जाके अंग परी।
स्वान-पूँछ कोटिक जा लागै सूधि न काहु करी॥
जैसे काग भच्छ नहिं छाँड़ै जनमत जौन धरी।
धोये रंग जात कहु कैसे ज्यों कारी कमरी ?
ज्यों अहि डसत उदर नहिं पूरत ऐसी धरनी धरी[5]।
सूर होउ सो होउ सोच नहिं तैसे हैं एउ री ॥ 69 ॥

राग रामकली

तौ हम मानैं बात तुम्हारी।
अपनो ब्रह्म दिखावहु ऊधो मुकुट-पिताम्बरधारी॥
भजि हैं तब ताको सब गोपी सहि रहि हैं बरु गारी।
भूत समान बतावत हमको जारहु स्याम बिसारो॥
जे मुख सदा सुधा अँचवत हैं ते बिष क्यों अधिकारी।
सूरदास प्रभु एक अंग पर रीझि रही ब्रजनारी ॥ 70 ॥

---

(1) *पत्यात*–विश्वास करती हूँ। (2) *पति राखत*–प्रतीति या विश्वास रखती है। (3) *महत*–महत्ता, महिमा। (4) *परकृति*–प्रतिकृति वा प्रकृति अर्थात् संसर्ग या छाया का ऐसा प्रभाव पड़ता है। (5) *धरनि धरी*–टेक–पकड़ी।

राग बिलावल

यहै सुनत ही नयन पुराने।
जबही सुनत बात तुव मुख की रोवत रमत ढराने[1] ॥
बारंबार स्यामधन घन तें भाजत फिरत लुकाने।
हमको नहिं पतियात तबहिं तें जब ब्रज आपु समाने ॥
नातरु यहौ काछ हम काछति[2] वै यह जानि छपाने।
सूर दोस हमरे सिर धरिहौ तुम हौं बड़े सयाने ॥ 71 ॥

राग धनाश्री

नयननि वहै रूप जौ देख्यो।
तौ ऊधो यह जीवन जग को साँचु सफल करि लेख्यो ॥
लोचन चारु चपल खंजन, मनरंजन हृदय हमारे।
रुचिर कमल मृग मीन मनोहर स्वेत अरुन अरु कारे ॥
रतन जटित कुंडल स्रवननिं बर, गंड कपोलनि झाँई।
मनु दिनकर-प्रतिबिंब मुकुर महँ ढूँढ़त यह छबि पाई ॥
मुरली अधर बिकट भौहैं करि ठाढ़े होत त्रिभंग।
मुकुतमाल उर नीलसिखर तें धँसि धरनी ज्यों गंग ॥
और भेस को कहै बरनि सब अंग-अंग केसरि खौर।
देखत बनै, कहत रसना सो सूर बिलोकत और[3] ॥ 72 ॥

राग नट

नयनन नंदनंदन ध्यान।
तहाँ लै उपदेश दीजै जहाँ निरगुन ज्ञान ॥
पानिपल्लव-रेख गनि गुन-अवधि विधि-बंधान।
इते पर कहि कटक बचनन हनत जैसे प्रान ॥
चंद्र कोटि प्रकास मुख, अवतंस कोटिक भान।
कोटि मन्मथ वारि छबि पर, निरखि दीजित दान ॥
भृकुटि कोटि कुदंड[4] रुचि अवलोकनी[5] संधान[6]।
कोटि बारिज बंक नयन कटाच्छ कोटिक बान ॥
कंबु ग्रोवा रतनहार उदार उर मनि जान।

---

(1) *ढराने*–ढले। (2) *काछ काछति*–वेष धारण करती, चाल चलती। (3) *कहत बिलोकत और*–उसको जीभ कहती है जो देखती नहीं, देखता और कोई (नेत्र) है। (4) *कुदंड*–कोदंड, धनुष। (5) *अवलोकनी*–चितवन। (6) *संधान*–धनुष खींचना।

आजानुबाहु उदार अति कर पद्म सुधानिधान ॥
स्याम तन पटपीत की छवि करै कौन बखान ?
मनहु निर्तत नील घन में तड़ित अति दुतिमान ॥
रासरसिक गोपाल मिलि मधु अधर करती पान।
सूर ऐसे रूप बिनु कोउ कहा रच्छक आन ? ॥ 73 ॥

राग जैतश्री

देन आए ऊधो मत नीको।
आवहु री! सब सुनहु सयानी, लेहु जस को टीको ॥
तजन कहत अंबर, आभूखन, गेह नेह सब ही को ॥
सीस जटा, सब अंग भस्म, अति सिखवत निर्गुन फीको।
मेरे जान यहै जुबतिन को देत फिरत दुख पी को।
तेहि सर-पंजर भए स्याम तन अब न गहत डर जो को ॥
जाकी प्रकृति परी प्रानन सो, सोच न पोच[1] भली को।
जैसे सूर व्याल डसि भाजत का मुख परत अमी को? ॥ 74 ॥

राग सारंग

प्रीति करि दीन्हीं गरे छुरी।
जैसे बधिक चुगाय कपटकन पीछे करत बुरी ॥
मुरली मधुर चेंप कर काँपो[2] मोरचंद्र ठटबारी[3]।
बंक बिलोकनि लूक लागि बस सकी न तनहिं सम्हारी ॥
तलफत छाँड़ि चले मधुबन को फिरि कै लई न सार[4]*।
सूरदास वा कलप-तरोवर फरि न बैठा डार ॥ 75 ॥

राग धनाश्री

कोउ ब्रज बाँचत नाहिंन पाती।
कत लिखि लिखि पठवत नँदनंदन कठिन बिरह की काती[5] ॥
नयन, सजल, कागद अति कोमल, कर अँगुरी अति ताती।
परसत जरै, बिलोकत भीजै दुहूँ भाँति दुख छाती ॥

---

(1) *पोच*—बुरा। (2) *काँपो*—कंपा, बाँस की पतली तीलियाँ जिनमें बहेलिए, लासा लगाकर चिड़ियाँ फँसाते हैं। (3) *ठटबारी*—टट्टी। (4) *सार*—साल, सालनेवाली वस्तु या गाँसी। (5) *काती*—छुरी।
* दूसरे कक्ष में 'सार' का अर्थ 'समाचार, खोज-खबर' लेना होगा। तुलसीदास ने भी इस अर्थ में इसका व्यवहार किया है—

सबकर सार सँभार गोसाईं। करब जनक जननी की नाईं ॥

क्यों समुझैं ये अंक सूर सुनु कठिन मदन-सर-धाती।
देखे जियहिं स्यामसुंदर के रहहिं चरन दिनराती ॥ 76 ॥

राग जैतश्री

मुकुति आनि मंदे[1] में मेली[2]।
समुझि सगुन लै चले न, ऊधो! ये सब तुम्हरे पूँजि अकेली ॥
कै लै जाहु अनत ही बेचन, कै लै जाहु जहाँ विष-बेली।
याहि लागि को मरै हमारे बृंदावन पायँन तर पेली ॥
सीस धरे घर-घर कत डोलत, एकमते सब भईं सहेली।
सूर वहाँ गिरधरन छबीलो जिनकी भुजा अंस[3] गहि मेली ॥ 77 ॥

राग कान्हरो

हम, अलि, गोकुलनाथ अराध्यो।
मन बच क्रम हरि सों धरि पतिब्रत प्रेमयोग-तप साध्यो ॥
मातु-पिता हित-प्रीति निगम-पथ तजि दुख-सुख-भ्रम नाख्यो[4]।
मानऽपमान परम परितोषा अस्थिर थिर मन राख्यो ॥
सकुचासन, कुलसाल परस करि, जगतबद्य करि बन्दन ॥
मानऽपवाद पवन-अवरोधन हित-क्रम काम-निकन्दन ॥
गुरुजन-कानि[5] अगिनि चहुँदिसि, नभ-तरनि-ताप बिनु देखे।
पिवत धूम-उपहास जहाँ तहँ, अपजस श्रवन-अलेखे ॥
सहज समाधि बिसारि बपु करी, निरखि निमेख न लागत।
परम ज्योति प्रति अंग-माधुरी धरत यहै निसि जागत ॥
त्रिकुटी[6] सँग, भ्रुभंग, तराटक[7] नैन नैन लगि लागे।
हँसन प्रकास, सुमुख कुंडल मिलि चन्द्र सूर अनुरागे ॥
मुरली अधर श्रवन धुनि सो सुनि अनहद सब्द प्रमाने।
बरसत रस रुचि-बचन-संग, सुखपद-आनन्द-समाने ॥
मंत्र दियो मनजात[8] भजन लगि, ज्ञान ध्यान हरि ही को।
सूर, कहौ गुरु कौन करै, अति, कौन सुने मत फीको? ॥ 78 ॥

---

(1) *मंदे में*—मंदे बाजार में। (2) *मेली*—डाली, उतारी। (3) *अंस*—कन्धा। (4) *नाख्यो*—लाँघा, पार किया, दूर किया। (5) *कानि*—लज्जा। (6) *त्रिकुटी*—दोनों भौंहों के बीच का स्थान, त्रिकूटचक्र। (7) *तराटक*—त्राटक। योग के छः कर्मों में से एक। अनिमेष रूप से किसी बिन्दु पर दृष्टि गड़ाने का अभ्यास। (8) *मनजात*—कामदेव।

राग सारंग

कहिबे जोय न कछु सक राखो।
लावा मेलि दए[1] है तुमको बकत रहौं दिन आखों[2] ॥
जाकी बात कहौ तुम हमसौं सो धौ कहौ को काँधी[3] ॥
तेरो कहो सो पवन भूस भयो, बहो जात ज्यों आँधी ॥
कत श्रम करत, सुनत को ह्याँ है, होत जो बन को रोयो।
सूर इते पै समुझत नाहीं, निपट दई को खोयो[4] ॥ 79 ॥

राग धनाश्री

अब नीके कै समुझि परि।
जिन लगि हुती बहुत उर आसा सोउ बात निबरी[5] ॥
वै सुफलकसुत, ये सखि! ऊधो मिली एक परिपाटी।
उन तो वह कीन्हीं तब हमसों, ये रतन छँड़ाइ गहावत माटी ॥
ऊपर मृदु भीतर तें कुलिस सम, देखत के अति भोरे।
जोइ-जोइ आवत वा मथुरा तें एक डार के से तोरे ॥
यह सखि, मैं पहिले कहि राखी असित न अपने होंही।
सूर कोटि जौ माथो दीजै चलत आपनी गौंहीं ॥ 80 ॥

राग मलार

मधुकर रह्यो जोग लौं नातो।
कहति बकत बेकाम काज बिनु, होय न ह्याँ ते हातो[6] ॥
जब मिलि मिलि मधुपान कियो हो तब तू कह धौं कहाँ तो।
तू आयो निर्गुन उपदेसन सो नहिं हमैं सुहातो ॥
काँचे गुन[7] लै तनु ज्यों बेधौ; लै बारिज को ताँतो।
मेरे जान गह्यो चाहत हौ फेरि कै भैगल[8] मातो ॥
यह लै देहु सुर के प्रभु को आयो जोग जहाँ तो।
जब चहिहैं तब माँगि पठैहैं जो कोउ आवत-जातो ॥ 81 ॥

---

(1) *लाबा मेल देना*—जादू वा टोटका करके पागल बना देना। (2) *आखों*—सारा (सं. अक्षय)। (3) *काँधी*—अंगीकार की, मानी। (4) *दई को खोयो*—गया बीता (स्त्रियों की गाली)। (5) *निबती*—छूटी, खत्म हुई, जाती रही। (6) *हातो*—दूर, अलग। (7) *गुन*—तागा। (8) *भैगल*—मस्त हाथी।

राग नट

मोहन माँग्यौ अपनो रूप।
या ब्रज बसत अँचै तुम बैठीं, ता बिनु यहाँ निरूप[1] ॥
मेरो मन, मेरो अलि! लोचन लै जो गए धुपधूप[2]।
हमसों बदलो लेन उठि धाए मनो धारि कर सूप ॥
अपनो काज सँवारि सूर, सुनु हमहिं बतावत कूप।
लेवा-देइ बराबर में है, कौन रंक को भूप ॥ 82 ॥

हरि सों भलो सो पति सीता को।
बन बन खोजत फिरे बंधु-संग किया सिंधु बीता को[3] ॥
रावन मार्‌यो, लंका जारी, मुख देख्यो भीता[4] को।
दूत हाथ उन्हैं लिखि न पठायो निगम-ज्ञान गीता को ॥
अब धौं कहा परेखो कीजै कुबजा के माता को।
जैसे चढ़त सबै सुधि भूली, ज्यों पीता चीता को[5] ?
कीन्हीं कृपा जोग लिखि पठयो, निरख पत्र री! ताको।
सूरदास प्रेम कह जानै लोभी नवनीता को ॥ 83 ॥

राग सोरठ

निरमोहिया सों प्रीति कीन्हीं काहे न दुख होय?
कपट करि-करि प्रीति कपटी लै गयो मन गोय[6] ॥
काल मुख तें काढ़ि आनी बहुरि दीन्हीं ढोय।
मेरे जिय की सोई जानै जाहि बीती होय ॥
सोच, आँखि मँजीठ कीन्हीं निपट काँची पोय[7]।
सूर गोपी मधुप आगे दरकि[8] दीन्हों रोय ॥ 84 ॥

राग सारंग

बिन गोपाल बैरनि भईं कुंजैं।
तब ये लता लगति अति सीतल, अब भईं विषम ज्वाल की पुंजैं ॥
बृथा बहति जमुना, खग बोलत, बृथा कमल फूलैं, अलि गुंजैं।

(1) *मोहन...निरूप*–सखी राधिका से कहती है कि तुम मोहन का रूप अँचे (पी) गई अर्थात् अपने ध्यान में ले बैठी हो जिससे वे बेचारे वहाँ निराकार हो गए हैं। इससे उद्धव को वही रूप माँगने के लिए उन्होंने भेजा है। उद्धव के बार-बार निराकार की चर्चा करने पर यह उक्ति है। (2) *धुपधूप*–दगदगा, धुला हुआ, साफ, चोखा। (3) *बीता को*–बीते भर का। (4) *भीता*–डरी हुई। (5) *पीता चीता को*–किस पीनेवाले ने चेता अर्थात् किसी ने नहीं। (6) *गोय लै गयो*–चुरा ले गया। (7) *सोच आँखि मँजीठ... काँची पोय*–आँखें भी मजीठ की तरह लाल (धुएँ आदि से) की, कच्चा पकाया भी। काँची पोय कच्ची रोटी बनाकर अर्थात् प्रेम का कच्चा व्यवहार करके। (8) *दरकि*–फूट-फूटकर।

पवन पानि घनसार संजीवनि दधिसुत[1] किरन भानु भई भुंजै[2] ॥
ए, ऊधो, कहियो माधव सों बिरह कदन[3] करि मारत लुंजै।
सूरदास प्रभु को मग जोवत अँखियाँ भई बरन[4] ज्यों गुंजैं[5] ॥ 85 ॥

राग नट

सँदेसो कैसे कै अब कहौं?
इन नैनन्ह तन को पहरो कब लौं देति रहौं ?
जो कछु बिचार होय उर-अंतर रचि पचि सोचि गहौं।
मुख आनन ऊधौं-तन[6] चितवत न सो विचार, न हौं[7] ॥
अब सोई सिख देहु, सयानी! जातें सखहिं लहौं।
सूरदास प्रभु के सेवक सों बिनती कै निबहौं ॥ 86 ॥

राग कान्हरो

बहुरो ब्रज यह बात न चाली।
वह जो एक बार ऊधो कर कमलनयन पाती दै घाली ॥
पथिक! तिहारे पा लागति हौं मथुरा जाव जहाँ बनमाली।
करियो प्रगट पुकार द्वार ह्वै 'कालिंदी फिरि आयो काली[8]' ॥
जबै कृपा जदुनाथ कि हम पै रही, सुरुचि जो प्रीति प्रतिपाली।
माँगत कुसुम देखि द्रुम ऊँचे, गोद पकरि लेते गहि डाली ॥
हम ऐसी उनके केतिक हैं अग-प्रसंग सुनहु री, आली !
सूरदास प्रभु रीति पुरातन सुमिरि राधा-उर साली ॥ 87 ॥

राग गौरी

ऊधो! क्यों राखौं ये नैन?
सुमिरि सुमिरि गुन अधिक तपत हैं सुनत तिहारो बैन ॥
हैं जो मन हर बदनचंद के सादर कुमुद चकोर।
परम-तृषारत सजल स्यामघन के जो चातक मोर।
मधुप मराल चरनपंकज के, गति-बिलास-जल मीन।
चक्रबाक, मनिदुति दिनकर के मृग मुरली आधीन ॥
सकल लोक सूनी लागतु है बिन देखे वा रूप।
सूरदास प्रभु नंदनंदन के नखसिख अंग अनूप ॥ 88 ॥

---

(1) *दधिसुत*—चन्द्रमा। (2) *भुंजै*—भूनती है। (3) *कदन*—छुरी। (4) *बरन*—वर्ण, रंग। (5) *गुंजैं*—गुंजा, घुँघची। (6) *तन*—और तरफ। (7) *न सो...न हौं*—न यह विचार रह जाता है और न मैं, अर्थात् सब सुधबुध भूल जाती है। (8) *काली*—काली नाग।

राग मलार

सँदेसनि मधुबन-कूप भरे।
जो कोउ पथिक गए हैं ह्याँ तें फिरि नहिं अवन करे ॥
कै वै स्याम सिखाय समोधे[1] कै वै बीच मरे ?
अपने नहिं पठवत नंदनंदन हमरेउ फेरि धरे ॥
मसि खूँटी[2] कागद जल भींजे, सर दव[3] लागि जरे।
पाती लिखैं कहो क्यों करि जो पलक-कपाट अरे? ॥ 89 ॥

राग नंट

नंदनंदन मोहन सों मधुकर! है काहे की प्रीति ?
जौ कीजै तौ है जल, रवि औ जलधर की सी रीति ॥
जैसे मीन, कमल, चातक, को ऐसे ही गई बीति।
तलफत, जरत, पुकारत सुनु, सठ! नाहिं न है यह रीति ॥
मन हठि परे, कबन्ध जुद्ध ज्यों, हारेहू भइ जीति।
बँधत न प्रेम-समुद्र सूर बल कहुँ बारुहि की भीति ॥ 90 ॥

मधुबनियाँ लोगनि को पतिआय ?
मुख औरे अंतर्गत औरे पतियाँ लिखि पठवत हैं बनाय ॥
ज्यों कोइलसुत काग जिआवत भाव-भगति भोजनहिं खवाय।
कुहकुहाय[4] आए बसंत ऋतु, अन्त मिलै कुल अपने जाय ॥
जैसे मधुकर पुहुप-बास लै फेरि न बूझै बातहुँ आय।
सूर जहा लौं स्यामगात है तिनसों क्यों कीजिए लगाय[5]? ॥ 91 ॥

हरि हैं राजनीति पढ़ि आए।
समुझी बात कहत मधुकर जो? समाचार कछु पाए ?
इक अति चतुर हुते पहिले ही, अरु करि नेह दिखाए।
जानी बुद्धि बड़ी, जुवतिन को जोग-सँदेस पठाए ॥
भले लोग आगे के, सखि री! परहित डोलत धाए।
वे अपने मन फेरि पाइए जे हैं चलत चुराए ॥
ते क्यों नीति करत आपुन जे औरनि रीति छुड़ाए ?
राजधर्म सब भए सूर जहँ प्रजा न जायँ सताए ॥ 92 ॥

जोग की गति सुनत मेरे अंग आगि बई।
सुलगि सुलगि हम रही तन में फूँक आनि दई ॥
जोग हमको भोग कुबजहि, कौन सिख - सिखई ?

---

(1) *समोधे*—समझा-बुझा दिया। (2) *खूँटी*—चुक गई। (3) *दव*—दावाग्नि, आग। (4) *कुहकुहाय*—कूकती है। (5) *लगाय*—लगन, प्रीति।

सिंह गज तजि तृनहि खंडत सुनी बात नई ॥
कर्मरेखा मिटति नाहीं बिधि जो आनि ठई।
सूर हरि की कृपा जापै सकल सिद्धि भई ॥ 93 ॥

राग धनाश्री

ऊधो! जान्यो ज्ञान तिहारो।
जानै कहा राजगति-लीला अन्त अहीर बिचारो ॥
हम सबै अयानी, एक सयानी, कुबजा सों मन मान्यो।
आवत नाहिं लाज के मारे, मानहु कान्ह खिस्यान्यो[1] ॥
ऊधो! जाहु बाँह धरि ल्याओ सुन्दरस्याम पियारो।
ब्याहौ लाख, धरौ[2] दस कुबरी, अन्तहि कान्ह हमारो ॥
सुन, री सखी! कछू नहिं कहिए माधव आवन दीजै।
जबहीं मिलैं सूर के स्वामी हाँसी करि करि लीजै ॥ 94 ॥

राग केदार

उर में माखनचोर गड़े।
अब कैसेहु निकसत नहिं ऊधो! तिरछे ह्वै जु अड़े ॥
जदपि अहीर जसोदानंदन तदपि न जात छँड़े।
वहाँ बने जदुबंस महाकुल हमहिं न लगत बड़े ॥
को बसुदेव, देवकी है को, ना जानैं औ बूझैं।
सूर स्यामसुन्दर बिनु देखे और न कोउ सूझैं ॥ 95 ॥

राग सारंग

गोपालहिं कैसे कै हम देति ?
ऊधो की इन मीठी बातन निर्गुन कैसे लेति ?
अर्थ, धर्म, कामना सुनावत सब सुख मुकुति-समेति।
जे व्यापकहि बिचारत बरनत निगम कहत हैं नेति ॥
ताकी भूलि गई मनसाहू देखहु जौ चित चेति।
सूर स्याम तजि कौन सकत है, अलि, काकी गति एति ॥ 96 ॥

राग गौरी

उपमा एक न नैन गही।
कबिजन कहत-कहत चलि आए सुधि, करि करि काहू न कही ॥
कहे चकोर, मुख-बिधु बिनु जीवन; भँवर न, तहँ उड़ि जात।

(1) *खिस्यान्यो*–लजाया। (2) *धरौ*–रखे, बैठा ले।

हरिमुख-कमलकोस बिछुरे तें ठाले[1] क्यों ठहरात ?
खंजन मनरंजन जन जौ पै, कबहुँ नाहि सतरात।
पंख पसारि न उड़त, नन्द ह्वै समर[2]-समीप बिकात॥
आए बधन व्याध ह्वै ऊधो, जौ मृग, क्यों न पलाय ?
देखत भागि बसै धन बन में जहँ कोउ संग न धाय॥
ब्रजलोचन बिनु लोचन कैसे? प्रति छिन अति दुख बाढ़त।
सूरदास मीनता कछू इक, जल भरि संग न छाड़त[3] ॥ 97 ॥

राग गौरी

हरिमुख निरखि निमेख बिसारे।
ता दिन तें मनो भए दिगंबर इन नैनन के तारे॥
घूँघट-पट छाँड़े बीथिन महँ अहनिसि अटत[4] उघारे।
सहज समाधि रूपरुचि इकटक टरत न टक तें टारे॥
सूर, सुमुति समुझति, जिय जानति, ऊधो! बचन तिहारे।
करैं कहा ये कह्यो न मानत लोचन हठी हमारे॥ 98 ॥

सारंग

दूर करहु बीना कर धरिबो।
मोहे मृग नाहीं रथ हाँक्यो, नाहिंन होत चंद को ढरिबो[5] ॥
बीती जाहि पै सोई जानै कठिन है प्रेम-पास को परिबो।
जब तें बिछुरे कमलनयन, सखि, रहत न नयन नीर को गरिबो॥
सीतल चन्द अगिनि सम लागत कहिए धीर कौन बिधि धरिबो।
सूरदास प्रभु तुम्हरे दरस बिनु सब झूठो जतननि को करिबो॥ 99 ॥

राग जैतश्री

अति मलीन वृषभानुकुमारी।
हरि-स्रमजल अंतर-तनु भीजे ता लालच न धुआवति सारी॥
अधोमुख रहति उरधनहिं चितवति ज्यों गथ[6] हारे थकित जुआरी।
छूटे चिहुर[7], बदन कुम्हिलाने, ज्यों नलिनी हिमकर की मारी॥
हरि-संदेस सुनि सहज मृतक भई, इक बिरहिनि दूजे अलि जारी।
सूर स्याम बिनु यों जीवति है ब्रजवनिता सब स्यामदुलारी॥ 100 ॥

(1) *ठाले*–ठाले में, अभाव में। (2) *समर*–स्मर, कामदेव। (3) कुछ थोड़ी सी मीनता रह गई है कि जल का संग नहीं छोड़ते, जलभरे रहते हैं। नेत्रों की उपमा मछली से भी दी जाती है। (4) *अटत*–घूमते हैं। (5) *मोहे...ढरिबो*–बीणा की तान से मोहित होकर चन्द्रमा के रथ के मृग चलते नहीं इससे न चन्द्रास्त होता है न रात बीतती है। जायसी भी पद्मावत में यह उक्ति इस प्रकार लाए हैं–गहै बीन मकु रैन बिहाई। इत्यादि। (6) *गथ*–पूँजी। (7) *चिहुर*–चिकुर, बाल।

राग मलार

ऊधो! तुम हौ अति बड़भागी।
अपरस[1] रहत सनेहतगा तें, नाहिंन मन अनुरागी॥
पुरइनि-पात रहत जल-भीतर ता रस देइ न दागी[2]।
ज्यों जल माँह तेल की गागरि बूँद न ताके लागी॥
प्रीति-नदी में पाँव न बोर्‌यो, दृष्टि न रूप परागी।
सूरदास अबला हम भोरी गुर चींटी ज्यों पागी॥ 101॥

ऊधो! यह मन और न होय।
पहिले ही चढ़ि रह्यो स्याम-रंग छुटत न देख्यो धोय॥
कैतव[3]-बचन छाँड़ि हरि हमको सोई करैं जो मूल।
जोग हमैं ऐसो लागत है ज्यों तोहि चंपक फूल॥
अब क्यों मिटत हाथ की रेखा? कहौ कौन बिधि कीजै?
सूर स्याममुख आनि दिखाओ जाहि निरखि करि जीजै॥ 102॥

राग नट

ऊधो! ना हम बिरही, ना तुम दास।
कहत सुनत घट प्रान रहत है, हरि तजि भजहु अकास॥
बिरही मीन मरत जल बिछुरे छाँड़ि जियन की आस।
दास भाव नहिं तजत पपीहा अब सहि रहत पियास॥
प्रगट प्रीति दसरथ प्रतिपाली प्रीतम के बनवास।
सूर स्याम सों दृढ़ब्रत कीन्हों मेटि जगत-उपहास॥ 103॥

राग सोरठ

ऊधो! कही सो बहुरि न कहियो।
जौ तुम हमहिं जिवायो चाहौ अनबोले[4] ह्वै रहियो॥
हमरे प्रान अघात होत है, तुम जानत हौ हाँसी।
या जीवन तें मरन भलो है करवट लैबो कासी[5]॥
जब हरि गवन कियौ पूरब लौं तब लिखि योग पठायो।
यह तन जारिकै भस्म ह्वै निबट्‌यो[6] बहुरि मसान जगायो॥
कै रे! मनहर आनि मिलायो कै ले चलु हम साथे।
सूरदास अब मरन बन्यो है, पाप तिहारे माथे॥ 104॥

---

(1) *अपरस*—अनासक्त, दूर। (2) *देह न दागी*—देह में दाग नहीं लगाया। (3) *कैतव*—छल, कपट। (4) *अनबोले*—चूप। (5) *काशी करवट लेना*—पहले योग मुक्ति की इच्छा से काशी में अपने को आरे से चिरवा डालते थे, उसी को करवट लेना कहते थे। *करवट*—करपत्र, आरा। (6) *भस्म ह्वै निबट्‌यो*—भस्म ही होकर रहा।

राग सारंग

ऊधो! तुम अपनो जतन करौ।
हित की कहत कुहित की लागै, किन बेकाज ररौ ?
आय करौ उपचार आपनो, हम जो कहत हैं जी की।
कछू कहत कछुवै कहहि डारत, धुन देखियत नहिं नीकी ॥
साधु होय तेहि उत्तर दीजै तुमसों मानी हारि।
याही तें तुम्हें नंदनंदजू यहाँ पठाए टारि ॥
मथुरा बेगि गहौ इन पाँयन, उपज्यौ है तन रोग।
सूर सुबैद बेगि किन ढूँढ़ौ भए अर्द्धजल[1] जोग ॥ 105 ॥

राग सोरठ

ऊधो! जाके माथ भाग।
कुबजा को पटरानी कीन्हीं, हमहिं देत वैराग ॥
तलफत फिरत सकल ब्रजबनिता चेरी चपरि[2] *सोहाग।
बन्यो बनाओ संग सखी री! वै रे! हंस वै काग ॥
लौंडी के घर डौंड़ी बाजी स्याम राग अनुराग।
हाँसी, कमलनयन-संग खेलति बारहमासी फाग ॥
जोग की बेलि लगाबन आए काटि प्रेम को बाग।
सूरदास प्रभु ऊख छाँड़ि कै चतुर चिचोरत आग[3] ॥ 106 ॥

राग सारंग

ऊधो! अब यह समुझ भई।
नंदनंदन के अंग अंग प्रति उपमा न्याय दई[4] ॥
कुंतल, कुटिल भँवर, भरि भाँवरि मालति भुरै लई।
तजत न गहरु[5] कियो कपटी जब जानी निरस गई ॥
आनन इंदुबरन-सम्मुख तजि करचो तें न नई ॥
निरमोही नहिं नेह, कुमुदिनी अंतहि हेम[6] हई।
तन घनस्याम सेइ निसिबासर, रटि रसना छिजई ॥
सूर विवेकहीन चातक-मुख बूँदौ तौ न सई[7] ॥ 107 ॥

---

(1) *अर्द्धजल जोग हुए*—मरने के निकट हुए (शव को दाह के पूर्व अर्द्धजल देते हैं।) (2) *चपरि*—चुपड़कर, संयुक्त करके। (3) *आग*—आक, मदार। (4) *न्याय दई*—उचित उपमाएँ दीं, अर्थात् अंगों ने उपमानों के अनुरूप ही आचरण किया। (5) *गहरु*—देर। (6) *हेम हई*—पाले ने मारा या पाला मार गया। *हेम*—हिम, पाला। चन्द्रमा को हिमकर कहते हैं। (7) *सई*—गई।

* इसका अर्थ 'एकबारगी' होता है। तुलसी ने इसका कई स्थानों पर प्रयोग किया है।

राग धनाश्री

ऊधो! हम अति निपट अनाथ।
जैसे मधु तोरे की माखी, त्यों हम बिनु ब्रजनाथ॥
अधर अमृत की पीर मुई, हम बालदसा तें जोरी।
सो तौ बधिक सुफलकसुत लै गयो अनायास ही तोरी॥
जब लगि पलक पानि मीड़ति रहि तब लगि गए हरि दूरी।
कै निरोघ निबरे तिहि अवसर दै पग रथ की धूरी॥
सब दिन करी कृपन की संगति, कबहुँ न कीन्हों भोग।
सूर बिधाता रचि राख्यो है, कुबजा के मुख-जोग॥ 108॥

राग सोरठ

ऊधो! ब्रज की दसा बिचारौ।
ता पाछे यह सिद्धि आपनी जोगकथा बिस्तारौ॥
जेहि कारन पठए नंदनंदन सो सोचहु मन माहीं।
केतिक बीच बिरह परमारथ जानत हौ किधौं नाहीं॥
तुम निज[1] दास जो सखा स्याम के संतत निकट रहत हौ?
जब बूड़त अबलम्ब फेन को फिरि फिरि कहा गहत हौ?
वै अति ललित मनोहर आनन कैसे मनहिं बिसारौं।
जो जुक्ति और मुक्ति बिबिध बिधि वा मुरली पर वारौं।
जेहि उर बसे स्यामसुन्दर घर क्यों निर्गुन कहि आवै।
सूरस्याम सोई भजन बहावै जाहि दूसरो भावै॥ 109॥

राग सारंग

ऊधो! यह हित लागे काहे?
निसिदिन नयन तपत दरसन को तुम जो कहत हिय-माहे॥
नींद न परति चहूँदिसि चितवति बिरह अनल के दाहे।
उर तें निकसि करत क्यों न सीतल जो पै कान्ह यहाँ है॥
पा लागों ऐसेहि रहन दै अवधि आस-जल-थाहै[2]।
जनि बोरहि निर्गुन समुद्र में, फिरि न पायहौ चाहै[3]॥
जाको मन जाहीं तें राच्यो तासों बनै निबाहै।
सूर कहा लै करै पपीहा एते सर सरिता है?॥ 110॥

---

(1) *निज*—खास। (2) *थहै*—थाह में। (3) *चाहै*—चाहने पर हमें फिर न पाओगे।

राग सारंग

ऊधो! ब्रज में पैंठ[1] करी।
यह निर्गुन निर्मल गाठरी अब किन करहु खरी ॥
नफा जानिकै ह्याँ लै आए सबै वस्तु अकरी[2]।
यह सौदा तुम ह्वाँ लै बेंचो जहाँ बड़ी नगरी ॥
हम ग्वालिन, गोरस दधि बेंचौ, लेहिं अबै सबरी।
सूर यहाँ कोउ गाहक नाही, देखियत गरे परी ॥ 111 ॥

राग सारंग

गुप्त मते की बात कहौ जनि कहुँ काहू के आगे।
कै हम जानैं कै तुम ऊधो! इतनी पावैं माँगे ॥
एक बेर खेलत बृन्दावन कंटक चुभि गयो पाँय।
कंटक सों कंटक लै काढ़्यो अपने हाथ सुभाय।
एक दिवस बिरहत बन-भीतर मैं जो सुनाई भूख ॥
पाकै फल वै देखि मनोहर चढ़े कृपा करि रूख।
ऐसी प्रीति हमारी उनकी वसते गोकुल बास।
सूरदास प्रभु सब बिसराई मधुवन कियो निवास ॥ 112 ॥

राग सारंग

मधुकर! राखु जोग की बात।
कहि कहि कथा स्यामसुन्दर की सीतल करु सब गात ॥
तेहि निर्गुन गुनहीन गुनैबो सुनि सुन्दरि अनखात।
दीरघ नदी नाव कागद की को देख्यो चढ़ि जात?
हम तन हेरि, चितै अपनो पट देखि पसारहि लात।
सूरदास वा सगुन छाँड़ि छन जैसे कल्प बिहात ॥ 113 ॥

राग बिलावल

ऊधो! तुम अति चतुर सुजान।
जे पहिले रंग रंगी स्यामरंग तिन्हें न चढ़ै रंग आन ॥
द्वै लोचन जो बिरद किए स्रुति गावत एक समान[3]।
भेद चकोर कियो तिनहू में बिधु प्रीतम, रिपु भान ॥
बिरहिनि बिरह भजै पा लागौं तुम हौ पूरन ज्ञान।

---

(1) *पैंठ*—दुकान, हाट। (2) *अकरी*—महँगी। (3) *दुइ लोचन समान*—उपनिषद् आदि में सूर्य और चन्द्रमा ईश्वर के दो नेत्र कहे गए हैं।

दादुर जल बिनु जियौ पवन भखि, मीन तजै हठि प्रान ॥
बारिजबदन नयन मेरे षटपद कब करिहैं मधुपान।
सूरदास गोपीन प्रतिज्ञा, छुवत न जोग बिरान[1] ॥ 114 ॥

ऊधो! कोकिल कूजल कानन।
तुम हमको उपदेस करत हौ भस्म लगावन आनन ॥
औरों सब तजि, सिंगी लै लै टेरन, चढ़न पखानन।
पै नित आनि पपीहा के मिस मदन हनत निज बानन ॥
हम तौ निपट अहीरि बावरी जोग दीजिए ज्ञानिन।
कहा कथत मामी के आगे जानत नानी नानन ॥
सुन्दरस्याम मनोहर मूरति भावति नीके गानन।
सूर मुकुति कैसे पूजति[2] है वा मुरली की तानन? ॥ 115 ॥

राग सारंग

ऊधो, हम अज्ञान मति भोरी।
जानति हैं ते जोग की बातैं नागरि नवल किसोरी ॥
कंचन को मृग कौनै देख्यौ, कौनै बाँध्यो डोरी?
कहु धौ,? मधुर! बारि मथि माखन कौने भरी कमोरी[3]?
विन ही मीत चित्र किन काढ्यो, किन नभ बाँध्यो झोरी।
कहौ कौन पै कढ़त कनूकी[4] जिन हठि भूसी पछोरी ॥
यह व्यवहार तिहारो, बलि बलि! हम अबला मति थोरी।
निरखहि सूर स्याम-मुख चन्दहि अँखियाँ लगनि-चकोरी ॥ 116 ॥

राग गौरी

ऊधो! कमलनयन बिनु रहिए।
इक हरि हमैं अनाथ करि छाँड़ी, दुजे बिरह किमि सहिए ?
ज्यों ऊजर खेरे[5] की मूरति को पूजै, को मानै ?
ऐसी हम गोपाल बिनु ऊधो! कठिन बिथा को जानै?
तन तलीन, मन कमलनयन सों मिलिबे की धरि आस।
सूरदास स्वामी बिन देखे लोचन मरत पियास ॥ 117 ॥

---

(1) *बिरान*—बिराना, पराया। (2) *पूजति है*—बराबरी को पहुँचती है। (3) *कमोरी*—दूध, दही रखने की मटकी। (4) *कनूकी*—कण, दाना। (5) *खेरे*—गाँव।

राग सारंग

ऊधो! कौन आहि अधिकारी?
लै न जाहु यह जोग आपको कत तुम होत दुखारी ?
यह तो बेद उपनिषद मत है महापुरुष ब्रतधारी।
हम अहीरि अबला ब्रजबासिनि नाहिंन परत सँभारी ॥
को है सुनत, कहत हौ कासों, कौन कथा; अनुसारी ?
सूर-स्याम-सँग जात भयो मन अहि केंचुलि सी डारी ॥ 118 ॥

राग जैतश्री

ऊधो! जो तुम हमहिं सुनायो।
सो हम निपट कठिनई करिकै या मन को समुझायो ॥
जुगति जतन करि हमहुँ ताहि गहि सुपथ[1] पंथ लौं लायौ।
भटकि फिर्‌यो बोहित के खग ज्यों, पुनि फिरि हरि पै आयौ ॥
हमको सबै अहित लागति है तुम अति हितहि बतायो।
सर-सरिता-जल होम किये तें कहा अगिनि सचु[2] पायो ?
अब वैसो उपाय उपदेसौ जिहि जिय जाय जियायो।
एक बार जौ मिलहिं सूर प्रभु कीज अपनो भायो ॥ 119 ॥

राग सारंग

ऊधो! जोग बिसरि जनि जाहु।
बाँधहु गाँठि कहूँ जनि छूटै फिरि पाछे पछिताहु ॥
ऐसी वस्तु अनूपम मधुकर गरम न जानै और।
ब्रजवासिन के नाहिं काम की, तुम्हरे ही है ठौर ॥
जो हरि हित करि हमको पठयो सो हम तुमको दीन्हीं।
सूरदास नरियर ज्यों विष को करै बन्दना कीन्हीं ॥ 120 ॥
ऊधो! प्रीति न मरन बिचारै।
प्रीति पतंग जरै पावक परि, जरत अंग नहिं टारै ॥
प्रीति परेवा उड़त गगन चढ़ि गिरत न आप सम्हारै।
प्रीति मधुप केतकी-कुसुम बसि कंटक आपु प्रहारैं ॥
प्रीति जानु जैसे पय पानी जानि अपनपो[3] जारै।
प्रीति कुरंग नादरस, लुब्धक तानि तानि सर मारै ॥

(1) *सुपथ*–अच्छा मार्ग। (2) *सचु*–सुख, सन्तोष। (3) *अपनपो*–अपनापन, आत्मभाव।

प्रीति जान जननी सुत-कान को न अपनपो हारै ?
सूर स्याम सों प्रीति गोपिन की कहु कैसे निरुवारै ॥ 121 ॥

राग रामकली

ऊधो! जाहु तुम्हें हम जाने।
स्याम तुम्हैं ह्याँ पठाए तुम हौ बीच भुलाने ॥
ब्रजबासिन सों जोग कहत हौ, बातहु कहन न जाने।
बड़ लागै न बिवेक तुम्हारो ऐसे नए अयाने।
हमसों कही लई सो सहिकै जिय गुनि लेहु अपाने।
कहँ अबला कहँ दसा दिगम्बर सम्मुख करौ पहिचाने ॥
साँच कहौ तुमको अपनी सौं[1] बूझति बात निदाने।
सूर स्याम जब तुम्हैं पठाए तब नेकहु मुसुकाने? ॥ 122 ॥

राग धनाश्री

ऊधो! स्यामसखा तुम साँचे।
कै करि लियो स्वाँग बीचहि तें, वैसेहि लागत काँचे ॥
जैसी कही हमहिं आवत ही औरनि कही पछिताते।
अपनो पति तजि और बतावत महिमानी कछु खाते[2] ॥
तुरत गौन कीजै मधुबन को यहाँ कहाँ यह ल्याए ?
सूर सुनत गोपिन की बानी उद्धव सीस नवाए ॥ 123 ॥

राग केदारो

ऊधोजू! देखे हो ब्रज जात।
जाय कहियो स्याम सों या बिरह को उत्पात ॥
नयनन कछू नहिं सूझई, कछु श्रवन सुनत न बात।
स्याम बिन आँसुवन बूड़त दुसह धुनि भइ बात ॥
आइए तो आइए, जिय बहुरि सरीर समात।
सूर के प्रभु बहुरि मिलिहौ पाछे हू पछितात ॥ 124 ॥

राग नट

ऊधो! बेगि मधुबन जाहु।
हम बिरहिनी नारि हरि बिनु कौन करै निबाहु ?
तहाँ दीजै मूर पूजै[3], नफा कछु तुम खाहु ॥

---

(1) *सौं*—कसम, सौगन्ध। (2) *महिमानी खाते*—सत्कार पाते अर्थात् खूब कोसे जाते। (3) *मूर पूजै*—मूल धन निकल आए।

जौ नहीं ब्रज में बिकानो नगरनारि बिसाहु।
सूर वै सब सुनत लैहैं जिय कहा पछिताहु ॥ 125 ॥

ऊधो! कछु कछु समुझि परी।
तुम जो हमको जोग लाए भली करनि करी।
एक बिरह जरि रहीं हरि के, सुनत अतिह जरी ॥
जाहु जनि अब लोन लाबहु देखि तुमहिं डरी ॥
जोग-पाती दई तुम कर बड़े जान[1] हरी।
आनि आस निरास कीन्हीं, सूर सुनि हहरी[2] ॥ 126 ॥

राग धनाश्री

ऊधो! सुनत तिहारे बोल।
ल्याए हरि कुसलात धन्य तुम घर घर पार्‌यो गोल[3] ॥
कहन देहु कह करै हमारो बरि उड़ि जैहै झोल[4]।
आवत ही योको पहिचान्यो निपटहि ओछो तोल ॥
जिनके सोचन रही कहिब तें ते बहु गुननि अमोल।
जानी जाति सूर हम इनकी बतचल[5] चंचल लोल ॥ 127 ॥

राग नटनारायण

ऐसी बात कहौ जनि ऊधो!
ज्यों त्रिदोष उपजे जक लागति, निकसत बचन न सूधो ॥
आपन तौ उपचार करौ कछु तब औरन सिख देहु।
मेरे कहे बनाय न राखौ थिर कै कतहूँ गेहु ॥
जौ तुम पद्मपराग छाँड़िकै करहु ग्राम-बसबास[6]।
तौ हम सूर यहौ करि देखें निमिष छाँड़ही पास ॥ 128 ॥

राग नट

ऊधो! जानि परे सयान।
नारियन को जोग लाए, भले जान सुजान ॥
निगम हूँ नहिं पार पायो कहत जासों ज्ञान।
नयनत्रिकुटी जोरि संगम जेहि करत अनुमान ॥
पवन धरि रबि-तन निहारत, मनहिं राख्यो मारि।
सूर सो मन हाथ नाहीं गयो संग बिसारि ॥ 129 ॥

---

(1) *जान*–सुजान, चतुर। (2) *हहरी*–दहल गई। (3) *गोल पार्‌यो*–गड़बड़ मचाया, गोलमाल किया। (4) *झोल*–राख, भस्म। (5) *बतचल*–बकवादी। (6) *बसबास*–निवास।

राग धनाश्री

ऊधो! मन नहिं हाथ हमारे।
रथ चढ़ाय हरि संग गए लै मथुरा जबै सिधारे॥
नातरु कहा जोग हम छाँड़हि अति रुचि कै तुम ल्याए।
हम तौ झकति[1] स्याम की करनी, मन लै जोग पठाए॥
अजहूँ मन अपनो हम पावै तुमतें हो तो होय।
सूर, सपथ हमें कोटि तिहारी कहौ करेंगी सोय॥ 130॥

ऊधो! जोग सुन्यो हम दुर्लभ।
आपु कहत हम सुनत अचम्भित जानत हौ जिय सुल्लभ॥
रेख न रूप बरन जाके नहिं ताकों हमें बतावत।
अपनी कहो[2] दरस वैसे को तुम कब हौ पावत ?
मुरली अधर धरत है सो, पुनि गोधन बन बन चारत ?
नैन बिसाल भौंह बंकट[3] करि देख्यो कबहुँ निहारत ?
तन त्रिभंग करि नटवर बपु धरि पीताम्बर तेहि सोहत।
सूर स्याम ज्यों देत हमैं सुख, त्यों तुमको सोउ मोहत॥ 131॥

राग रामकली

ऊधो! हम लायक सिख दीजै।
यह उपदेसु अगिनि ते तातो, कहो कौन विधि कीजे ?
तुमहीं कहौ यहाँ इतनिन में सीखनहारी को है ?
जोगी जती रहित माया तें तिनको यह मत सोहै॥
जो कपूर चन्दन तन लेपत तेहि बिभूति क्यों छाजे ?
सूर कहौ सोभा क्यों पावे आँख आँधरी बाँजे॥ 132॥

ऊधो ! कहा कथत बिपरीति ?
जुवतिन लोग सिखावन आए यह तो उल्टी रीति।
जोतत धेनु दुहत पय वृष को, करन लगे जो अनीति।
चक्रवाक ससि को क्यों जानै ? रबि चकोर कहँ प्रीति ?
पाहन तरै, काठ जौ बूडै, तौ हम मानें नीति।
सूर स्याम प्रति अंग माधुरी रही गोपिका जीति॥ 133॥

ऊधो ! जुवतिन ओर निहारौ।
तब यह जोग-मोट हम आगे हिये समुझि बिस्तारौ॥
जे कच स्याम आपने कर करि नितहि सुगन्ध रचाए।

---

(1) *झकति*—झींखती है। (2) *अपनी कहौ*—अपना हाल बताओ। (3) *बंकट*—टेढ़ी वक्र।

तिनको तुम जो बिभूति धोरिकै जटा लगावन आए ॥
जेहि मुख मृगभद मलयज उबटति, छनछन धोवति माँजति।
तेहि मुख कहत खेह लपटावन सो कैसे हम छाजति ?
लोचन आँजि स्याम-ससि दरसति तबहीं ये तृप्ताति।
सूर तिन्हैं तुम रबि दरसावत यह सुनि-सुनि करुअति[1] ॥ 134 ॥

ऊधो! इन नयनन अंजन देहु।
आनहु क्यों न श्याम रंग काजर ज.सों जुर्‌यो सनेहु ॥
तपति रहति-निसि बासर, मधुकर, नहिं सुहाते तन गेहु।
जैसे मीन मरत जल बिछुरत कहा कहौं दुख एहु ॥
सब बिधि बाँधि ठानि कै राख्यो खरि कपूर कोरेहु[2]।
बारक मिलवहु श्याम सूर प्रभु, क्यों न सुजस जग लेहु? ॥ 135 ॥

ऊधो! भली करी तुम आए।
ये बातें कहि-कहि या दुख में ब्रज के लोग हँसाए ॥
कौन काज बृन्दाबन को सुख, दही भात की छाक[3]?
अब वै कान्ह कूबरी राचे बने एक ही ताक[4] ॥
मोर मुकुट मुरली पीताम्बर, पठवौ सौज[5] हमारी।
अपनी जटाजूट अरु मुद्रा लीजै भस्म अधारी ॥
वै तौ बड़े सखा तुम उनके तुमको सुगम अनीति।
सूर सबै मति भली स्याम की जमुना जल सों प्रीति ॥ 136 ॥

राग सारंग

ऊधो? बूझति गुपुत तिहारी।
सब काहू के मन की जानत बाँधे मूरि[6] फिरत ठगबारी ॥
पीतध्वजा उनके पीताम्बर, लाल ध्वजाकुबिजा व्यभिचारी ॥
सत की ध्वजा स्वेत ब्रज ऊपर अजस हेतु ऊधो! सो प्यारी ॥
उनके प्रेम-प्रीति मनरंजन पै ह्याँ सकल सीलव्रतधारी ॥
सूर बचन मिथ्या लँगराई[7] ये दोऊ ऊधो की न्यारी ॥ 137 ॥

ऊधो! मन माने की बात।
जरत पतंग दीप में जैसे, औ फिरि फिरि लपटात ॥
रहत चकोर पुहुमि पर, मधुकर! ससि[8] अकास भरमात।
ऐसो ध्यान धरो हरिजू पै छन इत उत नहिं जात ॥
दादुर रहत सदा जल-भीतर कमलहिं नहिं नपिरात।

---

(1) *करुआति*—दुखती है। (2) *कोरेहु*—कोर या कोने में भी। (3) *छाक*—कलेवा। (4) *ताक*—तार, मेल। (5) *सौज*—वस्तु। (6) *ठगबारी मूरि*—ठगों की जड़ी जिसे धोखे से खिलाकर वे पथिकों को बेहोश करते हैं। (7) *लँगराई*—लबनारप। (8) *ससि*—चन्द्रमा।

काठ फोरि घर कियो मधुप तै बँधे बँबुज के पात॥
बरषा बरसत निसिदिन, ऊधो! पुहुमी पूरि अघात।
स्वाति-बूँद के काज पपीहा छनछन रटत रहात॥
सेहि[1] न खात अमृतफल भोजन तोमरि[2] को ललचात।
सूर जु कृस्न कुबरी रीझे गोपिन देखि लजात॥ 138॥

ऊधो! खरिऐ जरी हरि के सूलन की।
कुंज कलोल करे बन ही बन सुधि बिसरी वा भूलन की॥
ब्रज हम दौरि आँक भरि लीन्हीं देखि छाँह नव मूलन की।
अब वह प्रीति कहाँ लौं बरनौं वा जमुना के कूलन की॥
वह छबि छाकि रहे दोउ लोचन बहियाँ गहि बनझूलन की।
खटकति है वह सूर हिये मो माल दई मोहि फूलन की॥ 139॥

मधुकर! हम न होहिं वे बेली।
जिनको तुम तजि भजत प्रीति बिनु करत कुसुमरस-केली।
बारे[3] तें बलबीर[4] बढ़ाई पोसी प्याई पानी।
बिन पिय-परस प्रात उठी फूलत होत सदा हित-हानी॥
ये बल्ली बिहरत बृन्दाबन अरुझी स्याम-तमालहिं॥
प्रेमपुष्प-रस-बास हमारे बिलसत मधूप गोपालहिं॥
जोग-समीर धीर नहिं डोलत, रूपडार-ढिग लागी।
सूर पराग न तजत रहिये तें कमल-नयन-अनुरागी॥ 140॥

मधुकर! स्याम हमारे ईस।
जिनको ध्यान धरै उर-अन्तर आनहिं नए न उन बिन सीस॥
जोगिन जाय जोग उपदेसौ जिनके मन दस बीस।
एकै मन, एकै वह मूरति, नित बितबत दिन तीस॥
काहे निर्गुन-ज्ञान आपुनो जित तित डारत खीस[5]।
सूरज प्रभू नंदनंदन हैं उनतें को जगदीस?॥ 141॥

राग मलार

मधुकर! तुम ही स्याम-सखाई।
पा लागौं यह दोष बकसियो सम्मुख करत डिठाई॥
कौने रंक, संपदा बिलसी सोबत सपने पाई?
किन सोने की उड़त चिरैया डोरी बाँधि खिलाई?
धाम धुँआ के कहौ कौन के बैठी कहाँ अथाई[6]?

---

(1) *सेहि*—साही, पशु। (2) *तोमरि*—तुमड़ी, कडुआ घीआ या लौकी। (3) *बारे तें*—लड़कपन से। (4) *बलबीर*—बलराम के भाई, कृष्ण। (5) *खीस डारना*—नष्ट कर डालना। (6) *अथाई*—बैठक, चाँवारा।

किन अकास तें तोरि तरैयाँ आनिं धरी घर, माई।
बौरन की माला गुहि कौने अपने करन बनाई ?
बिन जल नाव चलत किन देखी, उतरि पार को जाई ?
कौने कमलनयन ब्रत बीड़ो[1] जोरी समाधि लगाई ?
सूरदास तू फिर फिर आवत यामें कौन बड़ाई? ॥ 142 ॥

राग धनाश्री

मधुकर ! मन तो एकै आहि।
सो तो लै हरि संग सिधारे जोग सिखावत काहि ?
रे सठ, कुटिल-बचन, रसलंपट अबलन तन धौं चाहि[2]।
अब काहे को देत लोन हौ बिरहअनल तन दाहि ॥
परमारथ उपचार करत हौ विरहव्यथा नहिं जाहि।
जाको राजदोस कफ ब्यापै, दही खवावत ताहि ॥
सुन्दरस्याम-सलोनी मूरति पूरि रही हिय माहिं।
सूर ताहि तजि निर्गुन-सिंधुहि कोन सकै अवगाहि? ॥ 143 ॥

राग सारंग

मधुकर ! छाँडु अटपटी बातें।
फ़िरि फिरि बार-बार सोइ सिखवत हम दुख पावति जातें ॥
अनुदित देति असीम प्रात उठि, अरु सुख सोहत न्हातें।
तुम निसिदिन उर-अन्तर सोचत ब्रजजुवतिन को घातें ॥
पुनि-पुनि तुम्हें कहत क्यों आवै, कछु जाने यहि नाते[3]।
सूरदास जो रँगी स्यामरंग फिरि न चढ़त अब रेते[4] ॥ 144 ॥

मधुप ! रावरी पहिचानि।
बाँस रस लें अनत बैठे पुहुप की तजि कानि ॥
वाटिका बहु बिपिन जाके एक जौ कुम्हलानि।
फूल फूले सघन कानन कौन तिनकी हानि ॥
कामपावक जरति छाती लोन लाए आनि।
जोग-पाती हाथ दीन्हीं विष चढ़ायो सानि ॥
सीस तें मनि हरी जिनके कौन तिनमें बानि[5]।
सूर के प्रभु निरखि हिरदय ब्रज तज्यो यहि जानि ॥ 145 ॥

---

(1) *बीड़ो जोरी*—बीड़ा उठाकर, प्रतिज्ञा करके। (2) *चाहि*—तू देख। (3) *यहि नाते*—इसी सम्बन्ध से, इसी कारण। (4) *राते*—लाल। (5) *बानि*—वर्ण आभा, कान्ति।

मधुकर ! स्याम हमारे चोर।
मन हरि लियो माधुरी-मूरति चितै नयन की कोर॥
पकर्‌यो तेहि हिरदय उर अतंर प्रेम-प्रीति के जोर।
गए छंड़ाय छोरि सब बंधन दै गए हंसनि अकोर[1]॥
सोवत तें हम उचकि परीं है दूत मिल्यो मोहिं भोर।
सूर स्याम मुसकनि मेरो सर्वस लै गए नंदकिसोर॥ 146॥

मधुकर! समुझि कहौ मुख बात।
हो मद पिए मत्त, नहिं सूझत, काहे को इतरा ?
बीच जो परै[2] सत्य सो भाखै, बोलै सत्य स्वरूप।
मुख देखत को न्याव न कीजै, कहा रंक कह भूप॥
कछु कहत कछुए मुख निकसत, परनिन्दक व्यभिचारी।
ब्रजजुवतिन को जोग सिखावत कीरति आनि पसारी॥
हम जान्यो सो भँवर रसभोगी जोग-जुगति कहँ पाई ?
परम गुरु सिर मूँड़ि बापुरे करमुख[3] छार लगाई॥
यहै अनीति बिधाता कीन्हों तोऊ समुझत नाहीं।
जो कोउ परहित कूप खनावै परै सो कूपहि माहीं॥
सूर सो वे प्रभु अन्तर्यामी कासों कहौं पुकारी ?
तब अक्रूर अब इन ऊधो दुहुँ मिलि छाती जारी॥ 147॥

मधुकर! हम जो कहो करैं।
पठयो है गोपाल कृपा कै आयसू तें न टरैं॥
रसना बारि फेरि नव खंड कै, दै निर्गुन के साथ।
इतनी तनक बिलग जनि मानहुँ अँखियाँ नाहीं हाथ॥
सेवा कठिन, अपूरब दरसन कहत अबहुँ मैं फेरि।
कहियो जाय सूर के प्रभु सों पास ज्यों बेरि[4]॥ 148॥

राग धनाश्री

मधुकर! तौ औरनि सिख देहु।
जानौगे जब लागैगो, हो खरो कठिन है नेहु॥
मन जो तिहारो हरिचरनन-तर, तन धरि गोकुल आयो।
कमलनयन के संग तें बिछुरे कहु कौने सचु पायो?
ह्याँईं रहौ जाहु जनि मथुरा, झूठो माया-मोहु।
गोपी सूर कहत ऊधो सों हमहीं से तुम होहु॥ 149॥

---

(1) *अंकोर*—भेंट। (2) *बीच जो परै*—जो बीच में पड़ता है अर्थात् मध्यस्थ या दूत होता है। (3) *करमुख*—काले मुँहवाला, करमुँहा, भौंरे के काले मुँह के ऊपर पीला दाग होता है। (4) *केरा... बेरि*—बेर के पेड़ के पास रहने से केले के डाल-पत्तों में बराबर काँटे चुभते रहते हैं।

मधुकर! जानत नाहिं बात।
फूँकि फूँकि हियरा सुलगावत उठि न यहाँ तें जात॥
जो उर बसत जसोदानन्दन निर्गुन कहाँ समात?
कत भटकत डोलत कुसुमन को तुम हौ पातन पात?
जदपि सकल बल्ली बन बिहरत जाय बसत जलजात[1]।
सूरदास ब्रज मिले बनि आवै? दासी की कुसलात॥ 150॥

राग सारंग

तिहारी प्रीति किधौं तरवारि?
दृष्टि-धार करि मारि साँवरे घायल सब ब्रजनारि॥
रही सुखेत ठौर बृन्दावन रनहु न मानति हारि।
बिलपति रही सम्भारत छन छन बदन-सुधाकर-बारि॥
सुन्दरस्याम-मनोहर-मूरति रहि हौं छबिहि निहारि।
रंचक सेष रही सूरज प्रभु अब जनि डारौ मारि॥ 151॥

राग धनाश्री

मधुकर! कौन मनायो मानै?
अबिनासी अति अगम अगोचर कहा प्रीति-रस जानै?
सिखवहु ताहि समाधि की बातैं जैहैं लोग सयाने।
हम अपने ब्रज ऐसेहि बसिहैं बिरह-बाय-बौराने॥
सोवत जागत सपन सौंतुख[2] रहिहैं सो पित माने।
बालकुमार किसोर को लोलासिंघु सो तामे साने॥
पर्‍यो जो पयनिधि बूँद अलप[3] सो को जो अब पहिचाने?
जाके तन धन प्रान सूर हरिमुख-मुसुकानि बिकाने॥ 152॥

राग मलार

मधुकर! ये मन बिगरि परे।
समुझत नाहिं ज्ञानगीता को हरि-मुसुकानि अरे॥
बालमुकुन्द—रूप-रसराचे तातें बक्र खरे।
होय न सूधी स्वान पूँछि ज्यों कोटिक जतन करे॥
हरि-पद-नलिन बिसारत नाहीं सीतल उर सँचरे।
जोग गँभीर[4] है अंधकूप तेहि देखत दूरि डरे॥

---

(1) *जलजात*—कमल। (2) *सौंतुख*—सामने। (3) *अलप*—अल्प, थोड़ा। (4) *गम्भीर*—गहरा।

हरि-अनुराग सुहाग भाग भरे अमिय तें गरल गरे।
सूरदास बरु ऐसेहि रहिहैं कान्ह-बियोग-भरे ॥ 153 ॥

मधुकर! जौ तुम हितू हमारे।
तौ या भजनसुधानिधि में जनि डारौ जोग-जल खारे ॥
सुनु सठ रीति, सुरभि पयदायक[1] क्यों न लेत हल फारे[2]।
जो भयभीत होत रजु[3] देखत क्यों बढ़वत अहि कारे ॥
निज कृत बूझि, बिना दसनन हति तजत धाम नहिं हारे[4]।
सो बल अछत निसा पंकज में दल-कपाट नहिं टारे ॥
रे अलि, चपल मोदरस-लंपट! कतहि बकत बिन काज ?
सूर स्याम-छवि क्यों बिसरत है नखसिख अंग बिराज? ॥ 154 ॥

राग सोरठ

मधुकर ! कौन गाँव की रीति ?
ब्रज जुवतिन को जोग-कथा तुम कहत सबै बिपरीति ॥
जा सिर फूल फुलेल मेलिकै हरि-कर ग्रंथैं छोरी।
ता सिर भसम, मसान पै सेवन, जटा करत आघोरी ॥
रतनजटित ताटंक बिराजत अरु कमलन की जोति।
तिन स्रवनन पहिरावत मुद्रा तोहिं दया नहिं होति ॥
बेसरि नाक, कंठ मनिमाला, मुखनि सार असबास।
तिन मुख सिंगी कहौ बजावन, भोजन आक, पलास ॥
जा तन को मृगमद घसि चन्दन सूछम[5] पट पहिराए।
ता तन को रचि चीर पुरातन दै ब्रजनाथ पठाए ॥
वै अबिनासी ज्ञान घटैगो यहि बिधि जोग सिखाए।
करैं भोग भरिपूर सूर तहँ, जोग करैं ब्रज आए ॥ 155 ॥

राग नट

मधुकर! ये नयना पै हारे।
निरखि निरखि मग कमलनयन को प्रेमनयन भए भारे ॥
ता दिन ते नींदौ पुनि नासी, चौंकि परत अधिकारे।
सपन तुरी[6] जागत पुनि सोई जो हैं हृदय हमारे ॥
यह निर्गुन लै ताहि बतावो जो जानैं याके सारे।
सूरदास गोपाल छाँड़ि कै चूसैं टेंटी[7] खारे ॥ 156 ॥

---

(1) *पयदायक*—दूध देनेवाली। (2) *हल फारे*—हल और फाल, अर्थात् गाम हल से क्यों नहीं जुतती? (3) *रजु*—रज्जु, रस्सी। (4) *निज कृत...हारे*—अपने कर्म को देख, कि तू बिना काटे छत्ता छोड़कर नहीं जाता। (5) *सूछम*—महीन। (6) *तुरी*—तुरीयावस्था। (7) *टेंटी*—करील का फल।

राग धनाश्री

मधुकर! कह कारे की जाति?
ज्यों जल मीन, कमल पै अलि की, त्यों नहिं इनकी प्रीति ॥
कोकिल कुटिल कपटबायस छलि नहिं बहि बन जाति।
तैसेहि कान्ह केलि-रस अंचयो बैठि एक ही पाँति ॥
सुत-हित जोग जज्ञ ब्रत कीजत बहु बिधि नींकी भाँति।
देखहु अहि मन मोहमया तजि ज्यों जननी जनि[1] खाति ॥
तिनको क्यों मन बिसमो कीजै औगुन लौं सुख-साँति।
तैसेइ सूर सुनौ जदुनन्दन, बजी एकस्वर ताँति ॥ 157 ॥

राग रामकली

मधुकर! ल्याए जोग-सँदेसो।
भली स्याम कुसलात सुनाई सुनतहि भयो अँदेसो ॥
आस रही जिय कबहुँ मिलन की, तुम अवत ही नासी[2]।
जुवतिन कहत जटा सिर बाँधहु तौ मिलिहैं अबिनासी ॥
तुमको जिन गोकुलहिं पठायो ते बसुदेव-कुमार।
सूर स्याम मनमोहन बिहरत ब्रज में नन्ददुलार ॥ 158 ॥

राग सोरठ

स्याम बिनोदी रे मधुबनियाँ।
अब हरि गोकुल काहे को आवहिं चाहस नवयौबनियाँ ॥
वे दिन माधव भूलि बिसरि गए गोद खिलाए कनियाँ।
गुहि-गुहि देते नन्द जसोदा तनक काँच के मनियाँ[3] ॥
दिना चारि तें पहिरन सीखे पट पितांबर तनियाँ[4]।
सूरदास प्रभु तजी कामरी अब हरि भए चिकनियाँ[5] ॥ 159 ॥

राग धनाश्री

ऊधो! हम ही हैं अति बौरी।
सुभग कलेवर कुंकुम खौरी। गुंजमाल अरु पीत पिछौरी ॥
रूप निरखि दृग लागे ढोरी[6] । चित चुराय लयो मुरति सो री ॥
गहियत सो जा समय अँकोरी[7]। याहि तें बुधि कहियत बौरी ॥
सूर स्याम सों कहिय कठोरी। यह उपदेस सुने तें बौरी ॥ 160 ॥

---

(1) *जनि*–जनकर, पैदा करके। (2) *नासी*–नष्ट की। (3) *मनियाँ*–गुरिया। (4) *तनियाँ*–तनी, कुरती।
(5) *चिकनियाँ*–छैला। (6) *ढोरी लागे लगे, संग*–पीछे हो लिए। (7) *अंकोरी*–गोद।

कहाँ लगि मानिए अपनी चूक?
बिन गोपाल, ऊधो, मेरी छाती ह्वै न गई द्वै टूक॥
तन, मन, जौबन बृथा जात है ज्यों भुवंग की फूँक।
हृदय अग्नि को दवा बरत है, कठिन बिरह की हूक[1]॥
जाकी मनि हरि लई सीस तें कहा करै अहि मूक?
सूरदास ब्रजवास बसी हम मनहुँ दाहिने सूक[2]॥ 161॥

राग कल्याण

ऊधो! जोग जानै कौन?
हम अबला कह जोग जानैं जियत जाको रौन[3]॥
जोग हम पै होय न आवै धरि न आवै मौन।
बाधिहैं क्यों मन-पखेरू साधिहैं क्यों पौन?
कहौ अम्बर पहिरि कै मृगछाल ओढ़ कौन?
गुरु हमारे कूबरी-कर-कर-मन्त्र-माला जौन॥
मदनमोहन बिन हमारे परै बात न कौन[4]?
सूर प्रभु कब आय हैं वे स्याम दुख के दौन[5]?॥ 162॥

राग केदारो

फिर ब्रज बसहु गोकुलनाथ।
बहुरि न तुमहिं जगाय पठवौं गोधनन के साथ॥
बरजौं न माखन खात कबहूँ, दैहौं देन लुटाय।
कबहूँ न दैहौं उराहनो जसुमति के आगे जाय॥
दौरि दाम न देहूँगी, लकुटी न जसुमति-पानि।
चोरी न देहुँ उघारि, किए औंगुन न कहिहौं आनि॥
करिहौं न तुमसौं मान हठ, हठिहौं न माँगत दान।
कहिहौं न मृदु मुरली बजावन, करन तुमसों गान॥
कहिहौं न चरनन देन जावक, गुहन बेनी फूल।
कहिहौं न करन सिंगार बट-तर, बसन जमुना-कूल॥
भुज भूषननयुत कन्ध धरिकै रास नृत्य न कराऊ।
हौं संकेत निकुंज बसिकै दूति-मुख न बुलाउँ॥
एक बार जु दरस दिखवहु प्रीति-पंथ बसाय।
चँबर करौं, चढ़ाय आसन, नयन अँग-अँग लाय॥

---

(1) *हूक*—ज्वाला, व्यथा, शूल। (2) *दाहिने सूक*—दक्षिण शुक्रग्रह होने पर। (जो ज्योतिष में बुरा योग माना जाता है।) (3) *रौन*—रमण करनेवाला, पति। (4) *परै...कौन*—कोई बात मन में नहीं पड़ती अर्थात् बैठती। (5) *दौन*—दमन करनेवाले।

देहु दरसन नंदनंदन मिलन ही की आस।
सूर प्रभु की कुँवर-छबि को मरत लोचन प्यास ॥ 163 ॥

राग सारंग

कबहूँ सुधि करत गोपाल हमारी ?
पूछत नन्द पिता ऊधो सों अरु जसुमति महतारी ॥
कबहुँ तौ चूक परी अनजानत, कह अब के पछिताने ?
वासुदेव घर भीतर आए हम अहीर नहिं जाने ॥
पहिले गरग कह्यो हो हमसों, 'या देखे जनि भूलै' ॥
सूरदास स्वामी के बिछुरे रीति-दिवस उर सूलै ॥ 164 ॥

राग बिलावल

भली बात सुनियत है आज।
कोऊ कमलनयन पठयो है तन बनाय अपनो सो साज ॥
बुझौ सखा कहो कैसे कै, अब नाहीं कीबे कुछ काज।
कंस मारि वसुदेव गृह आने, उग्रसेन को दीनो राज ॥
राजा भए कहाँ है यह सुख, सुरभि-संग बन गोप-समाज ?
अब जो सूर करौ कोउ कोटिक नाहिंन कान्ह रहत ब्रज आज ॥ 165 ॥

राग नट

ऊधो! हम आजु भईं बड़भागी।
जैसे सुमन-गन्ध लै आवतु पवन मधुप अनुरागी ॥
अति आनन्द बढ्यो अँग-अँग में, परै न यह सुख त्यागी।
बिसरे सब दुख देखत तुमको स्यामसुन्दर हम लागी[1] ॥
ज्यों दर्पन मधि दृग निरखत जहँ हाथ तहाँ नहिं जाई।
त्यों ही सूर हम मिलीं साँवरे बिरह-बिथा बिसराई ॥ 166 ॥

राग सारंग

पाती सखि! मधुबन तें आई।
ऊधो-हाथ स्याम लिखि पठई, आय सुनो, री माई !
अपने-अपने गृह तें दौरी, लै पाती उर लाई।
नयनन नीर निरखि नहिं खंडित, प्रेम न बिथा बुझाई ॥
कहा कहौं सूनो यह गोकुल हरि बिनु कछु न सुहाई।
सूरदास प्रभु कौन चूक तें स्याम सुरति बिसराई ॥ 167 ॥

---
(1) *लागी*—मिली।

उद्धव : वचन

राग नट

सुनु गोपी हरि को संदेस।
करि समाधि अन्तर-गति चितवौ प्रभु को यह उपदेस॥
वै अबिगत, अबिनासी, पूरन, घट-घट रहे समाय।
तिहि निश्चय कै ध्यावहु ऐसे सुचित कमलमन लाय॥
यह उपाय करि बिरह तजौगी मिलै ब्रह्म तब आय।
तत्वज्ञान बिनु मुक्ति न होई निगम सुनावत गाय॥
सुनत सन्देस दुसह माधव के गोपीजन बिलखानी।
सूर बिरह की कौन चलावै, नयन ढरत अति पानी॥ 168॥

राग सारंग

मधुकर! भली सुमति मति खोई।
हाँसी होन लगी या ब्रज में जोगै राखौ गोई[1]॥
आतमराम लखावत डोलत घट-घट ब्यापक जोई।
चापे[2] काँख फिरत निर्गुन को, ह्याँ गाहक नहिं कोई॥
प्रेम-बिथा सोई पै जानै जातै बीती होई।
तू नीरस एती कह जानै? बूझि देखिवे ओई॥
बड़ों दूत तू, बड़े ठौर को, कहिए बुद्धि बड़ोई।
सूरदास पूरीषहि[3] षटपद! कहत फिरत है सोई॥ 169॥

सुनियत ज्ञानकथा अलि गात।
जिहि मुख सुधा बेनुरवपूरित हरि प्रति छनहिं सुनात॥
जहँ लीलारस सखी-समाजहिं कहत-कहत दिन जात।
बिधिना केरि दियो सब देखत, जहँ षटपद समुझात[4]॥
विद्यमान रसरास लड़ैते कत मन इत अरुझात?
रूपरहित कछु बकत बदन तें मति कोउ ठग भुरवात[5]॥
साधुवाद स्रुतिसार जानिकै उचित न मन बिसरात।
नंदनंदन करकमलन की छबि मुख उर पर पसरात॥
एक-एक तें सबै सयानी ब्रजसुन्दरि न सकात[6]।
सूर स्याम रससिंधुगामिनी नहिं वह दसा हिरात॥ 170॥

---

(1) *गोई राखहु*—छिपा रखो। (2) *चापे*—दबाए हुए। (3) *पूरीष*—पुरीष, मल। (4) *समुझात*—समझाता है। (5) *भुरवात*—भुलाता है। (6) *सकात*—डरती है।

ऊधो! इतनी कहियो जाय।
अति कृसगात भई हैं तुम बिनु बहुत दुखारी गाय॥
जल समूह बरसत अँखियन तें हूँकत[1] लीने नाँव।
जहाँ जहाँ गोदोहन करते ढूँढ़त सोइ सोइ ठाँव॥
परित पछार खाय तेहि तेहि थल अति व्याकुल ह्वै दीन॥
मॉंनहुँ सूर काढ़ि डारे हैं बारि मध्य तें मीन॥ 171॥

ऊधो जोग सिखावन आए।
सिंधी, भस्म, अधारी, मुद्रा लै ब्रजनाथ पठाए॥
जोपै जोग लिख्यो गोपिन को, कस रसराज खिलाए?
तबहि ज्ञान काहे न उपदेस्यो, अधर-सुधारस प्याए॥
मुरली सब्द सुनत बन गवनति सुत-पति-गृह बिसराए।
सूरदास रँग छाँड़ि स्याम को मनहिं रहे पछिताए॥ 172॥

ऊधो! लहनौ अपनो पाँए।
जो कछु बिधना रची सो भइए आन दोष न लगाँए॥
कहिए कहा जु कहत बनाई सोच हृदय पछितैए।
कुब्जा बर पावै मोहन सों, हमहीं जोग बतैए॥
आज्ञा होए सोइ तुम कहिबो, बिनती यहै सुनैए।
सूरदास प्रभु-कृपा जानि जो दरसन-सुधा पिबैए॥ 173॥

ऊधो! कहा करैं लै पाती?
जौ लगि नाहिं गोपालहि देखत बिरह दहति मेरो छाती॥
निमिष एक मोहिं बिसरत नाहिंन सरद-समय की राती।
मन तो तबहीं तें हरि लीन्हों जब भयो मदन बतारी॥
पीर पराई कह तुम जानौ तुम तौ स्याम-सँघाता।
सूरदास स्वामी सों तुम पुनि कहियो ठकुरसुहाती[2]॥ 174॥

ऊधो! बिरहौ प्रेमु करै[3]।
ज्यों बिनु पुट पट गहै न रंगहि[4] पुट गहे रसहि परै॥
जौ आव[5] घट दहत अनल तनु तौ पुनि अमिय भरै।
जौ[6] धरि बीज देह अंकुर चिरि तौ सत फरनि फरै॥
जौ सर सहत सुभट सम्मुख रन तो रबिरथहिं सरै।
सूर गोपाल प्रेमपथ-जल तें कोउ न दुखहि डरै॥ 175॥

---

(1) *हूँकर*—हुँकरती हैं, हुँकार मारती हैं। (2) *ठकुरसुहाती*—चापलूसी, खुशामद। (3) *बिरहौ प्रेमु करै*—बिरह से भी प्रेम होता या बढ़ता है। (4) *ज्यों बिनु पुट...रंगहि*—जैसे बिना पुट दिए कपड़े पर रंग नहीं चढ़ता। (5) *आँवों*—आँवाँ जिसमें मिट्टी के बरतन पकते हैं। (6) *जौ धरि बीज...फरै*—जब बीज चिरकर देह में अंकुर धारण करता है तब सैकड़ों प्रकार के फल फलते हैं।

ऊधो! इतनी जाय कहो।
सब बल्लभी कहत हरि सों ये दिन मधुपुरी रहो॥
आज काल तुमहूँ देखत हौ तपत तरनि[1] सम चन्द।
सुन्दरस्याम परम कोमल तनु क्यों सहि हैं नंदनंद॥
मधुर मोर पिक परुष[2] प्रबल अति बन उपवन चढ़ि बोलत।
सिंह, बृकन सम गाय बच्छ ब्रज बीथिन-बीथिन डोलत॥
आसन, असन, बसन विष अहि सम भूषन भवन भंडार।
जित तित फिरत दुसह द्रुम-द्रुमप्रति धनुष लए सत मार[3]॥
तुम तौ परम साधु कोमलमन जानत हौ सब रीति।
सूर स्याम को क्यों बौलैं[4] ब्रज बिन टारे यह ईति[5]॥ 176॥

राग मलार

जौ पै ऊधो! हिरदय माँझ हरी।
तौ पै इती अवज्ञा उनपै कैसे सही परी?
तबहि दवा[6] द्रुम दहन न पाए, अब क्यों देह जरी?
सुन्दरस्याम निकसि उर तें हम सीतल क्यों न करी?
इन्द्र रिसाय बरस नयनन मग, घटत न एक घरी।
भींजत सीत भीत तन काँपत रहे, गिरि क्यों न घरी॥
एक कंकन दर्पन लै दोऊ अब यहि अनख[7] मरी।
एतो मान सूर सुनि योग जु बिरहिनि बिरह धरी॥ 177॥

ऊधो! इते हितूकर[8] रहियो।
या ब्रज के ब्योहार जिते हैं सब हरि सों कहियो॥
देखि जात अपनी इन आँखिन दावानल दहियो।
कहँ लौं कहौं बिथा अति लाजति यह मन को सहियो॥
कितो प्रहार करत मकरध्वज हृदय फारि चहियो।
यह तन नहिं जरि जात सूर प्रभु नयनन को बहियो॥ 178॥

ऊधो! यहि ब्रज विरह बढ़्यो।
घर, बाहर, सरिता, बन, उपवन, बल्ली द्रुमन चढ़्यो॥
बासर-रैन सधूम भयानक दिसि दिसि तिमिर मढ़्यो।
दुंद करत अति प्रबल होत पुर, पय सों अनल डढ़्यो॥
जरि किन होत भस्म छन महियाँ हा हरि, मन्त्र पढ़्यो।
सूरदास प्रभु नन्दनन्दन बिनु नाहिन जात कढ़्यो॥ 179॥

---

(1) *तरनि*—सूर्य। (2) *परुष*—कठोर, कड़े। (3) *मार*—कामदेव। (4) *बोलै*—बुलावें। (5) *ईति*—बाधा, उपद्रव। (6) *दवा*—वन की आग। (7) *अनख*—रिस, कुढ़न क्रोध। (8) *हितूकर*—कृपालु।

राग धनाश्री

ऊधो! तुम कहियो ऐसे गोकुल आवैं।
दिन दस रहे सो भली कीनी अब जनि गहरु लगावैं॥
तुम बिनु कछु न सुहाय प्रानपति कानन भवन न भावैं।
बात बिलख, मुख गो न चरत तृन, बछरनि छीर न प्यावैं॥
देखत अपनी आँखिन, ऊधो, हम कहि कहा जनावैं।
सूर स्याम बिनु तपति रैन-दिनु हरिहि मिले सचुपावैं॥ 180॥

ऊधो! अब जो कान्ह न ऐहैं।
जिय जानौ अरु हृदय बिचारौ हम न इतो दुख सैहैं॥
बूझौ जाय कौन के ढोटा, का उत्तर तब दैहैं?
खायो, खेल्यो संग हमारे, ताको कहा बनैहैं॥
गोकुलमनि मथुरा के बासी कौ लौं झूठो कैहैं।
अब हम लिखि पठवन चाहति हैं वहाँ पाँति नहि पैहैं॥
इन गैयन चरिबो छाँड्यो है जौ नहिं लाल चरैहैं।
एते पै नहि मिलत सूर प्रभु फिरि पाछे पछितैहैं॥ 181॥

ऊधो! हमैं दोऊ कठिन परी।
जो जीवैं तौ, सुन सठ! ज्ञानी, तन तजैं रूपहरी॥
गुन गावैं तौ, सुक सनकादिक, रंग धावैं तौ लीला करी।
आसा अवधि सन्तोष धरैं तो धार्मिक ब्रज-सुन्दरी॥
स्यामा हैं सब सखी सुजाती पै सब बिरह-भरी।
सोक-सिन्धु तरिबे की नौका जिहि मुख मुरलि धरी॥
निसिदिन फिरत निरंकुस अति बड़ मातो मदन करी[1]।
डाहैगो सब धाम सूर जो चितौ न वह केहरी॥ 182॥

ऊधो! बहुतै दिन गए चरनकमल-बिमुख ही।
दरस-हीन, दुखित दीन, छन-छन बिपदा सही।
रजनी अति प्रेमपीर, गृह बन मन धरै न धीर।
बासर मग जोवत, उर सरिता बही नयननीर॥
आवन की अवधि आस सोई गनि घतत स्वास।
इतो बिरह बिरहिनि क्यों सहि सकै कह सूरदास?॥ 183॥

---
(1) *करी*—हाथी।

राग आसावरी

ऊधो ! कहत न कछू बनै।
अधरामृत-आस्वादिनि रसना कैसे जोग भनै ?
जेहि लोचन अवलोके नखसिख सुन्दर नन्दतनै।
ते लोचन क्यों जायँ और पथ लै पठाए अपनै ?
रागिनि राग तरंग तान धन जे स्रुति मुरलि सुनै।
ते स्रुति जोग-सँदेस कठिन कह काँकर मेलि हनै ॥
सूरदास स्यामा मोहन के यह गुन बिबिध गुनै।
कनकलता तें उपज न मुक्ता षटपद! रंग चुनै ॥ 184 ॥

राग मारू

ऊधो ! इन नयनन नेम लियो।
नन्दनन्दन सों पतिब्रत बाँध्यो, दरसत नाहिं बियो[1] ॥
इन्दु चकोर, मेघ प्रति चातक जैसे धरन दियो।
तैसे ये लोचन गोपालै इकटक प्रेम पियो ॥
ज्ञानकुसुम लै आए ऊधो ! चपल न उचित कियो।
हरिमुख-कमल अमियरस सूरज चाहत बहै लियो ॥ 185 ॥

राग केदारो

ऊधो! ब्रजरिपु बहुरि जिए।
जे हमरे कारन नन्दनन्दन हति हति दूरि किए ॥
निसि के बेष बकी है आवति प्रति डर करति सकम्प हिए।
तिन पय तें तन प्रान हमारे रबि ही छिनक छिनाय लिए ॥
बन बृकरूप, अघासुर सम गृह, कितहू तौ न बितै सकिए।
कोटिक कालिसम कालिन्दी, दोषन सलिल न जात पिए ॥
अरु ऊँचे उच्छ्वास तृनाव्रम तिहि सुख सकल उड़ाय दिए।
केसी सकल कर्म केसव बिन सूर सरन काकी तकिए? ॥ 186 ॥

राग सारंग

ऊधो ! कहिए काहि सुनाए ?
हरि बिछुरत जेती सहियत हैं इते बिरह के धाए ॥
बरु माधव मधुबन ही रहते, कत जसुदा के आए ?

(1) *बियो*–दूसरा।

कत प्रभु गौप बेश ब्रज धार्‌यो, कत ये सुख उपजाए ?
कत गिरि धारि इन्द्र-मद मेट्‌यौ, कत बन रास बनाए ?
अब कह निठुर भए हम ऊपर लिखि-लिखि जोए पठाए ?
परम प्रबीन सबै जानत हौ, तातें यह कहि आए।
अपनी कौन कहै सुनु सूरज मात-पिता बिसराए ॥ 187 ॥

ऊधो! भली करी गोपाल।
आपुन तौ आवत नाहीं ह्याँ वहाँ रहे यहि काल ॥
चन्दन चन्द हुतो तब सीतल, कोकिल सब्द रसाल।
अब समीर पावक सम लागत, सब ब्रज उलटी चाल ॥
हार, चीर, कंचुकि कंटक, भए, तरनि तिलक भए भाल।
सेज सिंह, गृह तिमिर-कन्दरा, सर्प सुमन-मनिमाल ॥
हम तौ न्याय सहैं एता दुख बनवासी जो ग्वाल।
सूरदास स्वामी सुखसागर भोगी भ्रमर भुवाल ॥ 188 ॥

राग सोरठ

अपने मन सुरति करत रहिबी।
ऊधो ! इतनी बात स्याम सों समय पाय कहिबी ॥
घोष बसत की चूक हमारी कछू न जिय गहिबी।
परम दीन जदुनाथ जानिकै गुन बिचारि सहिबी ॥
एकहि बार दयाल दरस दै बिरह-रासि दहिबी।
सूरदास प्रभु बहुत कहा कहौं वचन-लाज बहिबी ॥ 189 ॥

राग केदारो

ऊधो ! नन्दनन्दन सों इतनी कहियो।
जद्यपि ब्रज अनाथ करि छाँड्‌यो तदपि बार इक चित करि रहियो।
तिनकातोर[1] करो जनि हमसों एक बात की लज्जा गहियो।
गुन-औगुनन रोष नहि कीजत दासनिदासि की इतनी सहियो ॥
तुम बिन स्याम कहा हम करिहैं यह अवलम्ब न सपने लहियो।
सूरदास प्रभु यह कहि पठई कहाँ जोग कहँ पीवन दहियो ॥ 190 ॥

राग सारंग

ऊधो ! हरि करि पठवत जेती।
जौ मन हाथ हमारे होतो तौ कत सहती एती ?
हृदय कठोर कुलिस हू तें अति तामें चेत अचेती।

(1) *तिनकातोर*--नातातोड़, सम्बन्ध त्याग।

तब उर बिच अंचल नहिं सहती, अब जमुना की रेती ॥
सूरदास प्रभु तुम्हरे मिलन को, सरन देहु अब सेंती[1] ॥
बिन देखे मोहिं कल न परति है जाको स्रुति गावत है नेती ॥ 191 ॥

राग सोरठ

ऊधो ! यह हरि कहा करयौ ?
राजकाज चित दियो साँवरे, गोकुल क्यों बिसरयौ ?
जौ लों घोष रहे तौ लों हम संतत सेबा कीनी।
बारक कबहुँ उलूखल परसे, सोई मानि जिय लीनी ॥
जौ तुम कोटि करो ब्रजनायक बहुतै राजकुमारि !
तौ ये नन्द पिता कहँ मिलिहैं अरु जसुमति महतारि ?
कहँ गोधन, कहँ गोप-बृन्द सब, कहँ गोरस को खैबो ?
सूरदास अब सोई करौ जिहि होय कान्ह को ऐबो ॥ 192 ॥

राग आसावरी

ऊधो! ऐसो काम न कीजै।
एक रंग कारे तुम दोऊ धोय सेत क्यों कीजै ?
फेरि फेरिकै दुख अवगाहैं हम सब करी अचेत।
कत पटपर[2] गोता मारत हौ निरे भूँड[3] के खेत ॥
तरपत[4] कोट[5] कीटकुल जनमे, कहा मलाई जाने ?
फोरत बाँस-गाँठि दाँतन सों बार-बार ललचाने ॥
छाँड़ि कमल सौं हेतु आपनो तू कत अनतहिं जाय ?
लम्पट, ढीट, बहुत अपराधी कैसे मन पतिआय ?
यहै तु बात कहति हौं तुमसौं फिरि मति कबहूँ आवहु।
एक बार समुझावहु सूरज अपना ज्ञान सिखावहु ॥ 193 ॥

राग सारंग

ऊधो! औरै कथा कहौ।
तजि जस, ज्ञान सुने तावत[6] तनु, बरु गहि मौन रहौ ॥
जाके बिच राजत, मन-परबत स्यामसूल अनुरागी।
तापै रतिद्रुम रीति[7] नयनजल सींचत निसदिन जागी ॥

---

(1) *अब सेंती*—अब से। (2) *पटपर*—मैदान। (3) *भूँड*—भूर, लाल रंग की बालू मिली हुई भुरभुरी मिट्टी जिसमें कुछ उपजता नहीं। (4) *तरपट*—अन्तर। (5) *कोट*—बाँस की कोठी। (6) *तावत*—तपाता है जलाता है। (7) *रीति*—रीता या खाली करके।

ग्रीषम अति आए प्रगट्यो ब्रज कठिन जोग-रवि हेरे।
सो मुरझात सूर का राखै मेह-नेह बिन तेरे? ॥ 194 ॥

ऊधो! साँच कहौ हम आगे।
घर में कहा बचै कहु ताके प्रकट आगि के लागे ॥
जा दिन तें गोपाल सिधारे स्वास-अनल तन जार्‌यो।
ऋषि-हिरदय मुखचन्द मुग्ध भयो काढ़ि बाहि दै डारयो ॥
एते पै तोहिं सूझत नाहिन, जोग सिखावन आयो।
फिरि लै जाहु सूर के प्रभु पै जिहि हैं यहाँ पठायो ॥ 195 ॥

ऊधो! सब स्वारथ के लोग।
आपुन केलि करत कुब्जा-संग, हमहि सिखावत जोग ॥
भ्रमि बन जात साँवरी मूरति निति देखहिं वह रूप।
अब रस-रास पुलिन जमुना के करत लाज, भए भूप ॥
अनुदिन नयन निमेष न लागत, भयो बिरह अति रोग।
मिलबहु कान्ह कुमार अस्विनी[1] मिटै सूर सब रोग ॥ 196 ॥

ऊधो! दीनी प्रीति-दिनाई[2]।
बातनि सुहृद, करम कपटी के चले चोर की हाई[3] ॥
बिरह-बीज बघवार[4] सलिल मानो अधर-माधुरी प्याई।
सो है जाय खगी[5] अन्तर्गत, औषधि बल न बसाई ॥
गरल दान दीनो है नीको, याको नहीं उपाय।
कै मारै कै काज सरै, यह दुख देख्यो नहिं जाय ॥
कहि मारै सो सूर कहावै, मित्रदोह न भलाई।
सूरदास ऐसे अलि, जग में तिनकी गति नहिं काई[6] ॥ 197 ॥

ऊधो! जो हरि आवैं तो प्रान रहे।
आवत, जात, उलटि फिरि बैठत जीबन-अवधि गहे ॥
जब हे दाम उखल सौं बाँधे बदन नवाय रहे।
चुभि जु रही नवनीत-चोर-छबि, क्यों भूलति सो ज्ञान गहे?
तिनसों ऐसी क्यों कहि आवै जे कुल-पति की त्रास महे[7]?
सूर स्याम गुन-रसनिधि तजिकै को घटनीर बहे? ॥ 198 ॥

ऊधो ! यह निश्चय हम जाना।
खोयो गयो नेहनग उनपै, प्रीति-कोटरी भई पुरानी ॥
पहिले अधरसुधा करि सींची, दियो पोष बहु लाड़ लड़ानी।

---

(1) *कुमार अस्विनी*—देवताओं के वैद्य। (2) *दिनाई*—विषप्रयोग की वस्तु। (3) *हाई*—घात, घात। (4) *बधवार*—बाघ की मूँछ के बाल जो विष समझे जाते हैं। (5) *खगी*—चुभी। (6) *काई*—कमी। (7) *महे*—मथ डाला, नष्ट किया।

बहुरै खेल कियो केसव सिसु-गृहरचना ज्यों चलत बुझानी ॥
ऐसे ही परतीति दिखाई पन्नग केंचुरि ज्यों लपटानी।
बहरो सुरति लई नहि जैसे भंवर लता त्यागत कुम्हिलानी ॥
बहुरंगी जहँ जाय तहाँ सुख, एक रंग दुख देह दहानी[1]।
सूरदास पसु धनी चोर के खायो चाहत दाना पानी ॥ 199 ॥

ऊधो हम हैं तुम्हारी दासी।
काहे को कटु बचन कहत हौ, करत आपनी हाँसी ॥
हमरे गुनहि गाँहिं किन बाँध्यो, हमपै कहा बिचार ?
जैसी तुम कीनी सो सब ही जानतु है संसार ॥
जो कछु भली बुरी तुम कहिहौं सो सब हम सहि लैहैं।
अपनो कियो आप भुगतैंगी दोष न काहू दैहैं ॥
तुम तौ बड़े, बड़े के पठए, अरु सबके सरदार।
यह दुख भयो सूर के प्रभु सुनि कहत लगावन छार ॥ 200 ॥

ऊधो ! तुम जो कहत हरि हृदय रहत हैं।
कैसे होय प्रीति क्रूर सूनि ये बातें सहत हैं ॥
बासर-रैनि कठिन बिरहानल अन्तर प्रान दहत है।
प्रजरि प्रजरि[2] पचि निकसि धूम अब अनयनन नीर बहत हैं ॥
अधिक अवज्ञा होत, देह दुख मर्यादा न गहत है।
कहि! क्यों मन मानै सूरज प्रभु इन बातनि जु कहत है ॥ 201 ॥

ऊधो! तुमहीं हौ सब जान[3]।
हमको सोई सिखावन दीजै नन्दसुवन की आन ॥
आमिष भोजन हित है जाके सो क्यों साग प्रमान।
ता मुख सेमि-पात क्यों भावत जा मुख खाए प्रान ?
किंगरी-सुर कैसे सचु, मानत, सुनि मुरली को गान ?
ता भीतर क्यों निर्गुन आवत जा उर स्याम सुजान ?
हम बिन स्याम बियोगिनि रहिहैं जब लग यहि घट प्रान।
सुख ता दिन तें होय सूर प्रभु ब्रज आवै ब्रजभान ॥ 202 ॥

ऊधो! यहै बिचार गहौ।
कै तन गए भलो मानैं, कै हरि ब्रज आय रहौ ॥
कानन-देह बिरह-देव लागी इन्द्रिय जीव जीव जरौ।
बुझै स्याम-घन कमल-प्रेम मुरली बँद परौ ॥
चरन-सरोवर-मानस[4] मीन मन रहै एक रसरीति।
तुम निर्गुनबारू महँ डारो, सूर कौन यह नीति? ॥ 203 ॥

---

(1) *दहानी*–जली। (2) *प्रजरि*–सुलगकर। (3) *जान*–सुजान, चतुर। (4) *सरोवर-मानस*–मानस सरोवर।

ऊधो ! कत वे बातैं चाली ?
अति मीठी मधुरी हरि-मुख की है उर-अन्तर साली ॥
स्याम सघन तन सींची बेली हस्तकमल धरि पाली।
अब ये बेली सूखन लागीं, छाँड़ि दई हरि-माली ॥
तब तो कृपा करत ब्रज ऊपर संग लता ब्रजवाली।
सूर स्याम बिन मरि न गई क्यों बिरह बिथा की घाली[1] ॥ 204 ॥

राग केदारो

ऊधो ! जो हरि हितू तिहारे।
तौ तुम कहियो जाय कृपाकै जे दुख सबै हमारे ॥
तन तरुवर ज्यों जरति बिरहिनी, तुम दव ज्यों हम जारे।
नहिं सिरात[2] नहिं जरत छार ह्वै सुलगि सुलगि भए कारे ॥
उद्यपि उमगि प्रेम जल भिजवत बरषि बरषि घन तारे[3]।
जौ सींचे यहि भाँति जतन करि तौ इतने प्रतिपारे ॥
कीर, कपोत, कोकिला, खंजन बधिक बियोग बिडारे।
इन दुःखन क्यों जियहिं सूर प्रभु ब्रज के लोग बिचारे ॥ 205 ॥

राग सारंग

ऊधो ! तुम आए किहि काज ?
हित की कहत अहित की लागत, बकत न आवै लाज ॥
आपुन को उपचार करौ कछु तब औरनि सिख देहु।
मेरे कहे जाहु सस्वर ही, गहौ सीयरे गेहु[4] ॥
ह्वाँ भेषज नाना बिधि के अरु मधुरिपु से हैं बैदु।
हम कातर डराति अपने सिर कहुँ कलक है ह्वै कैदु[5] ॥
साँची बात छाँडि अब झूठी कहौ कौन बिधि सुनिहैं ?
सूरदास मुक्ताफलभोगी हंस वह्नि[6] क्यों चुनिहैं? ॥ 206 ॥

राग बिलावल

ऊधो! तुम कहियो हरि सों जाय हमारे जिय को दरद।
दिन नहिं चैन, रैन नहिं सोवत, पावक भई जुन्हैया सरद।

---

(1) *घाली*—मारी हुई। (2) *सिरात*—ठंडी होती है। (3) *तारे*—आँख की पुतली रूपी बादल। (4) *गहौ सियरे गेहु*—ठंडे-ठंडे घर का रास्ता पकड़ो अर्थात् चुपचाप घर जाओ। (5) *कैदु*—कदाचित् (6) *बन्हि*—आग।

जब तें अक्रूर लै गए मधुपुरी, भई बिरह तन बाय[1] छरद[2]।
कीन्हीं प्रबल जगी अति, ऊधो! सोचन भइ जस पीरी हरद[3]।
सखा प्रबीन निरंतर हौ तुम तातें कहियत खोलि परद[4] !
काथ रूप दरसन बिन हरि के सूर मूरि नहि हियो सुरद[5] ॥ 207 ॥

राग सारंग

ऊधो! क्यों आए ब्रज धावते?
सहायक, सखा राजपदवी मिलि दिन दस कछुक कमावते ॥
कह्यो जु धर्म, कृपा करि कानन सो उत बसिकै गावते।
गुरू निबर्ति देखि आँखन जे, स्रोता सकल अघावते ॥
इत कोउ कछू न जानत हरि बिन, तुम कत जुगुति बनावते ?
जो कछु कहत सबन सों तुम सो अनुभव कै सुख पावते ॥
मनमोहन बिन देखे कैसे उर सों औरहि चाहते ?
सूरदास प्रभु दरसन बिनु वह बार-बार पछितावते ॥ 208 ॥

राग दसाख

ऊधो! यहै प्रकृति परि आई तेरे।
जो कोउ कोटि करै कैसेहू, फिरत नहीं मन फेरे ॥
जा दिन तें जसुदागृह आए मोहन जादवराई।
ता दिन तें हरिदरस परस बिनु और न कछू सुहाई ॥
क्रीड़त, हँसत, कृपा अवलोकत, जुग छन भरि तब जात।
परम तृप्त सबहिन तन होती, लोचन हृदय अबात ॥
जागत, सोवत, स्वप्न स्यामघन सुन्दर तन अति भावै।
सूरदास अब कमलनयन बिनु बातन ही वहरावै ॥ 209 ॥

राग धनाश्री

ऊधो! मन नाहीं दस बीस।
एक हुतो सो गयो हरि के संग, को अराघ तुव ईस ?
भइँ अति सिथिल सबै माधव बिनु जथा देह बिन सीस।
स्वासा अटकि रहे आसा लगि, जीवहिं कोटि वरीस ॥
तुम तौ सखा स्यामसुन्दर के सकल जोग के ईस।
सूरदास रसिक की बतियाँ पुरबौ मन जगदीस ॥ 210 ॥

---

(1) *बाय*—बाई। (2) *छरद*—छर्दि, वमन। (3) *हरद*—हल्दी। (4) *परद*—परदा। (5) *सुरद*—सुहृद।

राग मलार

ऊधो ! तुम सब साथी भोरे।
मेरे कहे विलग मानौगे, कोटि कुटिल लै जोरे ॥
वै अक्रूर क्रूर कृत तिनके, रीते भरे, भरे गहि ढोरे[1]।
वै घनस्याम, स्याम अन्तरमन, स्याम काम महँ बोरे ॥
ये मधुकर दुति निर्गुन गुनते, देखे फटकि पछोरे।
सूरदास कारन संगति के कहा पूजियत[2] गोरे? ॥ 211 ॥

राग सोरठ

ऊधो! समुझावै सो बैरनि।
रे मधुकर! निसिदिन मरियतु है कान्ह-कुँवर औसेरनि[3] ॥
चित चुभि रही मोहनी मूरति, चपल दृगन की हेरनि।
तन मन लियो चुराय हमारो व मुरली की टेरनि ॥
बिसरति नाहिं सुभग तन-सोभा पीताम्बर की फेरनि।
कहत न बनै काँध लकुटी घरि छबि न गायन घेरनि ॥
तुम प्रबीन, हम विरहि, बतावत आँखि मूँदि भटभेरनि[4]।
जिहि उर बसत स्यामघन सो क्यों परै मुक्ति के झेरनि[5] ॥
तुम हमको कहँ लाए, ऊधो! जोग-दुखन के ढेरनि।
सूर रसिक बिन क्यों जीवत हैं निर्गुन कठिन करेरनि? ॥ 212 ॥

राग सारंग

ऊधो! स्यामहि तुम लै आओ।
ब्रजजन-चातक प्यास मरत है, स्वातिबूँद बरसाओ ॥
घोष-सरोज भए हैं सम्पुट, दिनमनि ह्वै विगसाओ।
ह्याँ ते जाव बिलम्ब करौ जनि, हमरी दसा सुनाओ ॥
जो ऊधो हरि यहाँ न आवैं, हमकौ तहाँ बुलाओ।
सूरदास प्रभु बेगि मिलाए सतन में जस पाओ ॥ 213 ॥

ऊधोजू! जोग तबहिं हम जान्यो।
जा दिन तें सुफलकसुत के संग रथ ब्रजनाथ पलान्यो ॥
जा दिन तें सब छोह-मोह मिटि सुत-पति-हेत भुलान्यो।
तजि माया संसारसार की ब्रजबनितन ब्रत ठान्यो।
नयन मुँदे, मुख रहे मौन धरि, तन तपि तेज सुखान्यो।

---

(1) *ढोरे*—ढाले, ढरकाए। (2) *पूजियत*—पूरे पड़ते हैं, पहुँचते हैं। (3) *ओसेर*—बाधा या दुख। (4) *भटभेर*—मुठभेड़, धक्कमधुक्का (5) *झेर*—झंझट।

नन्दनन्दन-मुख मुरलीधारी, यहै रूप उर आन्यो ॥
सोउ संजोग जिहि भूलैं हम कहि तुमहूँ जोग बखान्यो ॥
ब्रह्मा पचि पचि मुए प्रान तजि तऊ न तिहि पहिचान्यो।
कहौ सु जोग कहा लै कीजै? निर्गन परत न जान्यो।
सूर वहै निज रूप स्याम को है उर माहि समान्यो ॥ 214 ॥

ऊधो ! वै सुख अबै कहाँ ?

छन-छन नयनन निरखति जो मुख फिरि मन जात तहाँ।
मुख मुरली, सिर मोरपखौआ उर घुँघुचिन को हारु।
आगे धेनु रेनु तन मंडित तिरछी चितवनि चारु ॥
राति द्यौस तब संग आपने, खेलत, बोलत, खात।
सूरदास यह प्रभुता चितवत कहि न सकति वह बात ॥ 215 ॥
कहि ऊधो! हरि गए तजि मथुरा कौन बड़ाई पाई।
भुवन चतुर्दस की बिभूति, वह, नृप की जूठि पराई ॥
जो यह काज करै ताको सेवक स्रुति पढ़ै बताई।
सेवत सेवत जन्म घटावत करत फिरत निठुराई ॥
तुम तौ परम साधु अन्तरहित जनि कछु कहौ बनाई।
सूर स्याम मन कहा विचारयो, कौन ठगौरी लाई ॥ 216 ॥

राग धनाश्री

ऊधो! जाय बहुरि मुनि आवहु कहा कह्यो है नन्दकुमार।
यह न होय उपदेस स्याम को कहत लगावन छार।
निर्गुन ज्योति कहा उन पाई सिखवत बारंबार।
काल्हिहि करत हुते हमरे अंग अपने हाथ सिंगार॥
ब्याकुल भए गोपालहिं बिछरे गयो गुनज्ञान सँभार।
तातें ज्यों भावै त्यों बकत हौं, नाहीं दोष तुम्हार ॥
बिरह सहन को हम सिरजी हैं, पाहन हृदय हमार।
सूरदास अन्तरगति मोहन जीवन-प्रान-अधार ॥ 217 ॥

राग बिलावल

ऊधो! कह मत दीन्हों हमहिं गोपाल?

आवहु री सखि! सब मिलि सोचैं ज्यों पावैं नन्दलाल ॥
घर बाहर तें बोलि लेहु सब जावदेक ब्रजबाल।
कमलासन बैठहु री माई! मूँदहु नयन बिसाल ॥
षट्पद कही सोउ करि देखी, हाथ कछू नहिं आई।
सुन्दरस्याम कमलदललोचन नेकु न देत दिखाई ॥

फिरि भईं मगन बिरहसागर में काहुहि सुधि न रही।
पूरन प्रेम देखि गोपिन को मधुकर मौन गही॥
कहुँ धुनि सुनि स्रवननि चातक की प्रान पलटि तब आए।
सूर सु अबकै टेरि पपीहे बिरहिन मृतक जिवाए॥ 218॥

ऊधो! ते कि चतुर पद पावत?
जे नहिं जानै पीर पराई हैं सर्वज्ञ कहावत॥
जो पै मीन नीर तें बिछुरै को करि जतन जियावत?
प्यासे प्रान जात हैं जल बिनु सुधासमुद्र बतावत॥
हम बिरहिनी स्यामसुन्दर की तुम निर्गुनहिं जनावत।
ये दृग मधुप सुमन सब परिहरि कमलबदन-रस भावत॥
कहि पठवत संदेसनि मधुकर! कत बकवाद बढ़ावत?
करौ न कुटिल निठुर चित अन्तर सूरदास कवि गावत॥ 219॥

राग कल्याण

ऊधो! भली करी अब आए।
बिधि-कुलाल कीने काँचे घट ते तुम आनि पकाए॥
रंग दियो हो कान्ह साँवरे, अंग-अंग चित्र बनाए।
गलन न पाए नयन-नीर तें अवधि-अटा जो छाए॥
ब्रज करि अंवाँ, जोग करि ईंधन सुरति-अगिनि सुलगाए।
फूँक उसास, बिरह परजारनि, दरसन आस फिराए॥
भए सँपूरन भरे प्रेम-जल, छुवन न काहू पाए।
राजकाज तें गए सूर सुनि, नन्दनन्दन कर लाए॥ 220॥

राम मलार

ऊधो! कुलिस भई यह छाती।
मेरे मन रसिक लग्यो नँदलालहि, झखत रहत दिनराती॥
तजि ब्रजलोक, पिता अरु जननी, कंठ लाय गएँ काती।
ऐसे निठुर भए हरि हमको कबहुँ न पठई पाती॥
पिय पिय कहत रहत जिय मेरो ह्वै चातक की बाती।
सूरदास प्रभु प्रानहिं राखहु ह्वै कै बूँद-सवाती॥ 221॥

राग मारू

ऊधो! कहु मधुबन की रीति।
राजा ह्वै ब्रजनाथ तिहारे कहा चलावत नीति?
निसि लौं करत दाह दिनकर ज्यों हुतो सदा ससि सीति।

पुरवा पवन कह्यो नहिं मानत गए सहज बपु जीति ॥
कुब्जा-काज कंस को मार्‌यो, भई निरन्तर प्रीति।
सूर बिरह ब्रज भलो न लागत जहाँ ब्याह तहँ गीति ॥ 222 ॥

ऊधो ! काल-चाल चौरासी।
मन हरि मदनगोपाल हमारो बोलत बोल उदासी ॥
एते पै हम जोग करहिं क्यों लै अबिगत अबिनासी।
गुप्त गोपाल करी वनलीला हम लूटी सुखरासी ॥
लोचन उमगि चलत हरि के हित बिन देखे बरिसा सी।
रसना सूर स्याम के रस बिनु चातकहू तें प्यासी ॥ 223 ॥

राग कान्हरो

ऊधो! सरद समयहू आयो।
बहुतै दिवस रटत चातक तकि तेउ स्वाति-जल पायो।
कबहुँक ध्यान धरत उर-अन्तर मुख मुरली लै गावत।
सो रसरास पुलिन जमुना की ससि देखे सुधि आवत ॥
जासें लगन-प्रीति अंतरगत औगुन गुन करि भावत।
हमसों कपट, लोक डर तातें सूर सनेह जनावत ॥ 224 ॥

राग सारंग

ऊधो! कौन कुदिन छाँड्यो हो गोकुल।
बहुरि न आए फिरि या ब्रज में, बिछुयो तबहिं मिल्यो अब सो कुल ॥
गरम बचन समुझे अब मधुबन-कथा-प्रसंग सुन्यो हो जो कुल।
सूर भये अब त्रिभुवन के पति नातो ज्ञाति लहे अब निज कुल ॥ 225 ॥

ऊधो! राखिए वह बात।
कहत हौ अनहद सुबानी सुनत हम चपि जात ॥
जोग फल-कुष्मांड ऐसो अजामुख न समात।
बार-बार न भाखिए कोउ अमृत तजि विष खात ?
नयन प्यासे रूप के, जल दए नाहिं अघात।
सूर प्रभु मन हरि गए लै छाँड़ि तन-कुसलात[1] ॥ 226 ॥

ऊधो! बात तिहारी जानी।
आए हौ ब्रज को बिन काजहि, दहत हृदय कटु बानी ॥
जो पै स्याम रहत घट तौ कत बिरह-व्यथा न परानी ?
झूठी बातनि क्यों मन मानत चलमति, अलप[2] गियानी[3] ॥

---

(1) *कुसलात*—कुशल, मंगल। (2) *अलप*—थोड़ी। (3) *गियानी*—बुद्धिवाला।

जोग-जुगुति की नीति अगम हम ब्रजबासिनि कह जाने ?
सिखवहु जाय जहाँ नटनागर रहत प्रेम लपटाने ॥
दासी घेरि रहे, हरि, तुम ह्याँ गढ़ि-गढ़ि कहत बनाई।
निपट निलज्ज अजहुँ न चलत उठि, कहत सूर समुझाई ॥ 227 ॥

ऊधो! राखति हों पति तेरी।
ह्याँ तें जाहु, दुरहु आगे तें देखत आँखि बरति हैं मेरी ॥
तुम जो कहत गोपाल सभ्य है, देखहु जाय न कुब्जा घेरी।
ते तौ तैसेई दोउ बने हैं, वै अहीर वह कंस की चेरी ॥
तुम सारिखे बशीठ पठाए कहा कहौं उनकी मति फेरी।
सूरदास प्रभु तुम्हरे मिलन को ग्वालिनि कै संगजोवत हेरी ॥ 228 ॥

राग नट

ऊधो! बेदबचन परमान।
कमल-मुख पर नयन-खँजन देखिहैं क्यों आन ?
श्रीनिकेत-समेत सब गुन सकल रूप निधान।
अधर सुधा पिवाय बिछुरे पठै दीनो ज्ञान ॥
दूरि नहीं दयाल सब घट कहत एक समान।
निकसि क्यों न गोपाल बोधत दुखिन के दुख जान ?
रूप-रेख न देखिए, बिन स्वाद सब्द भुलान।
ईखदंडहि डारि हरिबगुन, गहत पानि बिषान ॥
बीतराग सुजान जोगिन, भक्तजनन निवास।
निगम-बानी मेटिकै क्यों कहै सूरदास? ॥ 229 ॥

राग सारंग

ऊधो! अब चित्त भए कठोर।
पूरब प्रीति बिसारी गिरिधर नवतन राचे और ॥
जा दिन तें मधुपुरी सिधारे धीरज रह्यो न मोर।
जन्म-जन्म की दासी तुम्हारी नागर नन्दकिसोर ॥
चितवनि-बान लगाए मोहन निकसे उर वहि ओर[1]।
सूरदास प्रभु कबहिं मिलौगे; कहाँ रहे रनछोर? ॥ 230 ॥

ऊधो! अब नहिं स्याम हमारे।
मधुबन बसतं बदलि से गे वे, माधव मधुप तिहारे ॥
इतनिहिं दूर भए कछु औरै, जोय जोय मगु हारे।

(1) *वहि ओर*–उस पार।

कपटी कुटिल काक कोकिल ज्यों अन्त भए उड़ि न्यारे॥
रस लै भँवर जाय स्वारथ-हित प्रीतम चितहिं बिसारे।
सूरदास तिनसों कह कहिए जे तनहूँ मन कारे॥ 231॥

ऊधो! पा लागौं भले आए।
तुम देखे जनु माधव देखे, तुम त्रयताप नसाए॥
नन्द जसोदा नातो टूटो बेद पुरानन गाए।
हम अहिरि, तुम अहिर नाम तजि निर्गुन नाम लखाए॥
तब यहि घोष खेल बहुत खेले ऊखल भुजा बँधाए।
सूरदास प्रभु यहै सूल जिय बहुरि न चरन दिखाए॥ 232॥

ऊधो! निरगुन कहत हो तुमहीं अब धौं लेहु।
सगुन मूरति नन्दनन्दन हमहि आनि सु देहु॥
अगम पंथ परम कठिन गवन तहाँ नाहिं।
सनकादिक भूलि परे अबला कहँ जाहिं?
पंचतत्त्व प्रकृति कहो अपर कैसे जानि?
मन बच क्रम बहत सूर बैरनि की बानि॥ 233॥

ऊधो! और कछू कहिबे को?
सोऊ कहि डारौ पा लागैं, हम सब सुनि साहिबे को॥
यह उपदेस आज लौं मैं, सखि स्रवन सुन्यो नहिं देख्यो।
नीरस कटुक तपत जीवनगत, चाहत गन उर लेख्यो॥
बसत स्याम निकसत न एक पल हिये मनोहर ऐन।
या[1] कहँ यहाँ ठौर नाहीं, लै राखौ जहाँ सुचैन॥
हम सब सखि गोपाल-उपासिनि हमसों बातैं छाँड़ि।
सूर मधुप! लै राखु मधुपुरी कुबजा से घर गाड़ि॥ 234॥

राग आसावरी

ऊधो! कहियो सबै सोहती।
जाहि ज्ञान सिखवन तुम आए सो कहो ब्रज में कोय ती।
अन्तहु सीख सुनहुगे हमरी कहियत बात बिचारि।
फुरत[2] न बचन कछू कहिबे को, रहे प्रीति सों हारि॥
देखियत हौ करुना की मूरति, सुनियत हौ परपीरक[3]।*
सोय करौ ज्यों मिटै हृदय को दाह परैं उर सीरक[4]॥

---

(1) *या कहँ*–अर्थात् निर्गुण को। (2) *फुरत*–मुँह से निकलता है। (3) *देखियत...परपीरक*–देखने में तो बड़े दयालु जान पड़ते हो पर तुम्हारी बातें सुनने में बड़ी पीड़ा होती है। (4) *सीरक*–ठंडा।
* 'परपीरक' का अर्थ होता है 'दूसरे की पीड़ा समझनेवाला', 'पराई पीड़ा को अनुभव करनेवाला।'

राजपंथ तें टारि, बतावत उरझ कुबील कुपैंड़ो।
सूरदास समाय कहाँ लौं अज के बदन कुम्हैड़ो[1]? ॥ 235 ॥

ऊधो! तुमहुँ सुनौ इक बात।
जो तुम करत सिखावन सो हमैं नाहिंन नेकु सुहात ॥
ससि दरसन बिनु मलिन कुमोदिनि ज्यों रबि बिनु जलजात।
त्यों हम कमलनयन बिन देखे तलफि-तलफि मुरझात ॥
घँसि चन्दन घनसार सजे तन तें क्यों भस्म भरात ?
रह स्रवन मुरलीधर सों रत, सिंगी सुनत डरात ॥
अबलनि आनि जोग उपदेसत नाहिंन नेकु लजात।
जिन पायो हरि परस सुधारस ते कैसे कटु खात ?
अवधि आस गनि-गनि जीवति हैं, अब नहिं प्रान खटात[2]।
सूर स्याम हम निपट बिसारी ज्यों तरु जीरन पात ॥ 236 ॥

राग कान्हरो

ऊधो! अँखियाँ अति अनुरागी।
इकटक मग जोवति अरु रोवति, भूलेहु पलक न लागी ॥
बिन पावस पावस ऋतु आई देखत हौ बिदमान।
अब धौं कहा कियो चाहत हौ? छाँड़तु नीरस ज्ञान ॥
सुनु प्रिय सखा स्यामसुन्दर के जानत सकल सुभाव।
जैसे मिलैं सूर प्रभु हमको सो कछु करहु उपाव ॥ 237 ॥

ऊधो! कहत कही नहिं जाय।
मदनगोपाल लाल के बिछुरत प्रान रहे मुरझाय ॥
जब स्यंदन चढ़ि गवन कियो इत फिरि चितयो गोपाल।
तबही परम कृतज्ञ सबै उठि संग लगी ब्रजलाल ॥
अब यह औरै सृष्टि बिरह की बकति बाय-बौराना।
तिनसों कहा देत फिरि उत्तर? तुम हौ पूरन ज्ञानी ॥
अब सो मान घटै, का कीजै? ज्यों उपजै परतीति।
सूरदास कछु बरनि न आबै कठिन बिरह की रीति ॥ 238 ॥

राग बिहागारो

ऊधो! यह मन अधिक कठोर।
निकसि न गयो कुम्भ काँचे ज्यों बिछुरत नन्दकिसोर ॥
हम कछु प्रीति-रीति नहिं जानी तब ब्रजनाथ तजी।

---

(1) *कुम्हैड़ो*–कुम्हड़ा। (2) *खटात*–ठहरता है।

हमरे प्रेम न उनको, ऊधो! सब रस-रीति लजी ॥
हमतें भली जलचरी बपुरी अपनो नेम निबाहैं।
जल तें बिछुरत ही तन त्यागैं जल ही जल को चाहैं ॥
अचरज एक भयौ सुनो ऊधो! जल बिनु मीन जियो।
सूरदास प्रभु आवन कहि गए मन बिस्वास कियो ॥ 239 ॥

ऊधो ! होत कहा समुझाए ?
चित चुभि रही साँवरि मूरति, जोग कहाँ तुम लाए ?
पा लागौं कहियो हरिजू सों दरस हेहु इक बेर।
सूरदास प्रभु सों बिनती करि यहै सुनैयो टेर ॥ 240 ॥

ऊधो! हमैं जोग नहिं भाबै।
चित में बसत स्यामघन सुन्दर, सो कैसे बिसरावै ?
तुम जो कही सत्य सब बातें, हमरे लेखे धूरि।
या घट-भीतर सगुन निरन्तर रहे रूसम भरि पूरि ॥
पा लागौं कहियो मोहन सों जोग कूबरी दीजै।
सूरदास प्रभु-रूप निहारैं हमरे सम्मुख कीजै ॥ 241 ॥

ऊधो! हम न जोगपद साधे।
सुन्दरस्याम सलोनो गिरिधर नन्दनन्दन आराधे ॥
जा तन रचि-रचि भूषन पहिरे भाँति-भाँत के साज।
जा तन को कहै भस्म चढ़ावन, आवत नाहिंन लाज ॥
घट-भीतर नित बसत साँवरो मोरमुकुट सिर धारे।
सूरदास चित तिन सों लाग्यों, जोगहिं कौन सँभारे? ॥ 242 ॥

राग सारंग

ऊधो! कहियो यह सन्देस।
लोग कहत कुबजा-रस-माते तातें तुम सकुचौ जनि लेस ॥
कबहुँक इत पग धारि सिधारौ धरि हरिखंड सुबेस।
हमरो मनरंजन कीन्हों तें ह्वैहो भुवननरेस ॥
जब तुम इत ठहराय रहौगे देखौगे सब देस।
नहिं बैकुंठ अखिल ब्रह्मांडहिं ब्रज बिनु[1], हे हृषिकेस[2] ॥
यह किन मन्त्र दियो नन्दनन्दन तजि ब्रज भ्रमन बिदेस ?
जसुमति जननी प्रिया राधिका देखे औरहि देस ?
इतनी कहत-कहत स्यामा पै कछु न रह्यो अवसेस।
मोहनलाल प्रबाल मृदुलमन बतछन करी सुहेस ?

(1) *बिनु*—अतिरिक्त, सिवाय, छोड़कर। (2) *हृषिकेस*—विष्णु।

को ऊधो, को दुसह बिरह-जुर[1] को नृपनगर-सुरेस ?
कैसौ ज्ञान, कह्यो किन कासों, किन पठयो उपदेस ?
मुख मृदछबि मुरली रव पूरित गोरज कर्बुर केस[2]।
नट-नाटक गति बिकट लटक जब बन तें कियो प्रवेस ॥
अति आतुर अकुलाय धाय पिव पोंछत नैन कुसेस[3]।
कुम्हिलानी मुखपद्म, परस करि देखत छबिहि बिसेस ॥
सूर सोम, सनकादि, इन्द्र अज, सारद, निगम, महेस।
नित्यबिहार सकल रस भ्रमगति कहि गावहिं मुख सेस ॥ 243 ॥

राग आसावरी

ऊधो! हरिजू हित जनाय चित चोराय लयो।
ऊधो! चपल नयन चलाय अंगराग दयो ॥
परम साधु सखा सुजन जदुकुल के मानि।
कहौ बात प्रात एक साँची जिय जानि ॥
सरद बारिज सरिस दृग भौंह काल कमान।
क्यों जीवहि बेधे उर लगें बिषम बान ?
मोहन मथुरा पै बसैं, ब्रज पठयो जोग सन्देस।
क्यों न काँपि मेदिनी कहत जुवतिन उपदेस ?
तुम सयाने स्याम के देखहु जिय बिचारि।
प्रीतम पति नृपति भए औ गहे बर नारि ॥
कोमल कर मधुर मुरलि अधर धरे तान।
पसरि सुधा पूरि रही कहा सुनै कान ?
मृगी मृगज[4] लोचनी भए उभय एक प्रकार।
नाद नयनविष-तते[5] न जान्यो मारनहार ॥
गोधन तजि गवन कियो लियो बिरद गोपाल।
नीके कै कहिबी[6] यह भली निगम-चाल ॥ 244 ॥

मधुकर ! जानत है सब कोऊ।
जैसे तुम औ मीत तुम्हारे, गुननि निपुन हौ दोऊ ॥
पाके चोर हृदय के कपटी तुम कारे औ वोऊ।
सरबसु हरत, करत आपनो सुख, कैसेहू किन होऊ ॥

---

(1) *जुर*—ज्वर, ताप। (2) *गोरज कर्बुर केस*—गायों के खुर पड़ने से उठी हुई धूल लगने के कारण धूमले वाले। (3) *कुसेस*—कुशेशय, कमल। (4) *मृगज*—हिरन का बच्चा। (5) *तते*—हुए। (6) *कहिबी*—कहना।

परम कृपन थोरे धन जीवत उबरत नाहिंन सोऊ।
सूर सनेह करै जो तुमसों सो करै आप-बगोऊ[1] ॥ 245 ॥

मधुकर ! कहियत बहुत सयाने।
तुम्हारी मति कापै बनि आवै हमरे काज-अजाने ॥
तैसोई तू तैसो तेरो ठाकुर; एकहि वरनहिं बाने।
पहिले प्रीति पिवाय सुधारस पाछे जोग बखाने।
एक समय पंकजरस बासे दिनकर अस्त न माने ॥
सोइ सूर गति भइ ह्याँ हरि बिनु हाथ मीडि पछिताने ॥ 246 ॥

मधुकर! कहत सँदेसो सूलहु[2]।
हरिपद छाँड़ि चले तातें तुम प्रीति भ्रमि भूलहु ॥
नहिं या उक्ति मृदुल श्रीमुख की जे तुम उर में हूलहु[3]।
बिलज न बदन होत या उचरत जो संधान न मूलहू[4] ॥
उत बड़ ठौर नगर मथुरा, इत तरनितनूजा[5] कूलहु।
उत महराज चतुर्भुज सुमिरौ, इत किसोर नन्द दूलहु ॥
जे तुम कही बड़ेन की बतियाँ ब्रजजन नाहिं समतूलहु।
सूर स्याम गोपी-संग बिलसे कंठ धरे भुजमूलहु ॥ 247 ॥

राग सोरठ

मधुकर! यहाँ नहीं मन मेरो।
गयो जो संग नन्दनन्दन के बहुरि न कीन्हों फेरो ॥
लयो नयन मुसकानि मोल है, कियो परायो चेरो।
सौंप्यो जाहिं भयो बस ताके, बिसर्‌यो बास बसेरो ॥
को समुझाय कहै सूरज जो रसबस काहू केरो ?
मंदे पर्‌यो सिधारु अनत लै, यह निर्गन मत तेरो ॥ 248 ॥

मधुकर! हमहीं कौ समुझावत।
बारंबार ज्ञानगाथा ब्रज अबलन आगे गावत ॥
नन्दनन्दन बिन कपट कथा कहि कत अनरुचि उपजावत।
स्रक[6] चन्दन तन में जो सुधारत कहु कैसे सचुपावत ॥
देखु बिचारि तुमहिं अपने जिय नागर है जु कहावत।
सब सुमनन फिरि-फिरि नीरस करि काहे को कमल बँधावत ॥

---

(1) *बिगोऊ*—नाश खराबी। (2) *सूलहु*—शूल उत्पन्न करते हो। (3) *हूलहु*—चुभाते हो। (4) *जो संधान न मूलहु*—यदि कृष्ण के कहे मूल वचन में मिलावट न होती। (5) *तरनितनूजा*—सूर्य की कन्या, यमुना। (6) *स्रक*—माला।

कमलनयन करकमल कमलपग कमलबदन बिरमावत।
सूरदास प्रभु अलि अनुरागी काहेको और झुकावत[1] ॥ 249 ॥

राग त्रासावरी

को गोपाल कहाँ को बासी, कासों है पहिचान ?
तुमसों सन्देसो कौन पठाए, कहत कौन सों आनि ?
अपनी चाँड़ आनि उड़ि बैठ्यौ भँवर भलो रस जानि।
कै वह बेलि बढ़ौ कै सूखौ, तिनको कह हितहानि ॥
प्रथम बेनु बन हरत हिरन-मन राग-रागिनी ठानि।
जैसे बधिक बिसासि बिबस करि बघत विषम सर तानि ॥
पय प्यावत पूतना हनी, छपि बालि हन्यो बलि दानि।
सूपनखा, ताड़का निपाती सूर स्याम यह बानि ॥ 250 ॥

मधुकर के पठाए तें तुम्हरी व्यापक[2] न्यून परी।
नगरनारि[3] मुखछबि तन निरखत द्वै बतियाँ बिसरी ॥
ब्रज को नेह अरु आप पूर्नता एकौ ना उबरी।
तीजो पंथ प्रकट भयो देखियत जब भेंटी कुबरी ॥
यह तो परम साधु तुम डहक्यो, इन यह मन न धरी।
जो कछु कह्यो सुनि चल्यो सीस धरि जोग-जुगुति-गठरी ॥
सूरदास प्रभुता का कहिए प्रीति भली पसरी ?
राजमान सुख रहै कोटि पै घोष न एक घरी ॥ 251 ॥

मधुकर ! बादि[4] बचन कत बोलत ?
तनक न तोहिं पत्याऊँ, कपटी अन्तर-कपट न खोलत ॥
तू अति चपल अलप[5] को संगी बिकल चहूँ दिसि डोलत।
मानिक काँच, कपूर कटु खली, एक संग क्यों तोलत ?
सूरदास यह रटत बियोगिनि दुसह दाह क्यों झोलत[6]।
अमृतरूप आनन्द अंगनिधि अनमिल अगम अमोलत ॥ 252 ॥

राग केदारो

मधुकर! देखि स्याम तन तेरो।
हरि-मुख की सुनि मीठी बातैं डरपत हैं मन मेरो ॥
कहत हौं चरन छुवन रसलंपट, बरजत हौ बेकाज।
परसत गात लगावत कुंकुम, इतनी में कछु लाज ?

---

(1) *झुकावत*—झुकाता, है बकवाद करता है। (2) *व्याप*—व्यापकता। (3) *नगरनारी*—मथुरा की नगरी स्त्रियों की। (4) *बादि*—व्यर्थ। (5) *अलप*—ओछा। (6) *झोलत*—जलाता है।

बुधि बिबेक अरु बचन चातुरी ते सब चितै चुराए।
सो उनको कहो कहा बिसार्‌यो, लाज छाँड़ि ब्रज आए॥
अब लौं कौन हेतु गावत है हम आगे यह गीत।
सूर इते सों गारि[1] कहा है जो पै त्रिगुन अतीत? ॥ 253 ॥

मधुकर काकै मीत भए?
दिवस चारि की प्रीति-सगाई सो लै अनत गए॥
डहकत फिरत आपने स्वारथ पाखंड और ठए।
चाँड़े सरे[2] चिन्हारी मेटी, करत है प्रीति नए॥
चितहि उचाटि मेलि गए रावल[3] मन हरि-हरि जु लए।
सूरदास प्रभु दूत-धरम तजि विष के बीज बए॥ 254 ॥

मधुकर! कहाँ पढ़ी यह नीति?
लोकबेद स्राति-गंथ-रहित सब कथा कहत बिपरीत॥
जन्मभूमि ब्रज जननि जसोदा केहि अपराध तजी।
अति कुलीन गुन रूप अमित सब दासी जाय भजी[4]॥
जोगसमाधि गूढ़ स्रुति मुनिमग क्यों समुझिहै गँवारि।
जो पै गुन-अतीत ब्यापक तौ होहिं, कहा है गारि ?
रहु रे मधुप! कपट स्वारथ हित तजि बहु बचन बिसेखि।
मन क्रम बचन बचत यहि नाते सूर-स्याम तन देखि॥ 255 ॥

मधुकर! होहु यहाँ तें न्यारे।
तुम देखत तन अधिक तपत है अरु नयनन के तारे॥
अपनो जोग सैंति[5] धरि राखौ, यहाँ लेत को, डारे ?
तीरे हित अपने मुख करिहैं मीठे ते नहिं खारे॥
हमरे गिरिवरधर के नाम गुन बसे कान्ह उर बारे ?
सूरदास हम सबैं एक मन, तुम सब खोटे कारे॥ 256 ॥

राग नट

मधुप ! बिराने लोग बटाऊ[6]।
दिन दस रहत काज अपने को तजि गए फिरे न काऊ[7]॥
प्रथम सिद्धि पठई हरि हमको, आयो ज्ञान अगाऊ।
हमको जोग, भोग कुब्जा को, वाको यहै सुभाऊ॥
सूरदास प्रभु तन मन अरप्यो प्रान रहै कै आऊ॥ 257 ॥

---

(1) *गारी*–बुराई। (2) *चाँड़ें सरे*–मन की हौंस निकल जाने पर, अपनी इच्छा पूरी हो जाने पर। (3) *रावल*–महल, राजभवन। (4) *भली*–अंगीकार की। (5) *सैंति*–सहेजकर। (6) *बटाऊ*–पथिक। (7) *काऊ*–कभी।

राग सारंग

मधुकर ! महाप्रबीन सयाने।
जानत तीन लोक की बातैं अबलन काज अयाने ॥
जे कच कनक-कचोरा भरि-भरि मेलत तेल-फुलेल।
तिन केसन को भस्म बतावत, टेसू[1] कैसो खेल ॥
जिन केसन कबरा[2] गहि सुन्दर अपने हाथ बनाई ?
जिनको जटा धरन को, ऊधो! कैसे के कहि आई ?
जिन स्रवनन ताटंक, खुभी अरु करनफूल खुटिलाऊ।
तिन स्रवनन कसमीरी[3] मुद्रा, लटकन, चीर झलाऊ[4] ॥
भाल तिलक, काजर चख, नासा नकबेसरि, नथ फूली।
ते सब तजि हमरे मेलन को उज्ज्वल भस्मी खूली[5] ॥
कंठ सुमाल, हार मनि, मुक्ता, हीरा, रतन अपार ?
ताही कंठ बाँधिबे के हित सिंगी जोगसिंगार ॥
जिहि मुख मीत सुभाखत गावत करत परस्पर हास ?
ता मुख मौन गहै क्यों जीवैं, घूटैं ऊरध स्वास ?
कंचुकि छीन, उबटि घसि चन्दन, सारी सारस चन्द।
अब कंथा[6] एकै अति गूदर क्यों पहिरैं, मतिमन्द ?
ऊधो, उठो सबै पा लागैं, देख्यो ज्ञान तुम्हारो।
सूरदास मुख हरि देखिहैं जीजौं कान्ह हमारो ॥ 258 ॥

मधुकर ! कौन देस तें आए।
जब तें क्रूर गयो लै मोहन तब तें भेद न पाए ॥
जाने सखा साधु हरिजू के अवधि बदन को आए।
अब या भाग, नन्दनन्दन को या स्वामित[7] को पाए ॥
आसन, ध्यान बायु-अवरोधन, अलि तन मन अति भाए।
है बिचित्र अति, गुनत सुलच्छन, गुनी जोगमत गाए ॥
मुद्रा, सिंगी, भस्म त्वचा-मृग, ब्रजजुबती-तन ताए।
अतसी[8] कुसुमबरन मुख मुरली सूर स्याम किन लाए? ॥ 259 ॥

मधुकर! कान्ह कही नहिं होही।
यह तौ नई सखी सिखाई है जिन अनुराग बरोही[9] ॥
सँचि राखी कूबरी-पीठि पै ये बातैं चकचोही[10]।

---

(1) *टेसू*–लड़कों का एक उत्सव जो दशहरे के दिन होता है और जिसमें वे घास का एक पुतला लेकर गाते हुए निकलते हैं। (2) *कबरी*–वेणी, चोटी। (3) *कसमीरी*–स्फटिक की। (4) *झलाऊ*–झोल-झाल। (5) *खूली*–खोली, थैली। (6) *कंथा*–योगियों की गुदड़ी। (7) *स्वामित*–प्रभुता। (8) *अतसी*–अलसी, तीसी। (9) *बरोही*–बल से। (10) *चकचोही*–चुहल की।

स्याम सुगाहक पाय, सखी री, छार दिखायो मोही ॥
लियो रूप[1] है ज्ञान ठगौरी, भलो ठग्यो ठग वोही ॥
है निर्गुन सरवरि कुबरी अब घटी करी हम जोही।
सूर सो नागरि जोग दीन जिन तिनहिं आज सब सोही ॥ 260 ॥

राग सोरठ

मधुकर ! अब धौं कहा करयो चाहत ?
ये सब भई चित्र की पुतरी सून्य सरीरहिं दाहत ॥
हमसों तोसों बैर कहा, अलि, स्याम, अजान ज्यों रहत।
झारि झूरि मन तो हरि लै गए बहुरि पयारहि[2] गाहत[3] ॥
अब तौं तोहिं मरुत की गहिबो कह स्रम करि तू लैहै ?
सूरज कोट-मध्य तू है रह, अपनो कियो तू पैहै ॥ 261 ॥

राग सारंग

मधुकर ! आवत यहै परेखो।
जब बारे तब आस बड़े की, बड़े भए सो देखो !
जोग-जज्ञ, तप, दान, नेम-ब्रत करत रहे पितु-मात।
क्यों हूँ सुत जौ बढ़्यो कुसल सों, कठिन मोह की बात ॥
करनी प्रगट प्रीति पिक-कीरति अपने काज लौं भीर।
काज सर्‍यो दुख गयो कहाँ धौं, कहँ बायस को बीर ॥
जहँ-जहँ रहौ राज करौ तहँ-तहँ लेव कोटि सिर भार।
यह असीस हम देति सूर सुनु न्हात खसै[4] जनि बार ॥ 262 ॥
मधुकर ! प्रीति किए पछितानी।
हम जानी ऐसी निबहैगी उन कछु औरै ठानी ॥
कारे तन को कौन पत्यानौ? बोलत मधुरो बानी।
हमको लिखि लिखि जोग पठावत आपु करत रजधानी ॥
सूनी सेज स्याम बिनु मोको तलफत रैनि बिहानी।
सूर स्याम प्रभु मिलिकै बिछरे तातें मति जु हिरानी ॥ 263 ॥

---

(1) *लियो रूप*–रूप ले लिया, निराकार कर दिया, बदले में ठगकर ज्ञान दे दिया। (2) *पयार*–पयाल, अनाज के पौधों के सूखे डंठल। (3) *गाहना*–डंडे से उलट-पलटकर झाड़ना। (4) *खसै*–टूटकर गिरे।

राग मारू

मधुकर की संगति तें जनियत बंस अपन चितयो[1]!
बिन समझे कह चहति सुन्दरी सोई मुख-कमल गह्यो ॥
व्याधनाद कह जानै हरिनी करसायल की नारि ?
आलापहु, गावहु, कै नाचहु दावँ परे लै मारि ॥
जुआ कियो ब्रजमंडल यह हरि जीति अबिधि सों खेलि।
हाथ परी सो गही चपल तिय, रखी सदन में हेलि[2] ॥
ऊनो[3] कर्म कियो मातुल[4] बधि मदिरा-मत्त प्रमाद।
सूर स्याम एते औगन में निर्गुन तें अति स्वाद ॥ 264 ॥

राग सोरठ

मधुकर चलु आगे तें दूर।
जोग सिखावन को हमें आयो बड़ो निपट तू क्रूर ॥
जा घट रहत स्यामघन सुन्दर सदा निरन्तर पूर।
ताहि छाँड़ि क्यों सून्य अराधैं, खोवैं अपनो मूर[5] ?
ब्रज में सब गोपाल उपासी कोउ न लगावै धूर।
अपनो नेम सदा जो निबाहै सोई कहावै सूर ॥ 265 ॥

मधुकर! सुनहु लोचन-बात।
बहुत रोके अंग सब पै नयन उड़ि-उड़ि जात ॥
ज्यों कपोत बियोग-आतुर भ्रमत है तजि धाम।
जात दृग त्यों, फिरि न आवत बिना दरसे स्याम ॥
रहे मूँदि कपाट पल[6] दोउ, भए घूँघट-ओट।
स्वास कढ़ि तौ जात तितही निकसि मन्मथ फोट[7] ॥
स्रवन सुनि जस रहत हरि को, मत रहत धरि ध्यान।
रहत रसना नाम रटि, पै इनहिं दरसन हान[8] ॥
करत देह बिभाग भोगहिं, जो कछू सब लेत[9]।
सूर दरसन ही बिना यह पलक चैन न देत ॥ 266 ॥

---

(1) *बंस अपन चितयो*—अपना वंश ताका, अपने कुल में गए। (2) *सदन...हेलि*—घर में डाल रखी। (3) *ऊनो*—ओछा, खोटा। (4) *मातुल*—मामा (कंस)। (5) *मूर*—पूँजी, मूलधन। (6) *पल*—पलक। (7) *फोट*—उद्गार। (8) *हान*—हानि। (9) *करत देह विभाग.....लेन*—जो कुछ एक अंग प्राप्त करता है उसका सुख सारे अंग बाँट लेते हैं।

राग गौरी

मधुकर ! जो हरि कही करैं।
राजकाज चित दयो साँवरे, गोकुल क्यों बिसरै ?
जब लौं घोष रहे हम तब लौं संतत सेवा कीन्हीं ?
बारक कहे उलूखल बाँधे, बहै कान्ह जिय लीन्हीं ॥
जो पै कोटि करैं ब्रजनायक बहुतै राजकुमारी।
तौ ये नन्द पिता कहँ मिलिहैं अरु जसुमति महतारी ?
गोबर्द्धन कहँ गोपब्रंद सब कहँ गोरस सद[1] पैहो ?
सूरदास अब सोई करिए बहुरि हरिहि लै एहो ॥ 267 ॥

राग बिलावल

मधुकर! भले आए बलबीर।
दुर्लभ सुलभ पाए जान क्यों परपीर ?
कहत बचन, विचारि बिनवहिं सोधियो उन पाहिं।
प्रानपति की प्रीति, ऊधो! है कि हमसों नाहिं ?
कौन तुम सों कहै, मधुकर! कहन जोगै नाहिं।
प्रीति का कछु रीति न्यारी जानिहौ मन माहिं ॥
नयन नींद न परै निसिदिन बिरह बाढ़्यो देह।
कठिन निर्दय नन्द के सुत जोरि तोरया नेह ॥
कहा तुम सों कहैं, षटपद[2]! हृदय गुप्त कि बात।
सूर के प्रभु क्यों बनै जो करैं अबला घात? ॥ 268 ॥
मधुकर! यह कारे की रीति।
मन दै हरत परायो सर्बस करै कपट की प्रीति ॥
ज्यों षटपद अम्बुज के दल में बसत निसा रति मानि।
दिनकर उए अनत उड़ि बैठे फिर न करत पहिचानि ॥
भवन भुजंग पिटारे पाल्यो ज्यों जननी जनि तात।
कुल-करतूति जाति नहिं कबहूँ सहज सो डसि भजि जात ॥
कोकिल काग कुरंग स्याम की छन-छन सुरति करावत।
सूरदास प्रभु को मुख देख्यो निसदिन ही मोहिं भावत ॥ 269 ॥

राग सोरठ

मधुप! तुम कहा यहै गुन गावहु।
यह प्रिय कथा नगर-नारिन सों कहौ जहाँ कछु पावहु।

---
(1) *सद*–ताजा। (2) *षटपद*–भौंरा।

जानत मरम नन्दनन्दन को, और प्रसंग चलावहु।
हम नाही कमलिनि-सी भोरी करि चतुरई मनावहु॥
जनि परसौ अलि! चरन हमारे विरह-ताप उपजावहु।
हम नाहीं कुबिजा सी भोरी, करि चातुरी दिखावहु॥
अति विचित्र लरिका की नाईं गुर दिखाय बहरावहु।
सूरदास प्रभु नागरमनि सों कोउ बिधि आनि मिलावहु॥ 270॥

राग केदारो

मधुकर! पीत बदन[1] किहि हेत?
जनु अन्तरमुख पांडु रोग भयो जुबतिन जो दुख देत॥
रसमय तन मन स्याम-धाम सो ज्यों उजरो संकेत[2]।
कमलनयन के बचन सुधा से करट[3] घूँट भरि लेत॥
कुत्सित कटु बायस सायक सो अब बोलत रसखेत?
इन चतुरी तें लोग बापुरे कहत धर्म को सेत[4]॥
माथे परौ जोगपथ तिनके वक्ता छपद समेत।
लोचन ललित कटाच्छ मोच्छ बिनु महि में जिऐं निचेत॥
मनसा बाचा और कर्मना स्यामसुन्दर सों हेत।
सूरदास मन की सब जानत हमरे मनहिं जितेत[5]॥ 271॥

मधुकर! मधुमदमाती डोलत।
जिय उपजत सोइ कहत न लाजत सूधे बोल न बोलत॥
बकत फिरत मदिरा के लीन्हें बार-बार तन घूमत।
ब्रीड़ारहित[6] सबन अवलोकत लता-कली मुख चूमत॥
अपनेहूँ मन की सुधि नाहीं पर्‍यो आन ही कोठो[7]।
सावधान करि लेहि अपनपौ तब हमसों करु गोठो[8]॥
मुख लागी है पराग पीक की डारत नाहिंन घोई।
तासों कह कहिए सुनु, सूरज, लाज डारि सब खोई॥ 272॥

मधुकर! ये सुनु तन मन कारे।
कहूँ न सेत सिद्धताई तन परसे हैं अंग कारे॥
कीन्हों कपट कुम्भ बिषपूरन पयमुख प्रगट उधारे।
बाहिर बेष मनोहर दरसत, अंतरगत जु ठगारे॥

---

(1) *पीत बदन*—भौंरे के सिर पर पीला चिह्न होता है। (2) *संकेत*—मिलने का स्थान। (3) *करट*—कौआ। (4) *धर्म को सेत*—धर्म को पार लगानेवाले, सेतु, पुल। (5) *जितेत*—जितना। (6) *ब्रीड़ा*—लज्जा। (7) *पर्‍यो......कोठो*—मन और ही कोठ में है अर्थात् भ्रान्त है। (8) *गोठो*—गोष्ठी, सलाह।

अब तुम चले ज्ञान-बिष ब्रज दै हरन जु प्रान हमारे।
ते क्यों भले होंहि सूरजप्रभु रूप, कवन, कृत कारे ॥ 273 ॥

राग सारंग

मधुकर! तुम रसलंपट लोग।
कमलकोस में रहत निरन्तर हमहिं सिखावत जोग ॥
अपने काज फिरत ब्रज-अन्तर निमिष नहीं अकुलात।
पुहुप गए बहुरै बेलिन के नेकु न नेरे जात ॥
तुम चंचल हौ, चोर सकल अंग बातन क्यों पतियात ?
सूर बिधाता धन्य रच्यो जो मधुप स्याम इकगात ॥ 274 ॥

मधुकर! कासों कहि समझाऊँ?
अंग-अंग गुन गहे स्याम के, निर्गुन काहि गहाऊँ ?
कुटिल कटाक्ष बिकट सायक सम, लागत मरम न जाने।
मरम गए उर फोरि पिछौहैं, पाछे पै अहटाने[1] ॥
घूमत रहत सँभारत नाहिंन, फेरि-फेरि समुहाने।
टूक-टूक है रहे ढोर[2] गहि पाछे पग न पराने ॥
उठत कबन्ध जुद्ध जोधा ज्यों बाढ़त सम्मुख हेत।
सूर स्याम अब अमृत-बृष्टि करि सींचि प्रान किन देत? ॥ 275 ॥

मधुप! तुम देखियत हौ चित कारे।
कालिंदीतट पार बसत हौ सुनियत स्याम-सखा रे !
मधुकर, चिहुर, भुजंग, कोकिला अवधिन ही दिन टारे।
वै अपने सुख ही के राज तजियत यह अनुहारे ॥
कपटी कुटिल निठुर हरि मोहीं दुख दै दूरि सिधारे।
बारक बहुरि कबै आवैंगे नयनन साध निवारे ॥
उनकी सुनै सो आप बिगोबै चित चोरत बटमारे।
सूरदास प्रभु क्यों मन मानै सेवक करत निनारे[3] ॥ 276 ॥

मधुकर! को मधुबनहिं गयो?
काके कहे सन्देस लै आए, किन लिखि लेखु दयो ?
को बसुदेव-देवकीनन्दन, को जदुकुलहि उजागर ?
तिनसों नहिं पहिचान हमारी, फिरि लै दीजो कागर ॥
गोपीनाथ, राधिकावल्लभ, जसुमति-नन्द-कन्हाई।
दिन प्रति दान लेत गोकुल में नूतन रीति चलाई ॥

---

(1) *पाछे पै अहटाने*–पीछे से उनकी आहट मिली। (2) *ढोर गहि रहे*–संग में लग रहे।
(3) *निनारे*–अलग।

तुम तौ परम सयाने ऊधो! कहत और की औरै।
सूरदास पंथ के बहके बोलत हौ ज्यों बौरै ॥ 277 ॥

राग सारंग

देखियत कालिंदी अति कारी।
कहियो, पथिक! जाय हरि सों ज्यों भई बिरह-तुर[1]-जारी ॥
मनो पलिका[2] पै परी धरनि धँसि तरँ तलफ तनु भारी[3]।
तटबारू उपचार-चूर[4] मनो, स्वेद-प्रवाह पनारी[5] ॥
बिगलित कच कुस कास[6] पुलिन मनो, पंक जु कज्जल सारी ॥
भ्रमर मनो मति भ्रमत चहूँ दिसि, फिरति है अंग दुखारी ॥
निसिदिन चकई-ब्याज बकत मुख, किन मानहुँ अनुहारी।
सूरदास प्रभु जो जमुना-गति सो गति भई हमारी ॥ 278 ॥
सुनियत मुरली देखि लजात।
दूरहि तें सिंहासन बैठे, सीस नाय मुसकात ॥
सुरभी लिखी चित्र भीतिन पर तिनहिं देखि सकुचात।
मोरपंख को बिजन[7] बिलोकत बहरावत कहि बात ॥
हमरी चरचा जो कोउ-चालत, चालन ही चाप[8] जात।
सूरदास ब्रज भले बिसार्‌यो, दूध दही क्यों खात? ॥ 279 ॥

राग मलार

किधौं घन गरजत नहिं उन देसनि?
किधौं वहि इन्द्र हठिहि, हरि बरज्यौ, दादुर खाए सेसनि[9] ॥
किधौं वहि देस बकन मग छाँड्यो, धर[10] बूड़ति न प्रवेसनि।
किधौं वहि देस मोर, चातक, पिक बधिक न बधे बिसेषनि ॥
किधौं वहि देस बाल नहिं झूलति गावत गीत सहेसनि[11]।
पथिक न चलत सूर के प्रभु पै जासों कहौं सँदेसनि ॥ 280 ॥
कोउ सखि नई चाह[12] सुनि आई।
यह ब्रजभूमि सकल सुरपति पै[13] मदन मिलिक[14] करि पाई ॥
घन धावन, बगपाँपित पटोब[15] सिर, बैरख[16] तड़ित सुहाई।

---

(1) *जुर*—ज्वर, ताप। (2) *पलिका*—पलंग। (3) *तरंग......भारी*—तरंग उठना, मानो शरीर का तड़फड़ाना है। (4) *उपचार-चूर*—औषध का चूर्ण। (5) *पनारी*—धारा, बहाव। (6) *(तट के) कुस कास*—मानो बिखरे हुए केश हैं। (7) *बिजन*—वीजन; पंखा। (8) *चलि जात*—दब जाते हैं। (9) *सेसनि*—साँपों ने। (10) *धर*—धरा, पृथ्वी। (11) *सहेसनि*—सहर्ष। (12) *चाह*—खबर। (13) *पै*—से। (14) *मिलिक*—मिलकियत, जागीर। (15) *पटो*—पट, पगड़ी। (16) *बैरख*—पताका, झंडा।

बोलत पिक चातक ऊँचे सुर, मनो मिलि देत दुहाई ॥
दादुर मोर चकोर बदत सुक सुमन समीर सुहाई।
चाहत कियो बास बृन्दावन, बिधि सों कहा बसाई ?
सींव[1] न चापि सक्यो तब कोऊ, हुते बल कुँवर कन्हाई।
अब सुनि सूर स्याम-केहरि बिनु ये करिहैं ठकुराई* ॥ 281 ॥

बरु ये बदराऊ बरसन आए।
अपनी अवधि जानि, नन्दनन्दन! गरजि गगन घन छाए ॥
सुनियत है सुरलोक बसत सखि, सेवक सदा पराए[2]।
चातक-कुल की पीर जानि कै तेउ तहाँ तें धाए ॥
द्रुम किए हरित, हरषि बेली मिलि, दादुर मृतक जिवाए।
छाए निबिड़ नीर तृन जहँ-तहँ पंछिन हूँ प्रति भाए ॥
समझति नहिं सखि! चूक आपनी बहुतै दिन हरि लाए।
सूरदास स्वामी करुनामय मधुबन बसि बिसराए ॥ 282 ॥

परम बियोगिनि गोबिन्द बिनु कैसे बितवैं दिन सावन के ?
हरित भूमि, भरे सलिल सरोवर, मिटे मग मोहन आवन के ॥
पहिरै सुहाए सुबास सुहागिनि-झुंडन झुलन गावन के।
गरजत घुमरि घमंड दामिनी मदन धनुष धरि धावन के ॥
दादुर मोर सोर सारँग पिक सोहैं निसा सूरमा बन के।
सूरदास निसि कैसे निघटत त्रिगुन किए सिर राबन[3] के ॥ 283 ॥

हमारे माई! मोरउ बैर परे।
फन गरजे बरजे नहिं मानते त्यों-त्यों रटत खरे ॥
करि एक ठौर बीनि इनके पंख मोहन सीस धरे।
याही तें हम ही का मारत, हरि ही ढीठ करे ॥
कह जानिए कौन गुन, सखि री! हमसों रहत अरे।
सूरदास बसत हरि ये बन तें न टरे ॥ 284 ॥

राग आसावरी

सखी री! हरिहि दोष जनि देहु।
जातें इते मान दुख पैयत हमरेहि कपट सनेहु ॥
विद्यमान अपने इन नैनन्ह सूनो देखति गेहु।
तदपि सूल-ब्रजनाथ-बिरह तैं भिदि न होत बड़ बेहु[4] ॥

---

(1) *सींव*—सीमा, हद। सींव न चापि सक्यो—हद पर पैर न रख सकता था। (2) *पराए*—दूसरे के अर्थात् इन्द्र के। (3) *त्रिगुन राबन के*—रावण के सिर के तिगुने अर्थात् तीस (रातभर में तीस घड़ियाँ होती हैं)। (4) *बेहु*—वेष, छेद।

* यह पद तुलसी की 'श्रीकृष्ण-गीतावली' में भी है।

कहि-कहि कथा पुरातन ऊधो! अब तुम अन्त न लेहु।
सूरदास तन तो यों ह्वै है ज्यों फिरि फागन-मेहु[1] ॥ 285 ॥

उघरि आयो परदेसी को नेहु।
तब तुम 'कान्ह-कान्ह' कहि टेरति फूलति ही[2], अब लेहु[3] ॥
काहे को तुम सर्बस अपनो हाथ पराए देहु।
उन जो महा ठग मथुरा छाँड़ी, सिन्धुतीर कियो गेहु ॥
अब तो तपन महा तन उपजी, बाढ़्यो मन सन्देहु।
सूरदास बिह्वल भईं गोपी, नयनन्ह बरस्यो मेहु ॥ 286 ॥

राग टोढ़ी

हरि न मिले, री माई ! जन्म ऐसे ही लाग्यो जान।
जोवत मग द्यौस बीतत जुग-समान ॥
चातक-पिक-बयन, सखी ! सुनि न परे कान।
चन्दन अरु चन्दकिरन कोटि मनो भानु ॥
जुवती सजे भूषन रन-आतुर मनो त्रान[4]।
भीषम लौं डासि मदन अर्जुन के बान ॥
सोवति सर-सेज सूर, चल न चपल प्रान।
दच्छिन-रबि-अवधि अटक इतनीऐ जान ॥ 287 ॥

राग नट

तुम्हरे बिरह, ब्रजनाथ अहो प्रिय! नयनन नदी बढ़ी।
लीने जात निमेष-कूल दोउ एते मान चढ़ी ॥
गोलक, नव-नौका न सकत चलि, स्यो[5] सरकनि[6] बढ़ि बोरति।
ऊरध रबास-समीर तरंगन तेज तिलक-तरु तोरति[7] ॥
कज्जल कीच कुचील[8] किए तट अन्तर अधर कपोल।
रहे पथिक जो जहाँ सो तहाँ थकि हस्त[9] चरन मुख-बोल ॥
नाहिंन और उपाय रमापति बिन दरसन छन जीजै।
अस्रु-सलिल बूड़त सब गोकुल सूर सुकर गहि लीजै ॥ 288 ॥

हमको सपनेहू में सोच।
जा दिन तें बिछूरे नन्दनन्दन ता दिन तें यह पोच ॥
मनो गोपाल आए मेरे घर, हँसि करि भुजा गही।

---

(1) फागुन—मेहु—जलरहित, जीवनरहित। (2) फूलति ही—मन में फूलती थी। (3) अब लेहु—अब परिणाम देखो। (4) त्रान—अंगत्राण, कवच। (5) स्यो—सहित। (6) सरकनि—गति या प्रवाह से। (7) तिलक—टीका या तिलक किनारे के पेड़ हैं। (तिलक एक वृक्ष भी है)। (8) कुचील—गन्दा, मैला। (9) हस्त चरन—ये सब मानो पथिक हैं।

कहा करौं बैरिनि भई निंदिया, निमिष न और रही॥
ज्यों चकई प्रतिबिम्ब देखिकै आनन्दी[1] पिय जानि।
सूर, पवन मिस निठुर बिधाता चपल कर्‌यो जल आनि॥ 289॥

राग कान्हरो

अँखियाँ अजान भईं।
एक अंग अवलोकन हरि की ओर हुती सो गई॥
यों भूली ज्यों चोर भरे घर चोरी निधि न लई।
बदलत[2] भोर भयो पछितानी, कर तें छाँड़ि दई॥
ज्यों मुख परिपूरन हों त्यों ही पहिलेई क्यों न रई।
सूर सकति अति लोभ बढ़्यो है, उपजति पीर नई॥ 290॥

राग केदारो

दधिसुत[3] जाति हौ वहि देस।
द्वारका हैं स्यामसुन्दर सकल भुवन-नरेस॥
परम सीतल अमिय-तनु कहियो यह उपदेस।
काज अपनो सारि, हमको छाँड़ि रहे बिदेस॥
नन्दनन्दन जगतबन्दन धरहु नटवर भेस।
नाथ! कैसे अनाथ छाँड़्यो कहियो सूर सन्देस॥ 291॥

राग मलार

जाहि री सखी! सीख सुनि मेरी।
जहाँ बसत जदुनाथ जगतमनि बारक तहाँ आउ दै फेरी॥
तू कोकिला कुलीन कुसलमति, जानति बिथा बिरहिनी केरी।
उपबन बैठि बोलि मृदुबानी, वचन बिसाहि[4] मोहिं करु चेरी॥
प्रानन के पलटे[5] पाइय जस सेंति बिसाहु[6] सुजस की ढेरी।
नाहिंन कोउ और उपकारी सब बिधि बसुधा हेरी॥
करियो प्रगट पुकार द्वार है अबलन्ह आनि अनँग अरि घेरी।
ब्रज लै आउ सूर के प्रभु को गावहिं कोकिल! कीरति तेरी॥ 292॥

---

(1) *आनन्दी*—आनन्दित हुई। (2) *बदलत*—यह लें, कि यह लें, यही सोचते और वस्तु बदलते। (3) *दधिसुत*—उदधिसुत चन्द्रमा। (4) *वचन* बिसाहि—वचनों से अर्थात् केवल वहाँ बोलकर मुझे मोल ले। (5) *प्रानन के पलटे*—यश प्राण देने पर मिलता है, जल्दी नहीं मिलता (पर तुझे केवल बोलने से ही मिलेगा)। (6) *बिसाहु*—मोल ले।

कोऊ माई ! बरजै या चंदहि !
करत है कोप बहुत हम्ह ऊपर, कुमुदिनि करत अनन्दहि ॥
कहाँ कुहू, कहँ रबि तरु तमचुर, कहाँ बलाहक[1] कारे[2] ?
चलत न चपल, रहत रथ थकि करि, बिरहिनि के तन जारे ॥
निंदति सैल, उदधि, पन्नग को, सापति कमठ कठोरहि[3]।
देति असीस जरा[4] देवी को, राहु केतु किन जोरहि ?
ज्यों जलहीन मीन-तन तलफत त्योंहि तपत ब्रजबालहि ?
सूरदास प्रभु बेगि मिलावहु मोहन मदन-गोपालहि ॥ 293 ॥

राग केदारो

जो पै कोउ मधुबन लै जाय।
पतिया लिखि स्यामसुन्दर को, कर कंकन देउँ ताय[5] ॥
अब वह प्रीति कहाँ गई, माधव! मिलते बेनु बजाय।
नयन-नीर सारँग-रिपु[6] भींजै दुख सों रैनि बिहाय ॥
सून्य-भवन मोहिं खरो डरावै, यह ऋतु मन न सुहाय।
सूरदास यह समौ गए तें पुनि कह लैहैं आय ? ॥ 294 ॥

राग मलार

हरि परदेस बहुत दिन लाए।
कारी घटा देखि बादर की नैन नीर भरि आए ॥
पा लागौं तुम्ह, बीर बटाऊ! कौन देस तें धाए।
इतनी पतिया मेरी दीजौ जहाँ स्यामघन छाए।
दादुर मोर पपीहा बोलत सोवत मदन जगाए।
सूरदास स्वामी जो बिछुरे प्रीतम भए पराए ॥ 295 ॥

आजु घनस्याम की जनुहारि।
उनै आए साँवरे, ते सजनी! देखि रूप की आरि ॥
इन्द्रधनुष मनो नवल बसन छबि, दामिनि दसन बिचारि।
जनु बगपाँति माल मोतिन की, चितवत हितहिं निहारि ॥
गरजत गगन, गिरा गोबिन्द की सुनत नयन भरे बारि।
सूरदास गुन सुमिरि स्याम के बिकल भईं ब्रजनारि ॥ 296 ॥

---

(1) *बलाहक*–बादल। (2) *कहाँ कुहू...कारे*–इन सबके आने से चन्द्रमा या तो छिप जाता है या मन्द हो जाता है। (3) *निंदति कठोरहि*–इनकी निन्दा करती है, क्योंकि उस समुद्र मंथन में ये सब सहायक हुए थे जिससे चन्द्रमा निकला था। (4) *जरा*–एक राक्षसी, जिसने जरासंध के शरीर के दो खंड जोड़े थे। (5) *ताय*–ताहि, उसको। (6) *सारंग रिपु*–कमल का शत्रु चन्द्रमुख।

राग केदारो

हर को तिलक[1] हरि ! चित को दहत।
कहियत है उडुराज अमृतमय, तजि सुभाव मोकों बह्नि बहत ॥
छपा न छीन होय, मेरी सजनी! भूमि-डसन-रिपु[2] काधौं बसत।
ससि नहिं गमन करै पच्छिम दिसि, राहु ग्रस्त गहि मोको न गहत[3] ॥
ऐसोइ ध्यान धरत तुम, दधिसुत! मुनि महेस[4] जैसी रहनि रहत।
सूरदास प्रभु मोहन मूरति चितै जाति[5] पै चित न सहत ॥ 297 ॥
एक सखि! आज की रैनि को दुख कह्यो न कछु मोपै परै।
मन राखन[6] को बेनु लियो कर, मृग थाके उडुपति न चरै[7] ॥
वाही प्राननाथ प्यारे बिनु सिव-रिपु[8] बान नूतन जो जरै।
अति अकुलाय बिरहिनी ब्याकुल भूमि-डसन-रिपु भख न करै ॥
अति आतुर ह्वै सिंह लिख्यो कर जेहि भामिनि को करुन टरै।
सूरदास ससि को रथ चलि गयो, पाछे तें रबि उदय करै ॥ 298 ॥

राग मलार

देखौ माई? नयनन्ह सों घन हारे।
बिन ही ऋतु बरसत निसिबासर सदा सजल दोउ तारे।
ऊरध स्वास समीर तेज अति दुख अनेक द्रुम डारे।
बदन सदन करि बसे बचन-खग[9] ऋतु पावस के मारे।
ढरि-ढरि बूँद परत कंचुकि पर मिलि अंजन सों कारे।
मानहुँ सिव की पर्नकुटी बिच धारा स्याम निनारे[10] ॥
सुमिरि-सुमिरि गरजत निसिबासर अम्रु सलिल के धारे।
बूड़त ब्रजहि सूर को राखै बिनु गिरिवरधर प्यारे ॥ 299 ॥
जौ तू नेकहू उड़ि जाति।
बिबिध बचन सुनाय बानी यहाँ रिझवत काहि ॥
पतित मुख[11] पिक परुष पसु लौं कहा इतो रिसाहि।
नाहिंनै कोउ सुनत समुझत, बिकल बिरहिनि थाहि ॥
राखि लेबी अवधि लौं तनु, मदन! मुख जनि खाहि।
तहूँ तौ तन दगध देख्यो बहुरि का समुझाहि ॥

(1) *हर को तिलक*–शिव का शिरोभूषण चन्द्र। (2) *भूमि-डसन-रिपु*–साँप। (3) *राहु......गहत*–इसको राहु पकड़ लेता जिससे यह हमें न ग्रसता या कष्ट देता। (4) *मुनि महेस...रहत*–अर्थात् अचल आसन मारकर, ध्यान लगाकर। (5) *चितै जाति......सहत*–ध्यान में उनकी मूर्ति देखती हूँ पर व्याकुलता से देखा नहीं जाता। (6) *मन राखन को*......मन बहलाने के लिए। (7) *चरै*–चलता है। (8) *सिव-रिपु*–कामदेव। (9) *बसे बचन-खग*–वचन रूपी पक्षियों ने मुँह में ही बसेरा ले लिया है बाहर नहीं निकलते। (10) *निनारे*–न्यारे, अलग-अलग। (11) *पतित मुख*–मुँह नीचा किए।

नन्द-नन्दन को बिरह अति कहत बनत नै ताहि।
सूर प्रभु ब्रजनाथ बिनु लै मौन[1] मोहि बिसाहि ॥ 300 ॥

राग सारंग

मधुकर! जोग न होत सँदेसन।
नाहिंन कोउ ब्रज में या सुनिहै कोटि जतन उपदेसन ॥
रबि के उदय मिलन चकई को संध्या-समय अँदेस[2] न।
क्यों बन बसैं बापुरे चातक, बधिकन्ह काज बधे सन ॥
नगर एक नायक बिंनु सूनो, नाहिंन काज सबै सन।
सूर सुभाय मिटत क्यों कारे जिहि कुल रीति डसै सन ॥ 301 ॥

यहि डर बहुरि न गोकुल आए।
सुन री सखी ! हमारी करनी समुझि मधुपुरी छाए ॥
अधरातिक तें उठि बालक सब मोहिं जगैहैं आय।
बिनु पदत्रान बहुरि पठवैंगी बनहिं चरावन गाय ॥
सूनो भवन आनि रोकैंगी चोरत दधि नवनीत।
पकरि जसोदा पै लै जैहैं, नाचति गावति गीत ॥
ग्वालिनि मोहिं बहुरि बाँधैंगी केते बचन लगाय।
एते दुखन सुमिरि सूर मन, बहुरि सरै को जाय ॥ 302 ॥

तब तें बहुरि न कोऊ आयो।
वहै जो एक बार ऊधो पै कछुक सोध सो पायो ॥
यहै बिचार करैं, सखि माधव इतो गहरु क्यों लायो।
गोकुलनाथ कृपा करि कबहूँ लिखियौ नाहिं पठायो ॥
अवधि आस एती करि यह मन अब जैहे बौरायो।
सूरदास प्रभु चातक बोल्यो, मेघन अम्बर छायो ॥ 303 ॥

राग धनाश्री

मेरो मन मथुराइ रह्यो।
गयो जो तन तें बहुरि न आयो, लै गोपाल गह्यो ॥
इन नयनन को भेद न पायो, केइ भेदिया कह्यो।
राख्यो रूप चोरि चित-अन्तर सोइ हरि सोध लह्यो[3] ॥
आए बोलत ता बिन ऊधो 'मनि दै लेहु मह्यो'[4]।

---

(1) *लै मौन...बिसाहि*—मौन द्वारा मुझको मोल ले अर्थात् चुप रहकर मुझे कृतज्ञ कर। (2) *रबि के... अंदेसन*—संध्या समय जब वियोग होता है, तब इसमें सन्देह नहीं रहता कि सूर्योदय होने पर मिलन होगा। (3) *सौध लह्यो*—पता पा गए कि मेरी मूर्ति राधा के हृदय में है। (4) *मह्यो*—मही, मट्ठा।

निर्गुन साँटि[1] गोबिंदहि माँगत, क्यों दुख जात सह्यो ॥
जेहि आधार आजु लौं यह तनु ऐसे ही निबह्यो।
सोइ छिड़ाय[2] लेत सुनु सूरज चाहत हृदय दह्यो ॥ 304 ॥

राग सारंग

लोग सब देत सुहाई[3] बातें।
कहतहि सुगम करत नहिं आधै, बोलि न आवत तातें ॥
पहिले आगि सुनत चन्दर सी सती बहुत उमहै।
समाचार ताते अरु सीरे पाछे कौन कहै ॥
कहत सबै संग्राम सुगम अति कुसुमलता करवार[4]।
सूरदास सिर दिए सूरमा पाछे कौन बिचार? ॥ 305 ॥

राग गौरी

बिछुरत श्री ब्रजराज आज सखि! नैनन की परतीति गई।
उड़ि न मिले हरि संग बिहंगम[5] ह्वै न गए घनस्याम-मई ॥
यातें क्रूर कुटिल सह मेचक[6] बृथा मीन छबि छीनि लई।
रूप-रसिक लालची कहावत सो करनी कछु तौं न भई[7] ॥
अब काहे सोचत जल मोचत, समय गए नित सूल नई।
सूरदास याही तें जड़ भए जब तें पलकन दगा दई ॥ 306 ॥

राग धनाश्री

को कहै हरि सों बात हमारी?
हम तौ यह तब तें जिय जान्यो जबै भए मधुकर अधिकारी ॥
एक प्रकृति, एकै कैतव[8]-गति, तेहि गुन अस जिय भावै।
प्रगटत है नवकंज मनोहर, ब्रज किंसुक कारन कत आवै ॥
कंजतीर चंपक-रस-चंचल[9], गति सब ही तें न्यारी।
ता अलि की संगति बसि मधुपुरि सूरदास प्रभु सुरति बिसारी ॥ 307 ॥

हमारे स्याम चलन चहत हैं दूरि।
मधुबन बसन आस ही[10] सजनी! अब मरिहैं जो बिसूरि ॥
कौने कहीं, कहा सुनि आई? केहि दिसि रथ की धूरि।

---

(1) *साँटि*—साँटे में, बदले में। (2) *छिड़ाय लेत*—छीन लेते हैं। (3) *सुहाई*—सुहावनी, प्रिय। (4) *करवार*—तलवार। (5) *बिहंगम*—क्योंकि नेत्र की उपमा खंजन से देते हैं। (6) *मेचक*—कालापन लिए। (7) *कछु......मई*—जल से अलग होने पर मछली मर जाती है, पर आँखें बनी रहती हैं। (8) *कैतव-गति*—धोखे या छल की चाल। (9) *चंपक-रस-चंचल*—कमल के पास रहकर भी चम्पा के लिए चंचल होता है जो उसके काम का नहीं। (10) *ही*—थी।

संगहि सबै चलौ माधव के नातरु मरिबो झूरि ॥
पच्छिम दिसि इक नगर द्वारका, सिन्धु रह्यो जल पूरि।
सूर स्याम क्यों जीवहिं बाला, जात सजीवन मूरि ॥ 308 ॥

उती दूर तें को आवै हो।
जाके हाथ सँदेस पठाऊँ सो कहि कान्ह कहाँ पावै हो ॥
सिन्धुकूल इक देस कहत हैं, देख्यो सुन्यो न मन धावै हो।
तहाँ रच्यो नव नगर नन्दसुत पुरि द्वारका कहावै हो ॥
कंचन के सब भवन मनोहर, राजा रंक न तृन छावै हो।
ह्वाँ के सब बासी लोगन को ब्रज को बसिबो नहिं भावै हो ॥
बहु बिधि करति बिलाप बिरहिनी बहुत उपाय न चित लावै हो।
कहा करौं कहँ जाउँ सूर प्रभु, को मोहिं हरि पै पहुँचावै हो ॥ 309 ॥

राग सारंग

हमैं नन्दनन्दन को गारो[1]।
इन्द्र कोप ब्रज बह्यो जात हो, गिरि धरि सकल उबारो ॥
राम कृस्न बल बदति न काहू, निडर चरावत चारो।
सगरै बिगरे को सिर ऊपर बल को बीर[2] रखवारो ॥
तब तें हम न भरोसो पायो केसि तृनाब्रत नारो।
सूरदास प्रभु रंगभूमि में हरि जीतो, नृप हारो ॥ 310 ॥

राग मलार

ऐसे माई पावस ऋतु प्रथम सुरति करि माधवजू आवै री।
बरन बरन अनेक जलधर अति मनोहर बेष।
यहि समय यह गगन-सोभा सबन तें सुबिसेष ॥
उड़त बक, सुक-बृन्द राजत, रटत चातक मोर।
बहुत भाँति चित हित-रुचि[3] बाढ़त दामिनी घनघोर[4] ॥
धरनि-तनु तृनरोम हर्षित प्रिय समागम जानि।
और द्रुम बल्ली बियोगिनि मिलि पति पहिचानि ॥
हंस, पिक, सुक, सारिका अलिपुंज नाना नाद।
मुदित मंगल मेघ बरसत, गत बिहंग-बिषाद ॥
कुटज, कन्द, कदम्ब, कोबिद[5], कर्निकार[6], सू कंजु।
केतकी, करबीर[7], चिलक[8] बसन्त-सम तरु मंजु ॥

---

(1) *गारो*—गौरव, गर्व। (2) *बीर*—भाई। (3) *हित रुचि*—प्रेम का अभिलाष। (4) *घनघोर*—बादल की गरज। (5) *कोबिद*—कोबिदार, कचनार। (6) *कर्निकार*—कनियारी का पेड़। (7) *करबीर*—कनेर। (8) *चिलक*—चमक।

सघन तरु कलिका-अलंकृत, सुकृत सुमन सुबास।
निरखि नयनन्ह होत मन माधव-मिलन की आस ॥
मनुज मृग पसु पच्छि परिमित[1] औ अमित जे नाम।
सुख स्वदेस बिदेस प्रीतम सकल सुमिरत धाम ॥
है है न चित उपाय सोच न कछू परत बिचार।
नाहिं ब्रजबासी बिसारत निकट नन्दकुमार।
सुमिरि दसा दयाल सुन्दर ललित गति मृदु हास।
चारु लोल कपोल कुंडल डोल बलित-प्रकास ॥
बेनु तक कल गीत गावत गोपसिसु बहु पास।
सुदिन कब यहि आँखि देखैं बहुरि बाल-बिलास ॥
बार बारहिं सुधि रहति अति बिरह ब्याकुल होति।
बात-बेग[2] सो लगै जैसो दीन दीपक-ज्योति ॥
सुनि बिलाप कृपाल सूरदास प्रान प्रतीति।
दरस दै दुख दूरि करिहैं, सहि न सकिहैं प्रीति ॥ 311 ॥

चलहु धौं लै आवहिं गोपालै।
पायँ पकरि कै निहुरि बिनति कहि, गहि हलधर की बाँह बिसालै ॥
बारक बहुरि आनि कै देखहिं नन्द आपने बालै।
नैयन गनत गोप-गोपी-सह सीखत बेनु रसालै ॥
यद्यपि महाराज सुख-सम्पत्ति कौन गनै मोतिन अरु लालै।
तदपि सूर आकरषि लियो मन उर घुँघचिन की मालै ॥ 312 ॥

बलैया लैहौ, हो बीर बादर!
तुम्हरे रूप सम हमरे प्रीतम गए निकट-जल-सागर ॥
पा लागौं द्वारका सिधारौ बिरहिनि के दुखदागर।
ऐसो संग सूर के प्रभु को करुनाधाम उजागर ॥ 313 ॥

राग सारंग

उपमा न्याय[3] कही अंगन की।
गए मधुपुरी क्यों फिरि आवैं, सोभा कोटि अनंगन की ॥
मोरमुकुट सिर सूरधनु की छबि दूरहिं तें दरसावै।
जो कोउ करै कोटि कैसेहू नेकहु छुवन न पावै ॥
अलक-भ्रमर भ्रमि भ्रमत सदा बन बहु-बेलीरस चाखैं।
कमल-कोस-बासी कहियत पै बंस-बंस[4] अपनो मन राखै ॥
कुंडल मकर, नयन नीरज से, नासा सुक कबिकुल गावै।

(1) *परिमित*—पर्यन्त, तक। (2) *बात-बेग*—हवा का झोंका। (3) *न्याय*—ठीक, उचित। (4) *बंस-बंस*—बाँसों का कुल या समूह।

थिर[1] न रहै, सकुचै निसि-बस है, पंजर रहिकै बेनु सुनावै ॥
भ्रू-धनु प्रान-हरन-दसनावलि हीरक, अधर सुबिम्ब।
सहज कठिन, संगति बुधि-हर्ता, तहँ कीन्हों अवलम्ब[2]*॥
भुजा प्रचंड महा-रिपु मारक अंस[3] सो क्यों ठहराय।
तामें सप्त छिद्र मुरली मनहर मन्त्र पढ़ाय ॥ 314 ॥

राग मलार

बारक जाइयो मिलि माधौ।
को जानै कब छूटि जायगो स्वास, रहै जिय साधौ ॥
पहुनेहु नन्द बाबा के आवहु, देखि लेहुँ पल आधौ।
मिल ही में[4] बिपरीत करी बिधि, होत दरस को बाधौ ॥
सो सुख सिव सनकादि न पावत जो मुख गोपिन लाधौ[5]।
सूरदास राधा बिलपति है, हरि को रूप अगाधौ ॥ 315 ॥

निसिदिन बरसत नैन हमारे।
सदा रहति पावस ऋतु हम पै जब तें स्याम सिधारे ॥
दृग अंजन लागत नहिं कबहूँ, उर-कपोल भए कारे।
कंचुकि नहिं सूखत सुनु सजनी ! उर-बिच बहत पनारे ॥
सूरदास प्रभु अम्बु बढ़यो है, गोकुल लेहु उबारे।
कहँ लों कहौं स्यामघन सुन्दर बिकल होत अति भारे ॥ 316 ॥

आछे कमल कोस-रस-लोभी द्वै अलि[6] सोच करे।
कनक बेलि औ नवदल के ढिग बसत उझकि[7] परे ॥
कबहुँक पच्छ सकोचि मौन ह्वै अम्बुप्रवाह झरे।
कबहुँक कम्पित चकित निपट ह्वै लोलुपता बिसरे ॥
बिधु-मंडल[8] के बीच बिराजत अमृत अंग भरे ॥
एतेउ नयन बजत नहिं तलफल बिनु मुख सुर उचरे ॥
कीर, कमठ, कोकिला उरग कुल[9] देखत ध्यान धरे।
आपुन क्यों न प्रधारौ सूर प्रभु, देखे कह बिगरे ॥ 317 ॥

---

(1) थिर न सुनावै—ऊपर की पंक्ति के साथ क्रमालंकार की रीति से पढ़िए। पंजर—(क) शरीर (ख) पिंजरा। (नाक से भी बाँसुरी बजा सकते हैं यह मानने से शुक के साथ संगति मिलती है।) (2) *भ्रू-धनु...अवलम्ब*—इसमें क्रम का निर्वाह नहीं है। हीरक के लिए 'सहज कठिन' और भ्रू-नंनु का धर्म 'बुधिहर्ता' समझिए। (3) *अंस*—कन्धा (गोपियों का)। (4) *मिल हीं में*—सब बातें बन जाने पर भी। (5) *लाधौ*—लब्ध किया, पाया। (6) *अलि*—भौरे अर्थात् नेत्र की पुतलियाँ। (7) *उझकि* परे—उचटकर चले गए। (8) *बिधु-मंडल*—चन्द्रमंडल अर्थात् मुख। (9) *उरग कुल*—सर्पसमूह अर्थात् केश।
* इसमें क्रम का निर्वाह स्थान देने से लक्षित हो जाता है। 'भ्रू धनु' के लिए तो 'प्रानहरन' विशेषण है। पर 'दसनावलि हीरक' और 'अधर सुबिम्ब' के लिए—सहज कठिन' और 'बुधिहर्ता' कहा गया है। 'बिम्बा' या 'तुंडी' बुद्धिनाशक कही गई है—'सद्यः प्रज्ञाहरा तुंडी सद्यः प्रज्ञाकरी वचा'।

राग अड़ानो

सबन अबध[1] सुन्दरी बधै जनि।
मुक्तामाल, अनंग, गंग नहिं, नवसत[2] साजे अर्थ स्यामघन ॥
भाल तिलक उडुपति न होय यह, कबरि-ग्रन्थि अहिपति न सहस-फन।
नहिं बिभूति दधिसुत न भाल जड़, यह मृगमदचन्दन-चर्चित तन ॥
न गजचर्म यह असित कंचुकी, बिचारि देखि कहाँ नन्दीगन।
सूरदास प्रभु तुम्हरे दरस बिनु बरबस काम करत हठ हम सन[3] ॥ 318 ॥

राग मलार

कोकिल! हरि को बोल सुनाव!
मधुबन तें उपटारि[4] स्याम कहँ या ब्रज लै कै आव ॥
जाचक सरनहि[5] देत सयाने तन, मन, धन, सब साज।
सुजत बिकात वचन के बदले, क्यों न बिसाहत आज ॥
कीजै कछु उपकार परायो यहै सयानो काज।
सूरदास प्रभु कहु या अवसर बन बन बसन्त बिराज ॥ 319 ॥

राग सारंग

कहाँ रह्यो, माई! नन्द को मोहन।
वह मूरति जिय तें नहिं बिसरति गयो सकल जग-सोहन ॥
कान्ह बिना गोसुत को चारै, को ल्यावै भरि दोहन ?
माखन खात संग ग्वालन के, और सखा सब गोहन[6] ॥
ज्यों-ज्यों सुरति करति हौं, सखि री! त्यों-त्यों अधिक मनमोहन।
सूरदास स्वामी के बिछरे क्यों जीवहिं इन छोहन[7] ॥ 320 ॥

परम चतुर सुन्दर सुख-सागर, तन को प्रिय प्रतिहार[8]।
रूप-लकुट[9] रोके रहतो, सखि! अनुदिन नन्दकुमार ॥
अब ता बिनु उर-भवन भयो है शिव-रिपु[10] को संचार।
दुख आवत मन हटक[11] न मानत सुनो देखि अगार ॥
असु[12] स-उसास[13] जात अन्तर तें करत न सकुच बिचार।
निसा निमेष कपाट[14] लगे बिनु ससि सत सत सर मार ॥

---

(1) *अबध*–अवध्य। (2) *नवसत*–सोलह शृंगार। (3) *हम सन*–हमसे, हमारे साथ। (4) *उपटारि*–उचाटकर। (5) *सरनहिं*–शरण में आए याचक को। (6) *गोहन*–साथ। (7) *छोहन*–क्षोभ से। (8) *प्रतिहार*–पहरेदार, द्वारपाल। (9) *रूपलकुट*–अपने सुन्दर रूप की लाठी से। (10) *शिव-रिपु*–काम। (11) *हटक*–निषेध, मना करना। (12) *असु*–प्राण। (13) *स-उसास*–साँस के साथ। (14) *निमेष-कपाट*–पलक रूपी किबाड़।

यह गति मेरी भई है हरि बिनु नाहिं कछु परिहार।
सूरदास प्रभु बेगि मिलहु तुम नागर नन्दकुमार ॥ 321 ॥

राग मलार

ऐसो सुनियत है द्वै सावन।
बहै बात फिरि-फिरि सालति है स्याम कह्यो है आवन।
तब तौ प्रीति करी, अब लागीं अपने कीयौ पावन।
यहि दुख सखी निकसि उत जैये जितै सुनै कोउ नाँव न ॥
एकहि बेर तजी हम्ह, लागे मथुरा नेह बढ़ावन।
सूर सुरति कह होति हमारी; लागीं नीको[1] भावन ॥ 322 ॥

राग सारंग

कहा होत अबके पछताने?
खेलत खात हँसत अँग-अँग रहि, हम न स्याम-गुन जाने ॥
को बसुदेव, कौन की थाती, को है साखि जबहि उन आने[2]।
सो बतराय देहु, ऊधो! हमैं तुमहूँ तौ अति निपट सयाने ॥
यह नहिं कथा काक कोकिल की, कपट रंग मन माहिं समाने।
सूर, समय ऋतुराज बिराजे मिले जाय निज कुल पहिचाने ॥ 323 ॥

बिनु माधव राधा-तन सजनी! सब बिपरीत भई।
गई उपाय छपाकर की छबि, रही कलंकमई ॥
लोचनहू तें सरद-सारसै सुछबि निचोय लई।
आँच लगे च्योनो[3] सोनो ज्यों त्यों तन धातु हई[4] ॥
कदली दल-सी पीठि[5] मनोहर, सो जनु उलटि गई।
संपति सब हरि हरी सूर प्रभु बिपदा दई दई ॥ 324 ॥

कराव रे सारंग[6]! स्याहिं सुरति कराव।
पौढ़े होहिं जहाँ नँदनंदन ऊँची टेर सुनाव ॥
गयो ग्रीषम; पावस ऋतु आई, सब काहू चित चाव।
उन बिनु ब्रजबासी यों सोहत ज्यों करिया[7] बिनु नाव ॥
तेरो कहो मानिहैं मोहन, पाँव लागि लै आव।
अबकी बेर सूर के प्रभु को नैनन आनि दिखाव ॥ 325 ॥

---

(1) *नीको*—अच्छी या सुन्दरी स्त्रियाँ। (2) *को है सखि......आने*—कौन गवाह था जब वसुदेव अपना पुत्र नन्द के यहाँ रख गए थे। (3) *च्योनो*—रसायन की धारियाँ। (4) *हई*—मारी गई, भस्म हुई। (5) *पीठि......उलटि गई*—केले के पत्ते को उलटकर रख देने से बीच की रीढ़ उभरी दिखाई देती है। (कृशता)। (6) *सारंग*—पपीहा। (7) *करिया*—मल्लाह।

सखी री! हरि आवै केहि हेत?
वै राजा तुम ग्वाल, बुलावत यहै परेखो लेत ॥
अब सिर छत्र कनक-मनि राजै, मोरचन्द[1] नहिं भावत।
सुनि ब्रजराज पीठि दै बैठत, जदुकुल, बिरद बुलावत ॥
द्वारपाल प्रति पौरि बिराजत, दासी सहस अपार।
गोकुल गाय-दुहन-दुख कब लौं, सूर सहै सुकुमार ॥ 326 ॥

राग टोड़ी

परमं सुखद सिसुता को नेहु!
सो जनि तजहु दूर के बासे, सुनहु सुजान! जानि गति येहु[2] ॥
भँवर, भुजंग, काक अरु कोकिल जनि पतियाहु चितै तुम देहु।
ऊधो अरु अक्रूर क्रूरकृत उपबन कुटिल किए रचि गेहु ॥
ये द्वै बिनती लिखी कृपानिधि सो आदर करि लेहु।
सूरदास प्रभु क्यों न मिलहु अब तौ तन मन फागुन के मेहु[3] ॥ 327 ॥

राग सारंग

बिनु घर[4] वह उपराग[5] गह्यो।
ना जानौं यह राहु उमापति कित है सोध लह्यो ॥
ताके बीच नीच नयनन में अंजन-रूप[6] रह्यो।
बिरह-सिन्धु-बल पाय प्रगट भयो नाहिंन परत कह्यो ॥
दुसह दसन दुख दलि नैनन जल परस[7] न परत सह्यो।
मानहुँ स्रवत सुधा अन्तर तें, उर पर जात बह्यो ॥
अब मुखससि ऐसो लागत ज्यों बिनु माखनहि मह्यो।
सूर दरस-हरि दान दिए बिनु[8] सुख-प्रकास निबह्यो[9] ॥ 328 ॥
गोपालहि बालक ही तें टेव।
जानति नाहिं कौन पै सीखे चोरी के छल-छेव ॥
माखन-दूध धर्‌यो जब खाते सहि रहती करि कानि।
अब क्यों सही परति, सुनि सजनी! मनमानिक की हानि ॥
कहियो मधुप ! सँदेस स्याम सों राजनीति समुझाय।
अजहूँ तजत नाहिं वा लोभै, जुगुत[10] नहीं जदुराय ॥

---

(1) *मोरचन्द*—मोर की चन्द्रिका। (2) *येहु*—यह। (3) *फागुन के मेहु*—न रहनेवाले अथवा बिना जल या जीवन के। (4) *घर*—धड़, शरीर (राहु बिना धड़ का है और काम भी अनंग हैं अतः काम में चन्द्रमुख ग्रसनेवाले राहु का भ्रम-सा होता है)। (5) *उपराग*—ग्रहण, राहु। (6) *अंजन-रूप*—राहु का रंग काला माना गया है, अतः वह मानो अंजन बनकर घात में छिपा हुआ था। (7) *परस*—स्पर्श। (8) *दरस...बिनु*—दान-पुण्य से चन्द्रमा का छुटकारा होता है। (9) *निबह्यो*—नष्ट हो गया। (10) *जुगुत*—युक्त, ठीक, उचित।

बुधि बिबेक सरबस या ब्रज को लै जो रहे मुसकाय।
सूरदास प्रभु के गुन अवगुन कहिए कासों जाय ॥ 329 ॥

जदपि मैं बहुतै जतन करे।
तदपि मधुप! हरि-प्रिया जानि कै काहु न प्रान हरे ॥
सौरभ युत सुमनन लै निज कर सन्तन सेज धरे।
सनमुख होति सरद ससि सजनी! तऊ न अंग जरे[1] ॥
चातक मोर कोकिला मधुकर सुर सुनि स्रवन भरे।
सादर ह्वैं निरखति रतिपति को नैक न पलक परे ॥
निसिदिन रटति नन्दनन्दन, या उर तें छिन न टरे।
अति आतुर चतुरंग चमू सजि अनँग न सर सँचरे[2] ॥
जानति नाहिं कौन गुन या तन जातें सबै डरे।
सूरदास सकुचन श्रीपति के सुभटन बल बिसरे ॥ 330 ॥

राग धनाश्री

माधव सों न बनै मुख मोरे।
जिन्ह नयनन्ह ससि स्याम बिलोक्यो तें क्यों जात तरनि[3] सों जोरे?
मुनि-मन-रमन ये जोग, कमठ तन मन्दर-भार सहै क्यों[4], ओ रे!
तरुनी-हृदय-कुमुद के बन्धन कुंजर क्यों न रहत बिनु तोरे ॥
नीलाम्बर-घनस्याम नीलमनि पैयत है क्यों घूम के भोरे[5]।
सूर भृंग कमलन के बिरही चम्पक मन लागत कहुँ थोरे ॥ 331 ॥

राग जैतश्री

और सकल अंगन तें, ऊधो! अँखियाँ अधिक दुखारी।
अतिहि पिराति, सिराति न कबहूँ, बहुत जतन कर हारी ॥
एकटक रहति, निमेष न लावति, बिथा बिकल भइ भारी।
भरि गइँ बिरह-बाय बिनु दरसन, चितवति रहति उधारी ॥
रे रे अलि! गुरु[6] ज्ञान-सलाकहि क्यों सहि सकति तुम्हारी।
सूर सुअंजन आनु रूप-रस आरति हरन हमारी ॥ 332 ॥

---

(1) इसी प्रकार की उक्ति भवभूति की है, 'मालती-माधव' में। (2) *सँचरे*–चलाए। (3) *तरनि*–सूर्य। (4) *क्यों*–कैसे। (5) *भोरे*–धोखे में, धोखा खाकर। (6) *गुरु*–भारी।

राग कान्हरो

भूलति हौ कत मीठी बातन।
ये अलि हैं उनहीं के संगी, चंचल चित्त, साँवरे गातन ॥
वै मुरली धुनि कै जग मोहत इनकी गुंज सुमन-मन-पातन[1]।
वै उठि आन मन रंजत, ये उड़ि अनत रंग-रस-रातन ॥
वै नवतनु मानिनि-गृह-बासी, ये निसि-दिवस रहत जलजातन।
ये षटपट, वै द्विपद चतुर्भुज, इनमें नाहिं भेद कोउ भाँतन ॥
स्वारथ-निपुन सर्बरस-भोगी, जनि पतियाहु बिरह-दुख-दातन[2]।
वै माधव, ये मधुप, सूर-सुनि, इन दोउन कोऊ घटि घाट[3] न ॥ 333 ॥

राग सारंग

हरि सों कहियो हो, जैसे गोकुल आवैं।
दिन दस रहे सो भली कीन्हीं, अब जनि गहरु[4] लगावैं ॥
नाहिंन कछू सुहात तुमहिं बिनु, कानन भवन न भावैं।
देखे जात अपनी आँखिन्ह हम कहि कहा जनावैं ?
बाल बिलख, मुख गउ न चरति तृन, बछरा पीवत पय नहिं धावैं।
सूर स्याम बिनु रटति रैनिदिन, मिलेहि भले सचु[5] पावैं ॥ 334 ॥

राग सोरठ

सखी री! मथुरा में द्वै हंस।
एक अक्रूर और ये ऊधो, जानत नीके गंस[6] ॥
ये दोउ छीर नीर पहिचानत, इनहिं बधायो कंस।
इनके कुल ऐसी चलि आई, सदा उजागर बंस ॥
अजहूँ कृपा करौ मधुबन पर जानि आपनो अंस।
सूर सुयोग सिखावत अबलन्ह, सुनत होय मनभ्रंस[7] ॥ 335 ॥

राग सारंग

बारक कान्ह करौ किन फेरो?
दरसन दै मधुबन को सिधारो, सुख इतनो बहुतेरो ॥
भलेहि मिले बसुदेव देवकी जननि जनक निज कुटुँब घनेरो।
केहि अवलम्ब रहैं हम ऊधो! देखि दुःख नँद-जसुमति केरो ॥

---

(1) *सुमन-मन-पातन*—फूलों का मन ढालने अर्थात् आकर्षित करनेवाले। (2) *दुख-दातन*—दुःख देनेवाले। (3) *घटि घट*—घटकर। (4) *गहरु*—देर। (5) *सचु*—सुख। (6) *गंस*—मन की गाँठ, कुटिलता। (7) *मनभ्रंस*—चित्त-विक्षेप, व्याकुलता।

तुम बिनु को अनाथ-प्रतिपालन, जार्जरि[1] नाव कुसंग सबेरो[2]।
गए[3] सिन्धु को पार उतारै, अब यह सूर थक्यो ब्रज-बेरो[4] ॥ 336 ॥

मानौ ढरे एक ही साँचे।
नखसिख कमल-नयन की सोभा एक भृगुलता-बाँचे[5] ॥
दारुजात[6] कैसे गुन इनमें, ऊपर अन्तर स्याम।
हमको धूम गयंद[7] बतावत, बचन कहत निष्काम ॥
ये सब असित देह धरे जेते ऐसेई सखि! जानि।
सूर एक तें एक आगरे वा मथुरा की खानि ॥ 337 ॥

राग सोरठ

बातैं कहत सयाने की सी।
कपट तिहारो प्रगट- देखियत ज्यों जल नाए सीसी ॥
हौं तो कहत तिहारे हित की काहे को तू भरमत।
हमहूँ मया तिहारी हैं कछु, थोरी सी है मैमत[8] ॥
छाय बसाय गए सुफलकसुत नेकहु लागी बार न।
सूर कृपा करि आए ऊधो तापै ढेबा[9] डारन ॥ 338 ॥

राग सारंग

आए नँदनन्दन के नेव[10]।
गोकुल आय जोग बिस्तार्‌यो, भली तुम्हारी टेव ॥
जब बृन्दाबन रास रच्यो हरि तबहिं कहाँ तू हेव[11]।
अब जुवतिन को जोग सिखावत, भस्म अधारी सेव ॥
हम लगि तुम क्यों यह मत ठान्यो ज्यों जोगिन को भोग[12]।
सूरदास प्रभु सुनत अधिक दुख, आतुर बिरह-बियोग ॥ 339 ॥

मनौ दोउ एकहि मते भए।
ऊधो अरु अक्रूर बधिक दोउ ब्रज आखेट ठए[13] ॥
बचन-पास बाँधे माधव-मृग, उनरत[14] घालि लए।
इनहीं हती मृगी-गोपीजन सायक-ज्ञान हए ॥

(1) *जाजरि*—जर्जर, जीर्ण। (2) *सबेरो*—सब। (3) *गए*—कृष्ण के चले जाने पर। (4) *बेरो*—बेड़ा। (5) *भृगुलता-बाँचे*—भृगु की लात का चिह्न छोड़कर। (6) *दारुजात*—भौंरा। (7) *धूम-गयंद*—धुएँ का हाथी, धोखे की वस्तु अर्थात् निर्गुण ब्रह्म। (8) *मैमत*—ममता, स्नेह। (9) *ढेबा*—खेप, गीली मिट्टी का ढेर जो दीवार उठाने के लिए डाला जाता है। (10) *नेव*—नायब, मन्त्री। (11) *हेव*—ह्यो, तू था। (12) *जोगिन को भोग*—जैसे योगियों के लिए भोग वैसे ही हमारे लिए योग। (13) *ठए*—ठाना। (14) *उनरत*—उछलते हुए।

बिरह-ताप को दवा देखियत चहुँ दिसि लाय दए।
अब धौं कहा कियो चाहत हैं सोचत नाहिंन ए ॥
परमारथी ज्ञान[1] उपदेसत बिरहिन प्रेम-रए[2]।
कैसे जियहि स्याम बिनु सूरज चुम्बक मेघ गए ॥ 340 ॥

या ब्रज सगुन-दीप[3] परगास्यो।
सुनि ऊधो भृकुटी त्रिबेदि[4]-तर निसिदिन प्रगट अभास्यो।
सब के उर-सरवनि[5] सनेह भरि सुमन तिली को बास्यो।
गुन अनेक तें गुन[6] कपूर सम परिमल बारह मास्यो ॥
बिरह-अगिनि अंगन सब के, नहिं बुझत परे चौमास्यो[7]।
ताके तीन फुँकैया[8] हरि से, तुम से, पंचसरा[9] स्यो ॥
आन-भजन तृन सम परिहरि सब करतीं जोति-उपास्यो।
साधन भोग निरंजन तें रे अंधकार तम नास्यो ॥
जा दिन भयो तिहारो आवन बोलत हौ उपहास्यो।
रहि न सके तुम, सींक रूप ह्वै निर्गुन-काज उकास्यो[10]॥
बाढ़ी जोति सो केस-देस[11] लौं, टूट्यो ज्ञान मवास्यो[12]।
दुरबासना-सलभ सब जारे जे छै रहे अकास्यो ॥
तुम तौ निपट निकट के बासी, सुनियत हुते खवास्यो[13]।
गोकुल कछु रस-रीति न जानत, देखत नाहिं तमास्यो ॥
सूर, करम की खीर परोसी, फिरि-फिरि चरत जवास्यो ॥ 341 ॥

सब जल तजे प्रेम के नाते।
तऊ स्वाति चातक नहिं छाँड़त प्रकट पुकारत ताते ॥
समुझत मीन नीर की बातें तऊ प्रान हठि हारत।
सुनत कुरंग नादरस पूरन, जदपि ब्याध सर मारत ॥
निमिष चकोर नयन नहिं लावत, ससि जोवत जुग बीते।
कोटि पतंग जोति बपु जारे, भये न प्रेम-घट रीते[14] ॥
अब लौ नहिं बिसरीं वे बातें सँग जो करीं ब्रजराज।
सुनि ऊधो! हम सूर स्याम को छाँड़ि देहिं केहि काज? ॥ 342 ॥

ऊधो! मन की मन ही माँझ रही।
कहिए जाय कौन सों, ऊधो! नाहिंन परति सही ॥
अवधि अधार आवनहि की तन, मन ही बिथा सही।

---

(1) *परमारथी ज्ञान*—पारमार्थिक ज्ञान, ब्रह्मज्ञान। (2) *रए*—रँगे। (3) *सगुन-दीप*—सगुण ज्योति को जगानेवाला दीपक। (4) *त्रिबेदि*—त्रिपाई, चौकी। (5) *उर-सरवनि*—हृदय रूपी शराब या पात्र। (6) *गुन*—तागा, बत्ती। (7) *चौमास्यो*—चौमासे या वर्षा में भी। (8) *फुँकैया*—फूँककर आग दहकानेवाले। (9) *पंचसरा*—पंचशर, कामदेव। (10) *उकास्यो*—उकसाया, बत्ती खसकाई। (11) *केस-देस*—ब्रह्मांड, मस्तक। (12) *मवास्यो*—मवास, गढ़, किला। (13) *खवास्यो*—खवास भी, मन्त्री भी। (14) *रीते*—खाली।

चाहति हुती गुहार[1], जहाँ तें तहँहि तें घार बही ॥
अब यह दसा देखि[2] निज नयनन सब मरजाद ढही।
सूरदास प्रभु के बिछुरे तें दुसह बियोग-दही ॥ 343 ॥

राग मलार

स्याम को यहै परेखो आवै[3]।
कत वह प्रीति चरन जावक कृत[4], अब कुब्जा मन भावै ॥
तब कत पानि धर्‌यो गोबर्धन, कत ब्रजपतिहि छुड़ावै ?
कत वह बेनु अधर मोहन धरि लै लै नाम बुलावै ?
तब कत लाड़ लड़ाय लड़ैते हँसि-हँसि कंठ लगावै ?
अब वह रूप अनूप कृपा करि नयनन हू न दिखावै ॥
जा मुख-संग समीप रैनि-दिन सोई अब जोग सिखावै।
जिन मुख दए अमृत रसना भरि सो कैसे विष प्यावै?
कर मीड़ति पछताति हियो भरि, क्रम-क्रम मन समुझावै।
सूरदास यहि भाँति वियोगिनि तातें अति दुख पावै ॥ 344 ॥

सखी री! मो मन धोखे जात।
ऊधो कहत, रहत हरि मधुपुरि, गत आगत[5] न थकात ॥
इत देखौं तो आगे मधुकर मत्त-न्याय सतरात[6]।
फिरि चाहौं[7], तौ प्राननाथ उत सुनत कथा मुसकात ॥
हरि साँचे ज्ञानी सब झूठे जे निर्गुन-जस गात[8]।
सूरदास जेहि सब जग डहक्यो[9] ते इनको डहकात ॥ 345 ॥

राग गौरी

ब्रज तें द्वै ऋतु पै न गई।
पाबस अरु ग्रीषम प्रचंड, सखि! हरि बिनु अधिक भई ॥
ऊरध स्वास समीर, नयन घन, सब जलजोग जुरे।
बरषि जो प्रगट किए दुख-दादुर हुते जे दूरि दुरे[10] ॥
विषम बियोग दुसह दिनकर सम दिनप्रति उदय करे।
हरि बिधु बिमुख भए कहि सूरज को तनताप हरे ॥ 346 ॥

---

(1) *गुहार*—रक्षा के लिए दौड़। (2) *देखि*—देख तू! (3) *यहै परेखो आवै*—यही बात मन में सोचती है। (4) *कृत*—किया, बनाया। (5) *गत आगत*—आते-जाते। (6) *मत्त-न्याय सतरात*—पागल की तरह बड़बड़ाता है। (7) *फिरि चाहौं*—फिरकर जो मथुरा की ओर देखती हूँ (मन बराबर आता-जाता है)। (8) *जस गात*—यश गाते हैं। (9) *डहक्यो*—ठगा, धोखे में डाला (माया द्वारा)। (10) *दुरि दुरे*—छिपे थे।

तुमहिं मधुप ! गोपाल-दुहाई।
कबहुँक स्याम करत ह्याँ को मन, किधौं निपट चित सुधि बिसराई?
हम अहीरि मतिहीन बापुरौ हटकत[1] हू हठि करहिं मिताई।
वै नागर मथुरा निरमोही, अँग अँग भरे कपट चतुराई॥
साँची कहहु देहु स्रवनन सुख, छाँड़हु जिया कुटिल धूताई[2]।
सूरदास प्रभु बिरद-लाज धरि मेटहु ह्याँ की नेकु हँसाई॥ 347॥

राग सोरठ

बिरही कहँ लौं आपु सँभारै ?
जब तें गंग परी हरिपद तें बहिबो नाहिं निवारै॥
नयनन ते रवि बिछुरि भँवत रहै, ससि अजहूँ तन गारै[3]।
नाभि तें बिछुरे कमल कंट[4] भए सिंधु भए जरि छारै॥
बैन तें बिछुरी बानि अबिधि भई बिधि ही[5] कौन निवारै।
सूरदास सब अँग तें बिछुरी केहि विद्या उपचारै॥ 348॥

राग नट

हे गोपाल गोकुल के बासी।
ऐसी बातैं सुनि सुनि ऊधो! लोग करत हैं हाँसी॥
मथि-मथि सिन्धु-सुधा सुर पोषे[6], सम्भु भए विष-आसी॥
इमि हति कंस, राज दै औरनि, आपु चाहि लई दासी।
बिसर्‌यो सूर बिरह-दुख अपनो सुनत चाल औनासी[7]॥ 349॥

राग सारंग

बदले को बदलो लै जाहु।
उनकी एक हमारी द्वै[8], तुम सबै जनैया आहु॥
तुम तौ हमैं जानि कै भोरो, सोई सारो दाँव[9]।
हमरी बेर मुकरि[10] कै भागत, हिये चौगुनो चाव॥
अब तुम सखा वेगि ही जैयो, मेटहु उनको दाहु।
सूरदास व्योहार भए तें हम तुम दोऊ साहु॥ 350॥

---

(1) *हटकत*—मना करते हुए भी। (2) *धूताई*—धूर्तता। (3) *तन गारै*—शरीर क्षीण करता रहता है अर्थात् घटता-बढ़ता है। (4) *कंट*—कंटक (कमलनाल में महीन-महीन काँटे से होते हैं।) (5) *अबिधि भई बिधि ही*—ब्रह्मा की पुत्री होकर विधि के विरुद्ध उनकी स्त्री हुई। (6) *मथि-मथि...पोषे*—इतने श्रम से समुद्र-मंथन कराया पर उसमें से निकला हुआ अमृत न लिया, देवताओं को दे दिया और आप स्त्री (लक्ष्मी) पर टूटे। (7) *औरासी*—बेढंगी, विचित्र। (8) *उनकी एक...द्वै*—उन्होंने एक अनुचित बात कही, हमने बहुत सी खरी-खोटी सुनाई। (9) *सारो दाँव*—चाल चलते हो। (10) *मुकरि कै*—नट कर, इनकार करके।

राग परज

ऊधो! सूधे नेकु निहारो।
हम अबलनि को सिखवन आए, सुन्यो सयान[1] तिहारो ॥
निर्गुन कह्यो, कहा कहियत[2] है, तुम निर्गुन अति भारी।
सेवत सगुन स्यामसुन्दर को लई मुक्ति हम चारी ॥
हमैं सालोक, सरूप, सयुज्यौ रहत समीप सदाई।
सो तजि कहत और की औरै, तुम अलि! बड़े अताई[3] ॥
हम मूरख तुम बड़े चतुर हौ, बहुत कहा कहिए।
बे[4] ही काज सदा भटकत हौ, अब मारग गहिए ॥
अहो अज्ञान! ज्ञान उपदेसत ज्ञानरूप हम ही[5]।
निसदिन ध्यान सूर प्रभु को अलि! देखत जित तितहीं ॥ 351 ॥

राग धनाश्री

जा जा रे भौंरा! दूर-दूर।
रँग रूप औ एकहि मूरति, मेरो मन कियो चूर-चूर ॥
जौ लौं गरज निकट तौ लौं रहै, काज सरे पै रहै धूर[6]।
सूर स्याम अपनी गरजन कों कलियन रस लै[7] घूर-घूर[8] ॥ 352 ॥

राग नट

ऊधो ! धनि तुम्हरो व्यवहार।
धनि वै ठाकुर, धनि वै सेवक, धनि तुम बर्तनहार ॥
आम को काटि बबूर लगावत, चन्दन को कुरवार[9]।
सूर स्याम कैसे निबहैगी अन्धधुन्ध सरकार ॥ 353 ॥

जाहु जाहु ऊधो! जाने हौ पहचाने हौ ॥
जैसे हरि तैसे तुम सेवक, कपट चतुरई साने हौ ॥
निर्गुन ज्ञान कहाँ तुम पायो, केहि सिखए ब्रज आने हौ।
यह उपदेस देहु लै कुबजहि जाके रूप लुभाने हौ ॥
कहँ लगि कहौ योग की बातैं, बाँचत नैन पिराने हौ।
सूरदास प्रभु हम हैं खोटी तुम तो बारह बाने[10] हौ ॥ 354 ॥

---

(1) *सयान*—सयानापन, चतुराई। (2) *कहा कहियत है*—क्या कहना है। (3) *अताई*—उपद्रवी, दुष्ट। (4) *बे*—बिना। (5) *ज्ञानरूप हम ही*—हम जो स्वयं ज्ञान-स्वरूप हैं (जैसे ज्ञान की चरमावस्था में ज्ञाता और ज्ञेय का भेद नहीं रहता, वैसे ही प्रेम या भक्ति की चरमावस्था में उपास्य और उपासक का भेद मिट जाता है, गोपियों का अभिप्राय यह है कि हम तो स्वयं कृष्णमय हो रही हैं)। (6) *धूर*—पुर, ऊपर, ऊँचे। (7) *लै*—लेय, लेता है। (8) *घूर-घूर*—घूम-घूमकर। (9) *कुरवार*—कुरवारि, खोदकर। (10) *बारह बाने*—बारह बानी के अर्थात् चोखे, खरे (सोने)।

राग सारंग

मधुबन सब कृतज्ञ धर्मीले।
अति उदार परहित डोलत हैं, बोलत बचन सुसीले॥
प्रथम आय गोकुल सुफलकसुत लै मधुपुरिहि सिधारे।
वहाँ कंस ह्याँ हम दीनन को दूनो काज सँवारे॥
हरि को सिखै सिखावन हमको अब ऊधो पग धारे।
ह्याँ दासी-रति की कीरति कै, यहाँ जोग बिस्तारे॥
अब या बिरह-समुद्र सबै हम बूड़ी चहति नहीं[1]।
लीला सगुन नाव ही, सुनु अलि, तेहि अवलम्ब रही॥
अब, निर्गुनहि गहे जुवतीजन पारहि कहौ गई को।
सूर अक्रूर छपद के मन में नाहिन त्रास दई को॥ 355॥

ऊधो! भूलि भले भटके।
कहत कही कछु बात लड़ैते तुम ताही अटके॥
देख्यो सकल सयान[2] तिहारो, लीन्हें छरि फटके[3]।
तुमहिं दियौ बहराय इतै कौं, वै कुबजा सों अटके॥
लीजो जोग सँभारि आपनो जाहु तहाँ टटके।
सूर स्याम तजि कोउ न लैहे या जोगहि कटुके[4]॥ 356॥

राग धनाश्री

जोग सँदेसो ब्रज में लावत।
थाके चरन तिहारे, ऊधो! बार-बार के धावत॥
सुनिहै कथा कौन निर्गुन की, रुचि पचि[5] बात बनावत।
सगुन-सुमेरु प्रगट देखियत, तुम तृन की ओट[6] दुरावत॥
हम जानत परपंच स्याम के, बातन हीं बहरावत।
देखी सुनि न अब लौं कबहूँ, जल मथे माखन आवत॥
जोगी जोग-अपार सिन्धु में ढूँढ़े हू नहिं पावत।
ह्याँ हरि प्रगट प्रेम जसुमति के ऊखल आप बँधावत॥
चुप करि रहौ, ज्ञान ढँकि राखौ, कत हौ बिरह बढ़ावत।
नन्दकुमार कमलदल-लोचन कहि को जाहि न भावत?
कहो को बिपरीत बात कहि सब के प्रान गँवावत?
सोहै सो कित सूर अबलनि जेहि निगम नेति कहि गावत?॥ 357॥

---

(1) *नहीं*—नथी हुई, जुती हुई। (2) *सयान*—सयानापन, चतुराई। (3) *छरि फटके*—झाँड़-फटककर खूब, जाँचकर। (4) *कटुके*—कटु जोग को। (5) *पचि*—हैरान होकर। (6) *सुगन-सुमेरु...ओट*—भगवान के सगुण स्वरूप ऐसे बड़े और प्रत्यक्ष पदार्थ को अत्यन्त सूक्ष्म निर्गुण ब्रह्म की ओट में छिपाना चाहते हो।

राग सारंग

कहा भयो हरि मथुरा गए।
अब, अलि! हरि कैसे सुख पावत तन द्वै भाँति भए[1] ॥
यहाँ अटक अति प्रेम पुरातन, ह्वाँ अति नेह नए।
ह्वाँ सुनियत नृप बेष, यहाँ दिन[2] देखियत बेनु लए ॥
कहा हाथ पर्‌यो सठ अक्रूरहिं वह ढग ठाट ठए।
अब क्यों कान्ह रहत गोकुल बिनु जोग के सिखए ॥
राजा राज करौ अपने घर माथे छत्र दए।
राग बिलाबल चिरंजीव रहौ सूर नन्दसुत, जीजत मुख चितए ॥ 358 ॥
तुम्हारी प्रीति, ऊधो! पूरब जनम की अब तो भए मेरे तनहु के गरजी।
बहुत दिनन तें बिरमि रहे हौ, संग तें बिछोंहि हमहिं गए बरजी ॥
जा दिन तें तुम प्रीति करी[3] ही घटति न, बढ़ति तूल[4] लेहु नरजी[5]।
सूरदास प्रभु तुम्हरे मिलन बिनु तन भयो ब्योंत, बिरह भयो दरजी ॥ 359 ॥

राग मलार

गोपालहिं लै आबहू मनाय।
अबकी बेर कैसेहु करि, ऊधो! करि छल बल गहि पाय ॥
दीजौ उनहिं सुसारि उरहनो सन्धि सन्धि समुझाय।
जिनहिं छाँड़ि बढ़िया[6] महँ आए ते बिकल भए जदुराय ॥
तुम सों कहा कहौं, हो मधुकर! बातैं बहुत बनाय।
बहियाँ पकरि सूर के प्रभु की, नन्द की सौंह दिवाय ॥ 360 ॥

राग सोरठ

कै तुम सों छूटैं लरि, ऊधो, कै रहिए गहि मौन!
एक हम जरैं जरे पर जारत, बोलहु कुबची[7] कौन ?
एक अंग मिले दोऊ कारे, काको मन पतियाए ?
तुम सी होय सो तुम सों बोलै, लीने जोगहि आए ॥
जा काहू कों जोग चाहिए सो लै भस्म लगावै ?
जिन्ह उर ध्यान नन्दनन्दन को तिन्ह क्यों निर्गुन भावै ?
कहौ सँदेस सूर के प्रभु को, यह निगुन अँधियारो।
अपनो बोयो आप लूनिए, तुम आपुहि निरवारो[8] ॥ 361 ॥

---

(1) *द्वै भाँति भए*—दो रूपों का एक साथ निर्वाह करना पड़ता है। (2) *दिन*—प्रतिदिन, सदा। (3) *करी ही*—की थी। (4) *तूल*—लम्बाई। (5) *नरजी लेह*—नाप लो। (6) *बढ़िया*—बाढ़, विरह-प्रवाह की। (7) *कुबची*—बुरी बात कहनेवाला। (8) *निरवारो*—सुलझाओ। (अपने निर्गुण की उलझन को)।

राग सारंग

ऐसो, माई[1]! एक कोद[2] को हेतु।
जैसे बसन कुसुंभ-रंग मिल्कि नेकु चटक पुनि सेत॥
जैसे करनि किसान बापुरो नौ नौ बाहैं देत[3]।
एतेहू पै नीर निठुर भयो उमगि आय सब लेत॥
सब गोपी भाखैं ऊधो सों, सुनियो बात सचेत।
सूरदास प्रभु जन तें बिछुरें ज्यों कृत राई रेत[4] ॥ 362 ॥

राग मलार

मधुकर! मन सुनि जोग डरै।
तुमहू चतुर कहावत अति ही इतो न समुझि परै॥
और सुमन जो अनेक सुगन्धित, सीतल रुचि सो करै।
क्यों तू कोकनद बनहिं सरै[5] औ और सबै अनरै[6] ?
दिनकर महाप्रतापपुंज-वर, सबको तेज हरै।
क्यों न चकोर छाँड़ि मृग-अंकहि[7] वाको ध्यान करै ?
उलटोइ ज्ञान सबै उपदेसत, सुनि सुनि जीय जरै।
जम्बू-बृक्ष-कहौ क्यों, लम्पट! फलवर अम्ब फरै॥
मुक्ता अवधि मराल प्रान है, जौ लगि ताहि चरै।
निघटत निपट, सूर, ज्यों जल बिनु व्याकुल मीन मरै ॥ 363 ॥

बिरचि[8] मन बहुरि राच्यो[9] आय।
टूटो जुरै बहुत जतनन करि तऊ दोष नहिं जाय॥
कपट हेतु की प्रीति निरन्तर नोइ[10] चोखाई[11] गाय।
दूध फटे जैसे भइ काँजा, कौन स्वाद करि खाय ?
केरा पास ज्यों बेर निरन्तर हालत दुख दै जाय[12] ॥
स्वाति-बूँद ज्यों परे फनिक-मुख परत बिषै ह्वै जाय॥
ऐसी केती तुम जौ उनकी कहौ बनाय बनाय।
सूरदास दिगम्बर-पुर में कहा रजक-ब्यौसाय ॥ 364 ॥

---

(1) *माई*—सखी के लिए सम्बोधन। (2) *कोद*—ओर, तरफ। (3) *बाहैं देत*—कई बाँह जोतता है। (4) *ज्यों कृत राई रेत*—जैसे रेत या बालू में राई कर दी हो। (रेत में बिखरी राई इकट्ठा करना असम्भव होता है)। (5) *सरै*—जाता है। (6) *अनरै*—अनादर करता है। (7) *मृग-अंकहि*—चन्द्रमा। (8) *विरचि*—विरक्त होकर, उचटकर। (9) *राच्यो*—अनुरक्त हुआ। (10) *नोइ*—पैर रस्सी से बाँधकर। (11) *चोखाई*—दुही या दूध गारी जाती हुई। (12) *केरा...जाय*—बेर के पास के केलों के पत्ते हिलने पर काँटों से छिद जाते हैं।

कहत कह परदेसी की बात?
मन्दिर-अरध-अवधि[1] बदि हम सों, हरि-अहार[2] चलि जात ॥
ससि-रिपु[3] बरष सूर-रिपु[4] युग बर, हर-रिपु[5] किए फिरै घात।
मघ-पंचक[6] लै गए स्यामघन, आय बनी यह बात ॥
नखत, बेद, ग्रह जोरि अर्ध करि[7] को बरजै हम खात।
सूरदास प्रभु तुमहिं मिलन कों कर मीड़ति पछितात ॥ 365 ॥

राग धनाश्री

ऊधो! मन माने की बात।
दाख छुहारा छाँड़ि अमृत-फल बिष-कीरा बिष खात ॥
जौ चकोर को दै कपूर कोउ तजि अंगार अघात ?
मधुप करत घर कोरि[8] काठ में बँधत कमल के पात ॥
ज्यों पतंग हित जानि आपनो दीपक सों लपटात।
सूरदास जाको मन जासों सोई ताहि सुहात ॥ 366 ॥

राग बिलावल

कर कंकन तें भुज टाँड़[9] भई।
मधुबन चलत स्याम मनमोहन आवन-अवधि जो निकट दई ॥
जोहति पंथ मनावति संकर बासर निसि मोहिं गनत गई।
पाती लिखत बिरह तन ब्याकुल कागर[10] ह्वै गयो नीरमई ॥
ऊधो! मुख के बचनन कहियो[11] हरि सों सूल नितप्रतिहि नई।
सूरदास प्रभु तुम्हरे दरस को बिरह बियोगिनि बिकल भई ॥ 367 ॥

राग धनाश्री

फूल बिनन नहिं जाऊँ सखी री! हरि बिन कैसे बीनौं फूल ॥
सुन री, सखी! मोहिं रामदोहाई फूल लगत तिरसूल ॥
वे जो देखियत राते राते फूलन फूली डार।
हरि बिन फूल झार[12] से लागत झरि झरि परत अँगार ॥

---

(1) *मंदिर-अरध-अवधि*—मन्दिर, घर, उसका आधा भाग पाख, अर्थात् एक पाख या पक्ष की अवधि। (2) *हरि-अहार*—मांस, महीना। (3) *ससि-रिपु*—दिन, अर्थात् दिन एक वर्ष के समान बीतता है। (4) *सूर-रिपु*—रात। (5) *हर-रिपु*—कामदेव। (6) *मघ-पंचक*—मघा से लेकर पाँचवाँ नक्षत्र चित्रा अर्थात् चित्त। (7) *नखत बेद...करि*—नक्षत्र 27, वेद 4, ग्रह 9, जोड़ने से 40 आया; उसका आधा हुआ बीस अर्थात् विष। (8) *कोरि*—कुरेंदकर, कुतर कर। (9) *टाँड़*—बाहु में पहनने का एक गहना (कृशता-वर्णन)। (10) *कागर*—कागज। (11) *बचनन कहियो*—इससे जबानी ही कहना। (12) *झार*—अग्नि की ज्वाला।

कैसे कै पनघट जाउँ सखी री! डोलौं सरिता-तीर।
भरि भरि जमुना उमड़ि चलति है इन नैनन के नीर॥
इन नैनन के नीर सखी री! सेज भई घरनाउँ[1]।
चाहति हौं याही पै चढ़िकै स्याम मिलन कौं जाउँ॥
प्रान हमारे बिन हरि प्यारे रहे अधरन पर आय।
सूरदास के प्रभु सों सजनी कौन कहै समुझाय॥ 368॥

राग बिहागरो

ऊधो जू! मैं तिहारे चरनन लागौं बारक या ब्रज करबि भाँवरी।
निसि न नींद आबै, दिन न भोजन भावै, मग जीवत भई दृष्टि झाँवरी॥
बहे बृन्दाबन स्याम सघन बन, बहे सुभग सरि साँवरी।
एक स्याम बिनु स्याम न भावै सुधि न रही जैसे बकत बावरी॥
लाज छाँड़ि हम उतहिं आवतीं, चलि न सकति आवै बिरह-ताँवरी[2]।
सूरदास प्रभु बेगि दरस दीजै होय है जग में कीरति रावरी॥ 369॥
ऊधो! जबहिं जाव गोकुलमनि आगे पैयाँ लागन कहियो।
अब मोहिं बिपति परी दर्सन बिनु, सहि न सकत तन दारुन दहियो।
सरदचंद मोहिं बैरि मया भयो, अनिल सहि न परै किहि बिधि रहियो ?
सूर स्याम बिनु गृह बन सूनो, बिन मोहन काको मुख चहियो॥ 370॥

राग मलार

मेरे मन इतनी सूल रही।
वै बतियाँ छतियाँ लिखि राखीं नँदलाल कही।
एक दिवस मेरे गृह आए मैं ही मथति दही।
देखि तिन्हैं मैं मान कियो सखि सो हरि गुसा गही॥
सोचति अति पछिताति राधिका मूर्छित धरनि ढही।
सूरदास प्रभु के बिछुरे तें बिथा न जाति सही॥ 371॥

राग सारंग

देखौ माधव की मित्राई।
आई उघरि कनक-कलई ज्यों दै निज[3] गए दगाई॥
हम जाने हरि हितू हमारे उनके चित्त ढगाई।
छाँड़ी सुरति सबै ब्रजकुल की निठुर लोग बिलमाई॥

---

(1) *घरनाउँ*—घड़नई, बाँस में उलटे घड़े बाँधकर बनाई हुई नाव। (2) *ताँवरी*—ताप, ज्वर।
(3) *निज*—केवल, बिलकुल।

प्रेम निबाहि कहा वै जानैं साँचेई अहिराई।
सूरदास बिरहिनी बिकल-मति कर मीजै पछिताई ॥ 372 ॥

राग सोरठ

मैं जान्यो मोको माधव हित है कियो।
अति आदर अलि ज्यों मिलि कमलहि मुख-मकरन्द लियो ॥
बरु वह भली पूतना जाको पय-सँग प्रान पियो।
मनमथु अँचै निपट सूने तन यह दुख अधिक दियो ॥
देखि अचेत अमृत अवलोकनि, चालि जु सींचि हियो।
सूरदास प्रभु वा अधार के नाते परत जियो ॥ 373 ॥

अब या तनहि राखि का कीजै?
सुनि री सखी! स्यामसुन्दर बिन बाटि[1] बिषम बिष पीजै ॥
के गिरिए गिर चढ़िकै, सजनी, कै स्वकर सीस सिव दीजै।
कै दहिए दारुन दावानल, कै तो जाय जमुन धँसि लीजै ॥
दुसह बियोग बिरह माधव के कौन दिनहिं दिन छीजै ?
सूरदास प्रीतम बिंन राधे सोचि-सोचि मन ही मन खीजै ॥ 374 ॥

यशोदा का वचन उद्धव-प्रति

राग सोरठ

सँदेसो देवकी सों कहियो।
हौं तो धाय[2] तिहारे सुत की कृपा करत ही रहियो ॥
उबटन तेल और तातो जल देखत ही भजि जाते।
जोइ जोइ माँगत सोइ सोइ देती करम करम करि न्हाते ॥
तुम तौ टेव जानतिहिं ह्वैहौ तऊ मोहिं कहि आवै।
प्रात उठत मेरे लाल लड़ैतेहि माखन-रोटी भावै ॥
अब यह सूर मोहिं निसिबासर बड़ो रहत जिय सोच।
अब मेरे अलक-लड़ैते[3] लालन ह्वैहैं करत सँकोच ॥ 375 ॥

यद्यपि मन समुझावत लोग।
सूल होत नवनीत देखिकै मोहन के मुख-जोग।
प्रात-समय उठि माखन-रोटी को बिन माँगे दैहै ?
को मेरे बालक कुँवर कान्ह को छन-छन आगो लैहै ?

---

(1) *बाटि*—पीसकर, घिसकर। (2) *धाय*—धात्री, दाई। (3) *अलक-लड़ैते*—दुलारे, लाड़ले।

कहियो जाय पथिक! घर आवैं राम-स्याम दोउ भैया।
सूर वहाँ कत होत दुखारी जिनके मो सी मैया ॥ 376 ॥

राग सारंग

जो पै राखति हो पहिचानि।
तौ बारेक मेरे मोहन को मोहि देहु दिखाई आनि ॥
तुम रानी बसुदेव-गिरहिनी हम अहीर ब्रजवासी।
पठै देहु मेरो लाल लड़ैतो बारों ऐसी हाँसी[1] ॥
भली करी कंसादिक मारे अवसर काज कियो।
अब इन गैयन कौन चरावै भरि-भरि लेत हियो ॥
खान, पान, परिधान, राजसुख केतोउ लाड़ लड़ावै।
तदपि सूर यह मेरो बालक माखन ही सचु[2] पावै ॥ 377 ॥

कुब्जा-सन्देश

राग सोरठ

मो पै काहे को झुकति[3] ब्रजनारी?
काहू के भाग मों साझो नाहिन, हरि की कृपा नियारी ॥
फलन माँझ जैसे करुइ तूमरि रहति जो घूरे डारी।
हाथ परी जब गुनी जनन के बाजति राग दुलारी ॥
यह सँदेस कुब्जा कहि पठयो अरु कीन्ही मनुहारी।
तन टेढ़ी सब कोऊ जानत, परसे भइ अधिकारी ॥
हौं तो दासी कंसराय की, देखहु हृदय बिचारी।
सूर स्याम करुनाकर स्वामी अपने हाथ सँवारी ॥ 378 ॥

उद्धव-गोपी-संवाद

राग सारंग

उद्धव-वचन

हौं तुम पै ब्रजनाथ पठायो। आतमज्ञान सिखावन आयो ॥
आपुहि पुरुष आपुहि नारी। आपुहि वानप्रस्थ ब्रतधारी ॥
आपुहि पिता, आपुहि माता। आपुहि भगिनी, आपुहि भ्राता।
आपुहि पंडित, आपुहि ज्ञानी। आपुहि राजा, आपुहि रानी ॥

---

(1) *बारों ऐसी हाँसी*—ऐसी हँसी चूल्हे में जाय। (2) *सचु*—सुख। (3) *झुकति*—टूटती हो, कोप करती हो।

आपुहि धरती, आपु अकासा। आपुहि स्वामी, आपुहि दासा ॥
आपुहि ग्वाल, आपुहि गाई। आपुहि आप चरावन जाई ॥
आपुहि भँवर, आपुहि फूल। आतमज्ञान बिना जग भूल ॥
रंक राव दूजो नहिं कोय। आपुहि आप निरंजन सोय ॥
यहि प्रकार जाको मन लागै। जरा, मरन, जी तें भ्रम भागै ॥

गोपी-वचन

सुनु ऊधो! ह्याँ कौन सयानी? तुम तौ महापुरुष बड़ज्ञानी ॥
जोगी होय सो जोगहि जानै। नवधा भक्ति सदा मन मानै ॥
भाव-भगति हरिजन चित धारे। ज्योति-रूप सिव सनक बिचारे ॥
तुम कह रचि रचि कहत सयानी[1]। अबला हरि के रूप दिवानी ॥
जात[2]-पीर बंझा नहिं जानै। बिनु देखे कैसे रुचि मानै ॥
फिरि फिरि कहे वहै सुधि आवै। स्यामरूप बिनु और न भावै ॥
जोग-समाधि जोति चित लावै। परमानन्द परमपद पावै ॥
नवकिसोर को जबहिं निहारैं। कोटि ज्योति वा छवि पै वारैं ॥
सजल मेघ घनस्याम सरीर। रूप ठगी हलधर के बीर[3] ॥
सिर श्रीखंड[4], कुंडल, बनमाल। क्यों बिसरैं वै नयन बिसाल ?
मृगमद[5] तिलक अलक घुँघराले। उन मोहन मन हरे हमारे ॥
भृकुटी बिकट, नासिका राजै। अरुन अधर मुरली कल बाजै ॥
दाड़िम दसन-दमक-दुति सोहै। मृदु मुसुकानि मदन-मन मोहै ॥
चारु चिबुक, उर पर गजमोती। दूरि करत उडुगन की जोती ॥
कंकन, किंकिनि, पदिक बिराजै। चलत चरन कल नूपुर बाजै ॥
बन की धातु[6] चित्र तनु किए। यह छबि चुभि जु रही हम हिये ॥
पीत बसन छबि बरनि न जाई। नखसिख सुन्दर कुँवर कन्हाई ॥
रूपरासि ग्वालन को संगी। कब देखैं वह रूप त्रिभंगी ॥
जो तुम हित की बात सुनावौ। मदनगोपालहिं क्यों न मिलावौ ?

उद्धव-वचन

ताहि भजहु किन सबै सयानी? खोजत जाहि महामुनि ज्ञानी ॥
जाके रूप-रेख कछु नाहीं। नयन मूँदि चितवहु चित माहीं ॥
हृदय-कमल में जोति बिराजै। अनहद नाद निरन्तर बाजै ॥

---

(1) *सयानी*—चतुराई, ज्ञान की बात। (2) *जात*—बच्चा जनने की। (3) *बीर*—भाई। (4) *श्रीखंड*—चन्दन। (5) *मृगमद*—कस्तूरी। (6) *बन की धातु*—गेरू।

इड़ा पिंगला सुखमन नारी[1]। सून्य सहज में बसैं मुरारी ॥
माता पिता नहिं दारा भाई। जल थल घट घट रहे समाई ॥
यहि प्रकार भव दुस्तर तरिहौ। जोग-पंथ क्रम-क्रम अनुसरिहौ ॥

गोपी-वचन

यह मधुकर! मुख मूँदहु जाई। हमरे चित बित[2] हरि जदुराई ॥
ब्रजबासिनि गोपाल-उपासी। ब्रह्मज्ञान सुनि आवै हाँसी ॥
अब लौं जोग कबहुँ नहिं आयो। मानो कुबजा-रूपहि पायो ॥
खोलि सुगाहक पाय दिखायो। माधव मधुकर-हाथ पठायो ॥
अबला ठगी सकल ब्रज हेरी। सो ठग ठग्यो कंस की चेरी ॥
राम-जनम-तपसी जदुराई। तिहि फल बधू कूबरी पाई ॥
सीता-बिरह बहुत दुख पायो। अब कुबजा मिलि हियो सिरायो[3] ॥
ज्ञान निरास कहा लै कीजै। जोग-मोट दासी-सिर दीजै ?

उद्धव-वचन

वह अच्युत अबिगत अबिनासी। त्रिगुन रहित बपु, धरे न दासी ॥
हे गोपी! सुनु बात हमारी। है वह सून्य सुनहु ब्रजनारी ॥
नहिं दासी ठकुराइनि कोई। जहँ देखहुँ तहँ ब्रह्महि सोई ॥
आपुहि औरहिं ब्रह्माहिं जानै। ब्रह्म बिना दूसर नहिं मानै ॥

गोपी-वचन

बार बार ये बचन निवारो। भक्ति-बिरोधी ज्ञान तुम्हारो ॥
होत कहा उपदेसे तेरे? नयन सुबस नाहीं, अलि, मेरे ॥
हरिपथ जोवत निमिष न लागै। कृस्न-बियोगिनि निसिदिन जागै ॥
नँदनन्दन के देखे जीवैं। रुचि वह रूप, पवन नहिं पीवैं ॥
जब हरि आवैं सुख पावैं। मोहन मूरति निरखि सिरावैं ॥
दुसह बचन अलि हमहिं न भावैं। जोगकथा ओढ़ैं कि डसावैं[4] ॥

(1) *नारी*—नाड़ी। (2) *बित*—वित्त, धन। (3) *सिरायो*—ठंडा हुआ। (4) *ओढ़ै कि डसावें?*—लेकर क्या करें?

उद्धव-वचन

ऊधो कहैं, 'धन्य ब्रजबाला। जिनके सर्बस मदनगोपाल ॥
वह मत त्याग्यो, यह मति आई। तुम्हरे दरस भगति मैं पाई ॥
तुम मम गुरु मैं दास तुम्हारो। भगति सुनाय जगत निस्तारो'॥
'भ्रमरगीत' जे सुनैं सुनावैं। प्रेमभक्ति सो प्रानी पावैं ॥
सूरदास गोपी बड़भागी। हरिदरसन की ठगौरी लागी ॥ 379 ॥

मथुरा लौटने पर उद्धव का वचन कृष्ण-प्रति

राग सोरठ

माधव जू! मैं अति सचु[1] पायो।
अपने जानि सदेस-ब्याज करि ब्रजजन मिलन पठायो ॥
क्षमा करौ तौ करौं बीनती जो उत देखिहौं आयो।
श्रीमुख ज्ञानपंथ जो उचर्यो तिन पै कछु न सुहायो ॥
सकल निगम-सिद्धान्त जन्म-स्रम[2] स्यामा[3] सहज सुनायो।
नहि स्रुति, सेष, महेस, प्रजापति जो रस गोपिन गायो ॥
कटुक कथा लागी मोहिं अपनी, वा रस-सिन्धु समायो।
उत तुम देखे और भाँति मैं, सकल तृषाहि बुझायो ॥
तुम्हरी अकथ कथा तुम जानो हम जन नहिं बसायो।
सूरदास सुन्दर पद निरखत नयनन नीर बहायो ॥ 380 ॥

राग गौरी

दिन दस घोष चलहु गोपाल।
गैयन की अवसेर[4] मिटावहु भेंटहु भुज भरि ग्वाल ॥
नाचत नहीं मोर वा दिन तें आए बरषा-काल।
मृग दूबरे दरस तुम्हरे बिनु सुनत न बेनु रसाल ॥
बृन्दाबन भावतो तुम्हरो देखहु स्याम तमाल।
सूरदास मैया जसुमति के फिरि आवहु नँदलाल ॥ 381 ॥

राग सारंग

अब अति पंगु भयो मन मेरो।
गयो तहाँ निर्गुन कहिबे कों, भयो सगुन को चेरो ॥
अति अज्ञान कहत कहि आयो दूत भयो वहि केरो।

---

(1) *सचु*—सुख। (2) *जन्म-स्रम*—जन्म भर श्रम करने से साध्य। (3) *स्यामा*—राधा। (4) *अवसेर*—हैरानी, दुःख।

जिन जन जानि जतन तें तिनसों कीन्हों नेह घनेरो ॥
मैं कछु कही ज्ञानकथा ते नेकु न दरसति नेरो।
सूर मधुप उठि चल्यो मधुपुरी बोरि जोग को बेरो ॥ 382 ॥

राग धनाश्री

माधव! सुनौ ब्रज को नेम।
बूझि हम षट मास देख्यों गोपिकन को प्रेम ॥
हृदय तें नहिं टरत उनके स्याम राम-समेत।
अस्रु सलिल-प्रबाह उर पर अरघ नयनन देत ॥
चीर अंचल, कलस कुच, मनो पानि[1] पदुम चढ़ाय।
प्रगट लीला देखि, हरि के कर्म, उठतों गाय ॥
देह गेह-समेत अर्पन कमललोचन-ध्यान।
सूर उनके भजन आगे लगै फीको ज्ञान ॥ 383 ॥

कहँ लौं कहिए ब्रज की बात।
सुनहु स्याम! तुम बिनु उन लोगन जैसे दिवस बिहात ॥
गोपी, ग्वाल, गाय, गोसुत सब मलिनबदन, कृसगात।
परम दीन जनु सिसिर-हेम-हत[2] अम्बुजगन बिनु पात ॥
जो कोउ आवत देखति हैं सब मिलि बूझति कुसलात।
चलन न देत प्रेम-आतुर उर, कर चरनन लपटात ॥
पिक, चातक बन बसन न पावहिं, बायस बलिहि न खात ॥
सूर स्याम सन्देसन के डर पथिक न वा मग जात ॥ 384 ॥

राग केदारो

उनमें पाँच दिबस जो बसिये।
नाथ! तिहारी सौं जिय उमगत, फेरि अपनपो कस ये ?
वह लीला बिनोद गोपिन के देखे ही बनि आवै।
मोको बहुरि कहाँ वैसो सुख, बड़भागी सो पावै ॥
मनसि, बचन, कर्मना, कहत हौं नाहिंन कछु अब राखी।
सूर काढ़ि डार्‌यो हौं ब्रज तें दूध-माँझ की माखी[3] ॥ 385 ॥

चित्त दै सुनौ, स्याम प्रबीन।
हरि तिहारे बिरह राधे मैं जो देखी छीन ॥
कहन को सँदेस सुन्दरि गवन मो तन कीन ॥
छुटी छुद्रावलि[4], चरन अरुझे, गिरी बलहीन।

---

(1) *पानि*—हाथ, जिनकी उपमा कमल से दी जाती है। (2) *हेम-हत*—हिम या पाले के मारे हुए।
(3) *दूध...माखी*—दूध की मक्खी की तरह निकाल दिया। (4) *छुद्रावलि*—छुद्र घंटिका, करधनी।

बहुरि उठी सँभारि, सुभट ज्यों परम साहस कीन ॥
बिन देखे मनमोहन मुखरो सब सुख उनको दीन।
सूर हरि के चरन-अम्बुज रहीं आसा-लीन ॥ 386 ॥

माधव! यह ब्रज को ब्योहार!
मेरो कह्यो पवन को भुस भयो, गावत नन्दकुमार ॥
एक ग्वारि गोधन लै रेंगति, एक लकुट कर लेति।
एक मंडली करि बैठारति, छाक बाँटि कै देति।
एक ग्वारि नटवर बहु लीला, एक कर्म-गुन गावति।
कोटि भाँति कै मैं समुझाई नेकु न उर में ल्यावति ॥
निसिबासर ये ही ब्रत सब प्रज दिन-दिन नूतन प्रीति।
सूर सकल फीको लागत है देखत वह रसरीति ॥ 387 ॥

कहिबे मैं न कछू सक राखी।
बुधि बिबेक अनुमान आपने मुख आई सो भाखी ॥
हौं पचि कहतो एक पहर में, वै छन माहिं अनेक।
हरि मानि उठि चल्यो दीन ह्वै छाँड़ि आपनी टेक ॥
कंठ बचन न बोलि आयो, हृदय परिहस-भीन।
नयन भरि जो रोय दीन्हों ग्रसित आपद दीन ॥
श्रीमुख की सिखई ग्रंथन की कथि सब भई कहानी।
एक होय तेहि उत्तर दीजै सूर उठी अबुहानी[1] ॥ 388 ॥

कहौ तो सुख आपनो सुनाऊँ!
ब्रजजुवतिन कहि कथा जोग की क्यों न इतो दुख पाऊँ ॥
हौ इक बात कहत निर्गुन की वाही में अटकाऊँ।
वै उमड़ीं बारिधितरंग ज्यों जाका थाह न पाऊँ ॥
कौन कौन को उत्तर दीजै तातें भज्यों अगाऊँ?
वे मेरे सिर पाटी पारहिं, कंथा काहि ओढ़ाऊँ?
एक आँधरी हिये[2] की फूटी, दौरे पहिरि खराऊँ।
सूर सकल ब्रज षटदरसी, हौं बारहखड़ी[3] पढ़ाऊँ !॥ 389 ॥

तब तें इन सबहिन सचु पायो।
जब तें हरि-सन्देस तिहारो सुनत ताँवरो[4] आयो ॥
फूले ब्याल, दुरे तें प्रगटे, पवन पेट भरि खायो।
भूले मृगा चौंकि चरनन तें, हुतौ जो जिय बिसरायो ॥
ऊँचे बैठि बिहँग-सभा-बिच कोकिल मंगल गायो।

---

(1) *उठी अबुहानी*—प्रेत-सा चढ़ गया। सबकी सब एक साथ बोलने लगीं। (2) *हिय की फूटी*—हृदय की आँख फूटी, ज्ञानहीन। (3) *बारहखड़ी*—अक्षर-ज्ञान। (4) *ताँवरो*—ताप, जूड़ी।

निकसि कंदरा ते केहरिहू माथे पूँछ हिलायो॥
गृहबन तें गजराज निकसि कै अँग अँग गर्ब जनायो।
सूर बहुरिहौ, कह राधा, कै करिहौं बैरिन भायो ?॥ 390॥

राग जैतश्री

सुनहु स्याम जू वै ब्रज-बनिता बिरह तुम्हारे भई बावरी।
नाहिन नाथ और कहि आवत छाँडि जहाँ लगि कथा रावरी॥
कबहुँ कहतिं हरि माखन खायो कौन बसै या कठिन गाँव री।
कबहुँ कहतिं हरि ऊखल बाँधे घर-घर तें लै चलौ दाँवरी॥
कबहुँ कहतिं ब्रजनाथ बन गए जोवत मग भई दृष्टि झाँवरी।
कबहुँ कहतिं वा मुरली महियाँ लै लै बोलत हमरो नाँव री॥
कबहुँ कहतिं ब्रजनाथ साथ तें चन्द्र उग्यो है एहि ठाँव री।
सूरदास प्रभु तुम्हरे दरस बिनु अब वह मूरति भई साँवरी॥ 391॥

राग बिहागरो

हरि आए सो भली कीनी।
मोहिं देखत कहि उठी राधिका अंक तिमिर को दीनी।
तनु अति कँपति बिरह अति ब्याकुल उर धुकधुकी खेद कीनी।
चलत चरन गहि रही गई गिरि स्वेद-सलिल भय झीनी॥
छूटी लट, भुज फूटी बलया, टूटी लर, फटि कंचुकि झीनी।
मानो प्रेम के परन परेवा याही तें पढ़ि लीनी॥
अवलोकति यहि भाँति मानो छटी अहिमनि छीनी।
सूरदास प्रभु कहौं कहाँ लगि है अयान मति हीनी॥ 392॥

राग मलार

सुनो स्याम यह बात और कोउ क्यों समुझाय कहै।
दुहुँ दिसि को रति-बिरह बिरहिनी कैसे कै जु सहै॥
जब राधे तबहीं मुख माधो माधो रटति रहै।
जब माधो होइ जात सकल तनु राधा बिरह दहै॥
उभय अग्र दौ दारु-कीठ ज्यों सीतलताहिं चहै।
सूरदास अति बिकल बिरहिनी कैसेहु सुख न लहै॥ 393॥

राग धनाश्री

उमँगि चले दोउ नैन बिसाल।
सुनि सुनि यह सन्देस स्यामघन सुमिरि तिहारे गुन गोपाल॥

आनन बपु उरजनि के अन्तर जलधारा बाढ़ी तेहि काल।
मनु जुग जलज सुमेर सृंग तें जाय मिले सम ससिहि सनाल ॥
भीजे बिय आँचर उर राजित तिन पर बर मुकुतन की माल।
मनो इन्दु आए नलिनी-दलऽलंकृत अमी-ओसकन-जाल ॥
कहँ वह प्रीति रीति राधा सों कहँ यह करनी उलटी चाल।
सूरदास प्रभु कठिन कथन तें क्यों जीवै बिरहिनि बेहाल ॥ 394 ॥

राग मलार

नैन घट घटत न एक घरी।
कबहुँ न मिटत सदा पावस ब्रज लागी रहति झरी।
बिरह इन्द्र बरसत निसिबासर यहि अति अधिक करी।
उरध उसास समीर तेज जल उर भुवि उमँगि भरी।
बूड़ति भुजा रोम द्रुम अम्बर अरु कुच उच्च थरी।
चलि न सकत थकि रहे पथिक सब चन्दन कीच खरी ॥
सब ऋतु मिटी एक भई ब्रज महि यहि बिधि उलटि घरी।
सूरदास प्रभु तुम्हरे बिछुरे मिट मर्याद टरी ॥ 395 ॥

राग सारंग

मैं समुझाई अति, अपनो सो।
तदपि उन्हैं परतीति न उपजी सबै लखो सपनो सो ॥
कही तिहारी सबै कही मैं और कछू अपनी।
श्रवन न बचन सुनत हैं उनके जो घट महँ अकनी ॥
कोइ कहै बात बनाइ पचासक उनकी बात जु एक।
धन्य धन्य जो नारी ब्रज की बिनु दरसन इहि टेक ॥
देखत उमग्यो प्रेम, यहाँ की घरी रही सब रोयो।
सूर स्याम हौं रह्यौ ठगो सो ज्यों मृग चौंको भयो ॥ 396 ॥
सुनि लीन्हों उनही को कह्यो।
अपनी चाल समुझि मन ही मन गुनि अरगाय रह्यो ॥
अबलनि सों कहि परै जापै बात तोरि कनिकानि।
अनबोले पूरो दै निबह्यो बहुत दिनन को जानि ॥
जानि बूझि कै हौं क्यों पठयो सठ बावरो अयानो।
तुमहू बूझि बहुत बातन को वहाँ जाहु तौ जानो ॥
आज्ञा-भंग होय क्यों मोपै गयौ तिहारे ठीले।
सूर पठावन ही की ओरी रह्यो जु गज सों लीले ॥ 397 ॥

राग मलार

जो पै प्रभु करुना के आलै।
तौ कत कठिन कठोर होत मन मोहिं बहुत दुख सालै॥
बहौ बिरद की लाज दीनपति करि सुदृष्टि देखौ।
मोसो बात कहत किन सनमुख कहा अवनि लेखौ॥
निगम कहत बस होत ब्रजजल भक्ति तें सोऊ है उन कीनी।
सूर उसास छाँड़ि हा हा ब्रज जल अँखियाँ भरि लीनी॥ 398॥

फिरि फिरि मोपै कत दुख पावत।
अबकी और चतुर कोउ पठवौ बारन[1] ह्वैहै आवत॥
मैं परमारथ सब समुझायौ रोष सहित वै कोपी।
सुफलकसुत[2] का कहो मानिहैं आरति[3] करिहैं गोपी॥
इतनी सुनत कमलदललोचन खैंचि सुकर कर लीन्हो॥
सूर स्याम मुसकाय जानि जिय तरक[4] जानि हँसि दीन्हो॥ 399॥

कृष्ण-वचन उद्धव-प्रति

राग धनाश्री

ऊधो! मोहि ब्रज बिसरत नाहीं।
हंससुता[5] की सुन्दरि कगरी[6] अरु कुंजन की छाहीं॥
वै सुरभी, वै बच्छ दोहनी, खरिक दुहावन जाहीं।
ग्वालबाल सब करत कुलाहल नाचत गहि गहि बाहीं॥
यह मथुरा कंचन की नगरी मनि-मुक्ताहल जाहीं।
जबहिं सुरति आवति वा सुख की जिय उमगत, तनु नाहीं[7]॥
अनगन[8] भाँति करी बहु लीला जसुदा नन्द निबाहीं।
सूरदास प्रभु रहे मौन ह्वै, यह कहि कहि पछिताहीं॥ 400॥

---

(1) *बारन*—देर न होगी। (2) *सुफलकसुत*—अक्रूर। (3) *आरति करिहैं*—आरती करेंगी, खूब सत्कार करेंगी (व्यंग्य)। (4) *तरक*—तर्क, उक्ति। (5) *हंससुता*—सूर्य की कन्या, यमुना। (6) *कगरी*—कगार, किनारा। (7) *तनु नाहीं*—तन नहीं रह जाता अर्थात् उसकी सुध भूल जाती है। (8) *अनगन*—अगणित, अनेक।

चूर्णिका

[अंक में पदों की संख्याएँ हैं।]

1. श्रीदामा–कृष्ण के एक ग्वाल सखा, राधा के बड़े भाई। मन्त्री–श्रीकृष्ण (रस-रूप से वृन्दावन में सदा रहते हैं, यहाँ 'मन्त्री' शब्द से उसी की ओर संकेत है। कहीं-कहीं 'मित्र' पाठ भी मिलता है। 'मथुरा' में वे ऐश्वर्य-रूप में रहते हैं) 2. जाए–उत्पन्न। 3. अंक-अंकवार, हाथ फैलाकर भेंटना। आने–अन्य, दूसरे को। 4. नेम–नियम, योग के विधि-विधान। 5. आन–किसी अन्य विषय में। 6. सुरति–स्मरण आने पर। हित–प्रेम। मिथ्या-जात–भ्रम से उत्पन्न। एक–अद्वैत ब्रह्म। 'सदा...नात'–उद्धव का वचन। 7. क्रम–कर्म। 8. तूलमय–रुई से युक्त। 9. घूमरि–श्यामा, काली। 10. अबेर-सबेरो–साँझ-सबेरे। 11. परमान–प्रमाण, मान्य। 12. हेत–प्रेम। जाए–पुत्र। काजै–के लिए। दाँवरि–रस्सी। 13. दाम–माला। रस–प्रेम। 14. अनुहारि–बनावट। वसन–वस्त्र। रुचिकारि–रुचिर या कारी रुचि, श्याम वर्ण। वारि–जल। 15. सुचित–स्वस्थ। 16. जादवनाथ–श्रीकृष्ण। बरन–वर्ण, रंग। का पर.–किसे ले जाने के लिए भेजे गए हो। सयानप–चतुरता। जानि.–भली-भाँति समझ लिए गए हों। 17. उत.–वहाँ से। ब्रजराज–नन्द। प्रबोध-समझना। बोलि–बुलाकर। गुरू–गुरु की भाँति। अविगत–अज्ञेय। अगह–पकड़ में न आनेवाला। आदि अवगत–सर्वप्रथम ज्ञात। निरंजन–मायारहित। रंजै–सब उसी के कारण शोभित होते हैं। ('यस्य भासो विभाति')। निगम–शास्त्र। रसाल–रसमय। छाके–मस्त। हुतो–था। 18. आहि–हैं। बासर-गत–दिन बीतने पर। 19. सकट–रथ। रजक–धोबी। हति–तोड़कर। गज–कुबलयापीड़ हाथी। मल्ल–मुष्टिक और चाणूर नाम के पहलवान। मातुल–मामा (कंस)। 20. उपासी–उपासिका। 21. जोग-अंग–अष्टांग योग। ईसपुर–शिव की पुरी। 22. मही–मट्ठा। 23. हाटक–सोना। साहु–महाजन। दाख–द्राक्षा, अंगूर। 24. मुक्ताहल–मुक्ताफल, मोती। निरबैहै–साधेगा। 25. बनजारा–व्यापारी, सौदागर। गति–शरण। पति–प्रतिष्ठा। राँड़े–जिनके और कोई न हो, एकाकी। 26. लोक.–लोक-मर्यादा। 27. कुल.–कुल की प्रतिष्ठा। 28. नातरु–नहीं तो। बरनहीन–हीन-वर्ण। 29. सागर निधि–महासमुद्र। 30. कुलिस–वज्र। 31. सूर–शूर, वीर, सूरदास। 32. अनत–अन्यत्र। 35. मुँडली–जिसके सिर में केश न हों। पाटी पारना–माँग काढ़ना। कौन पै–किससे। नारियर.–भेंट के लिए आप जो योगरूपी विषैला नारियल

लाए हैं उसे प्रणाम ही करते बनता है। 36. सिरात–ठंडा होता है। हार्‌यो–हर लिया। 37. आई.–जैसे आम की खटाई से कलई खुल जाती है वैसे ही प्रेम का भेद खुल गया। 38. बिलग.–बुरा मत मानो। भँवारे–घूमनेवाला। पखारे–धोए। ता गुन–इसी से। 40. हित-हानि–प्रेम का त्याग। 41. काहि जोग–किसके योग्य। 42. राची–अनुरक्त। सिकत–सिकता, बालू। 43. काके.–किसे जँचेगा। 44. बदन–मुख। बपु–शरीर। सहाई–सहायक, मित्र। 46. हित–हेतु, निमित्त। अयानि–अज्ञान, छाजन–स्वाँग। सरत–बढ़ता है, लपकता है। भाजन–भागना, जाना। 47. दाप–दर्प, रोब। 48. सीस–सिर पर, निकट। 51. दसहि–दशा को। तिसहि–उसे। 52. सौंतुख–प्रत्यक्ष। 53. अवरोधन–प्राणायाम। 55. नइ–नीति। जाति.–खो जाती है। आरति–आर्ति, दुःख, यहाँ अप्रतिष्ठा का खेद। 57. ताती–गरम। सँघाती–साथी। 58. तरल–चंचल, हिलते हुए। तरिवन–ताटंक, कान का गहना। 59. तर–नीचे। 61. पचत–परेशान होता है। कहा उधारे–खोलने से क्या लाभ। बिलमावत–रोकते हो, आराम देते हो। कापै–किससे। 62. राजपंथ–राजमार्ग, (सगुण का) चौड़ा रास्ता। धौं–कदाचित्। सुमृति–स्मृति शास्त्र। कहूँ धौं–कहीं भी। छाछ–मट्‌ठा। मूर–मूलधन। 63. और.–कहीं दूसरे पर टिके। प्रेमहिं–प्रेम के सम्बन्ध से। 65. अछत–रहते। 66. पदारथ.–यद्यपि वह मुक्ति चार पदार्थों (धर्म, अर्थ, काम, मोक्ष) में से है। 68. दूत–इधर की उधर लगानेवाले। 69. ज्यों अहि.–काट लेने से साँप का पेट नहीं भरता पर उसकी यही बान होती है। 70. भूत.–आकारहीन, छाया मात्र। अँचवत–पीते हैं। 71. रमत–मग्न होते हैं। भाजत.–भागते और छिपते रहते हैं। समाने–आए। 72. झाँई–प्रतिबिम्ब। मुकुर–दर्पण। बिकट–टेढ़ी। होत त्रिभंग–गले, कमर और पैर पर से टेढ़े होकर। मुकुतमाल–मोती की माला। 73. गानि–समझकर। गुन–गुण की सीमा, अत्यन्त गुण-युक्त। बिधि-बंधान–ब्रह्मा की रचना। अवतंस–कान का आभूषण, कुंडल। भान–भानु, सूर्य। रुचि–शोभा। कम्बु–शंख। उदार–चौड़ा। मनि–मणि, कौस्तुभ। निर्तत–नाचती है, चमकती है। 74. अम्बर–वस्त्र। सर-पंजर–बाणों का घेरा। अमी–अमृत। जैसे सूर.–साँप काटकर भागता है तो क्या उसके मुख में अमृत की बूँद पड़ जाती है? 75. कन–दाना। चेप–लासा। कर–हाथ। लूक–लू। कलप –कल्पवृक्ष, सुख। 76. मदन–काम के बाणों से बिद्ध। 77. सगुन लै–शकुन विचारकर। ये सब–योग, जप, व्रत आदि। विष-बेली–कुब्जा। पाँयन.–पैरों के नीचे करके, तिरस्कार करके। मेली–डाली। 78. सकुचासन–संकोचरूपी आसन पर बैठकर। परस करि–छूकर, दान करके, त्याग करके। पवन.–प्राणायाम। क्रम–कर्म। निकंदन–नाश। तरनि–सूर्य। अपजस.–अपकीर्ति सुनी-अनसुनी कर देती है। प्रकास–ब्रह्मज्योति-दर्शन। चन्द्र-सुर–चन्द्रमा और सूर्य का प्रकाश। (योगी इड़ा, पिंगला और सुषुम्ना नाड़ियों के मूल प्रदेश में क्रमशः चन्द्रमा, सूर्य और अग्नि का सा प्रकाश मानते हैं)। अनहद–अनाहत शब्द। प्रमाने–मान, समान। समाने–ब्रह्मानन्द में लीन होने की अवस्था। 80. असित–काले। गौं–घात। 81. हो–था। धौं–न जाने। तो–था। बारिज

कमलनाल तोड़ने पर उसमें से जो बहुत पतले तन्तु निकलते हैं। जहाँ तौ—जहाँ से। 82. अँचै.—पी गई। 83. निगम—ब्रह्मज्ञान। परेखे—विश्वास। कालमुख.—काल के मुख से बचाकर फिर उसी में डाल दिया। घनसार—कपूर। 87. कमलनयन—श्रीकृष्ण। घाली—भेजी। द्वार ह्वै—द्वार पर से। केतिक—कितनी ही। साली—पीड़ा करने लगी। 88. बदन.—मुखचन्द्र। मनिदुति—सूर्यकान्त मणि। 89. कागर—कागज। सर—सरकंडा (जिसकी कलम बनती है)। अरे—बन्द हो गए हैं। 90. कबन्ध—धड़ (शूर का शिर कट जाने पर भी धड़ लड़ता रहता है और भारी मारकाट मचाता है)। बल—बलपूर्वक। बारुहि.—बालू की दीवार। 91. अन्तर्गत—मन में। भाव.—प्रेमपूर्वक। 93. बई—लगी। ठई—की, बनाई। 94. राजगति.—राजनीति। 96. मनसाहू—इच्छा तक। चेति—विचार करके। एति—इतनी, ऐसी। 97. सतरात—चिढ़ता। ब्रज-लोचन—श्रीकृष्ण। 98. निमेख—पलक। अहनिसि—अहर्निश, दिनरात। उधारे—नग्न। 99. पास—फन्दा। रहत न.—नेत्रों से जल गिरना रुकता नहीं। 100. स्रमजल—पसीना। अन्तर-तनु—भीतर तक, भली-भाँति। नलिनी—कमलिनी। हिम-करने—चन्द्रमा। 101. पुरइन—(पद्मिनी) कमल। पान—पत्र, पत्ता। मिलाइए—'पद्मपत्रमिवाम्भसा'। परागी—अनुरक्त। पागी—चिपटी। 103. घट—शरीर। 104. पूरब लौं—पूर्व की ओर, मथुरा। मसान जगाना—शव पर बैठकर तन्त्रशास्त्र के अनुसार सिद्धि के लिए साधना करना। 105. कुहित—बुरी। उपचार—दवा। धुन—रंग-ढंग। 16. चपरि—शीघ्रता से, एकबारगी। कुन्तल—केश। भुरै लई—ढग लिया। निरस.—रसहीन हो गई। करखे तें.—खींचने पर भी हटी नहीं। घनस्याम—श्रीकृष्ण, बादल। छिजई—घिस डाली। 108. मधु—शहद (का छत्ता)। पानि—हाथ। पलक.—हाथ से पलकें मल रही थी, जागने का प्रयत्न कर रही थी। निरोध—रोक-छेंक। निबरे—निकलकर जा सके। कृपन—कृपण का-सा व्यवहार (अर्थात् केवल जोड़ती रही)। 109. बतावे—त्याग दे। 110. हित—अच्छा, रुचिकर। माहे—में। दाहे—जलन से। 111. अब किन.—बेचकर दाम क्यों नहीं खड़े कर लेते। सबरी—सब। 112. रूख—वृक्ष। 113. गुनैबो—गुणयुक्त बनाने से। अनखात—बुरा मानती हैं। तन—ओर। बिहात—बीतता है। 114. स्याम—श्रीकृष्ण और काला। बिरद किए—यश गाया। स्रुति—वेद। बारिज-बदन.—मेरे नेत्ररूपी भ्रमर श्रीकृष्ण के कमलमुख का मधुपान कब करेंगे, उनके दर्शन कब होंगे? 115. कूजत—बोलती है। सिंगी—सींग का बाजा। पखान—(पाषाण) शिला, पत्थर। 116. कायो—खींचा, बनाया। 117. ऊजर—उजड़े हुए। 118. अनुसारी—छेड़ी। अहि.—जैसे साँप केंचुली छोड़ देता है वैसे मन शरीर को छोड़ चला गया। 119. बोहित—जहाज, बड़ी नाव। 120. तुम्हारे—तुम्हें ही फबती है। नरियर ज्यों—देखिए, पद 35 की टिप्पणी। 121. परेवा—कबूतर। कंटक—स्वयं काँटे की चोट सहता है। निरुवारै—निवारण करते हो, हटाते हो। 122. अपाने—अपने। निदाने—अन्त में। 124. दुसह धुनि—असह्य ध्वनि (कानों को) 125. बिसाहु—मोल ले लें। 126. आनि.—आकर आशा को भी नैराश्य में परिणत कर दिया। 127. ओछो तोल—तौल में कम, हलका। जाति—सम्प्रदाय, मंडली।

128. त्रिदोष—सन्निपात। जक—बकवाद। थिर कै—स्थायी रूप से। 129. पवन धरि—प्राणायाम करके। 131. बरन—वर्ण, रंग। 132. आँधरी.—अन्धी यदि अंजन लगाए। 133. पय.—बैल से दूध दुहते हों। 134. मोट—गठरी। कर करि—हाथ से। मृगमद—कस्तूरी। मलयज—चन्दन। उबटति—मलती थी। तृप्ताति—तृप्त होंगी। 135. खरि—खड़िया। 137. गुपुत—भेद, रहस्य। 138. पुहुमि—पृथ्वी। भरमात—घूमता है। अघात—तृप्त होती है। अमृत फल—मीठे फल। 139. खरियै—अत्यन्त। सुधि.—उसे भूलने की वृत्ति ही भूल गई अर्थात् वह भूलता नहीं। आँक—अंक, गोद। खटकती है—कसकती है। 140. नए—झुके। उनतें—उनसे बढ़कर या बड़ा। 142. बकसियो—क्षमा करना। बौर—मंजरी। 143. तन—ओर। धौं—तो। परमारथ—परमार्थ रूपी औषध। राजदोष—प्रबल रोग, यक्ष्मा। 144. अनुदिन—प्रतिदिन। 146. दै गए—दिए हुए गए। 147. बापुरे—बेचारे। छार—धूल। 148. आयसु—आदेश, आज्ञा। वारि.—निछावर करके। नव.—नौ टुकड़े करके, टुकड़े-टुकड़े करके। 149. तर—नीचे। सचु—मुख। 151. सुखेत—रणक्षेत्र। वारि—पानी, चमक। 150. बाय—वात-विकार। पयनिधि—समुद्र। 153. अरे—अड़ गए हैं। राचे—अनुरक्त। बक्र—अत्यन्त टेढ़े। सीतल—जिनके संचार, (ध्यान) से हृदय ठंढे हो गए हैं। अमिय.—अब ये अमृत से विष में जा पड़े। 154. बढ़वत.—उसकी ओर काला सर्प क्यों बढ़ाते हो। हारे—विवश होने पर। अछत—रहते। 155. फुलेल—सुगन्धित तेल। ग्रन्थैं—गाँठें। अघोरी—भारी। ताटंक—कान का गहना। जोति—शोभा। सार—घनसार, कपूर। असवास—(आश्वास) सुगन्धित साँस। आक—(अर्क) मदार। 156. अधिकारे—अधिक। सारे—तत्त्व। खारे—कड़वे। 157. बायस—कौआ। अँचयो—पीया। बजी.—एक ही ढंग के बाजे बजे, सब एक ही रंगत के हैं। ताँति—तन्त्री, बाजा। 159. कनियाँ—गोद। 160. कलेवर—शरीर। खौरी-लेप। पिछौरी—दुपट्टा। 161. ज्यों भुवंग—जैसे उस सर्प की फूँक जिसकी मणि छीन ली गई हो। दवा—भीषण ज्वाला। 162. अम्बर—अच्छे वस्त्र। गुरु.—जो योग के हमारे गुरु हैं वे कुब्जा के हाथ की माला हैं, उसके इशारे पर नाचनेवाले हैं। 163. दाम—रस्सी। पानि—हाथ। चोरी—चोरी न खोलूँगी। आनि—आकर। हठिहौं—न देने का हठ न करूँगी। जावक—महावर। बट-तर—बरगद के नीचे। संकेत—संकेतस्थल। चढ़ाय—बैठाकर। 167. निरखि.—उसे देखकर अश्रु की अखंड धारा बहने लगी। प्रेम. —प्रेम की व्यथा फिर भी न बुझी। अन्तर गति—हृदय के भीतर। सुचित—स्वस्थ होकर। कमल—योगियों के षट्चक्र जो कमल के रूप में माने जाते हैं। 169. लाई—मन लगाकर। सुमति मति—अच्छी बुद्धि। पै—निश्चय। 170. गात—गाते हुए। सुनात—सुनाते थे। परसात—छाई है। 172. सिन्धी—सींग का बाजा। 173. लहनौ—प्राप्य। बर—दुल्हा, पति, प्रिय। संघाती—साथी, सखा। 175. सरै—(सूर्य के रथ की ओर) जाता है, उसे प्राप्त करता है। 176. बल्लभी—प्रेमिका। मधुर—जो मीठी बोली बोलनेवाले हैं। वृक—भेड़िया। बच्छ—वत्स, बछड़े। असन—भोजन। बसन—वस्त्र। सत—शत, सैकड़ों। 177. बरस.—वर्षा करता है। कर.—हाथ में कड़ा और दर्पण लेकर (कड़ा ढीला पड़

गया है। दर्पण में मुख विवर्ण दिखाई पड़ता है)। एतो मान—इतना अधिक कष्ट सहने पर भी। 178. सहियो—सहना। मकर-ध्वज—काम। बहियो—अश्रु-प्रवाह के कारण। 179. पय—जल। पय सों—पानी से भी आग लग रही है। हा हरि—हम जो 'हा हरि, हा हरि' कहती हैं उसी मन्त्र के पढ़ने से इस आग में जलकर भस्म नहीं होतीं। 180. गहरु—दूर, विलम्ब। 181. कहा बनै हैं—कौन सी बात गढ़ लेंगे। पाँति—पंक्ति। प्रतिष्ठा—मर्यादा। अब हम.—हम चुपचाप वहाँ पत्र लिख देंगी कि ये तो गोकुल के अहीर हैं फिर उन्हें अपने साथ यदुवंशी न रखेंगे, उनकी प्रतिष्ठा न करेंगे। 182. रूपहरी—हरि का रूप, सारूप्य मुक्ति। सुक—शुकदेव। स्यामा—युवती स्त्री। 184. भनै—कहे। कह.—क्यों उन कानों में कंकड़ी की चोट करते हो। रंग चुनै—प्रयत्न करने पर भी। 186. वकी—पूतना। दोषन—दोष अर्थात् विषमय हो जाने से। तृनाब्रत—तृणावर्त। केसी—केशी नाम का दैत्य। 187. धाए—घात, चोट। कहि.—कहना पड़ा। 188. सरल—रसमय कर्णसुखद। तरनि.—सिर का तिलक सूर्य की भाँति दाहक है। भुवाल—भूपाल, राजा। 189. बहिबी—निर्वाह करना। 190. दासनिदासि—दासानुदासी, दासों की दासी। 191. चेत.—बेसुध अवस्था। रेती—बालू का मैदान। 193. अवगाहैं—दुःख में डूबती हैं। 194. स्यामसूल.—श्रीकृष्ण की पीड़ा में पगा हुआ। ऋषि—अर्थात् ऋजु सीधा। 196. पुलिन—तट। 197. बिरह बीज—विरह-मय। सलिल. —अधर-माधुरी के जल में मिलाकर। बल न.—औषध का कोई बल नहीं लगता, औषध काम नहीं करती। सरैं—हो। 198. हे—थे। दाम—रस्सी से। पति—प्रतिष्ठा। रसनिधि—आनन्द के सागर। 199. नेह-नग—प्रेमरूपी रत्न। बुझानी—समझ में आई। 200. हमरे.—हमारे गुण गाँठ में क्यों नहीं बाँधे, हमारे गुणों का विचार क्यों नहीं किया। 201. देह.—शरीर दुःख की सीमा नहीं पाता, दुःखों का अन्त नहीं मिलता। 202. आन—शपथ। आमिष—मांस। हित—प्रिय। किंगरी—छोटी सारंगी, चिकारा। सुर—ध्वनि। लग—तक। ब्रजभान—व्रजभानु, श्रीकृष्ण। 204. चाली—छेड़ी। साली—धँसी। ब्रजबाली—ब्रज की बालाएँ। 205. इतने—इतने पक्षी। प्रतिपारे—पाला-पोसा। बिडारे—नष्ट कर दिए। कीर—नासिका। कपोत—गर्दन। कोकिला—वाणी। खंजन—आँखें। 206. सत्वर—शीघ्र। मधुरिपु—श्रीकृष्ण। जगी—जागरण। क्वाथ—काढ़ा। मूरि—जड़ी। सुख—अनुकूल, लाभदायक। 208. निबर्ति—पूजा करके। 210. अपराधै—आराधना करे। बरीस—वर्ष। पुरवौ—पूर्ण कर दो। 211. रीते—रिक्त, खाली। कारन—कालों की। फेरनि—लपेट, पहनावा। घेरनि—एकत्र करना, चराना। करेर—कड़ा। 213. घोष—ग्वालों का गाँव। सम्पुट—बन्द। दिनमनि—सूर्य। 214. रथ पलान्यो—रथ पर चढ़कर गए। 217. पाहन—(पाषाण) पत्थर, कठिन। 218. जावदेक—यावन्मात्र, सबको। 219. चित.—मन। 220. बिधि.—ब्रह्मारूपी कुम्हार। घट—घड़ा, शरीर। दरसन—देखने की आशा ही घड़ों का फेरा जाना है। कर.—श्रीकृष्ण के काम आए, उनके लिए शकुन-सूचक हुआ। 221. काती—कुत्ता, छुरा। सवाती—स्वाती। 222. निसि लौं—रात-भर। सीति—शीत, ठंढा। पुरवा—पूर्व से आनेवाली

वायु, पुरवैया। गए.–उसने हमारे शरीर सरलता से जीत लिए हैं। 223. चौरासी–अनेक प्रकार की। हरि–हरकर। 224. लोकडर–हमारा प्रेम प्रकट करने से श्रीकृष्ण को लोकापवाद का भय है। (लोग कहेंगे कि ये गँवारों के साथ रहते थे)। 225. सो कुल–वह वंश (यादवों का), जन्म लेने पर जिससे बिछुड़ गए थे। गर्ग.–गर्ग ने कहा था कि श्रीकृष्ण मथुरा और फिर द्वारका में जा बसेंगे। जो कुल–वह सब। ज्ञाति–जाति। 226. अनहद–अनाहत नाद। कुष्मांड–कुम्हणा। अज–बकरा। अघाना–तृप्त होना। 227. न परानी–नहीं हटी। चलमती–चंचल बुद्धिवाला। घेरि.–छेंकते फिरते हैं। 228. पति–प्रतिष्ठा। दुरहु–हटो। बसीठ–दूत। मति फेरि–बुद्धि का फेर। कै–संग मिलकर, जुड़कर। श्री-निकेत–शोभा के घर। पानि–हाथ में। बिषान–सींग। 230. नवतन–(नूतन) नए ढंग से। राचे–अनुरक्त हुए। रनछोर–श्रीकृष्ण। 231. कारे–काले, मलिन, कपटी। 234. ऐन–घर। 235. कोय.–कौन स्त्री थी। राजपंथ–राजमार्ग (भक्ति का चौड़ा मार्ग)। उरझ–उलझनेवाली। कुबील–ऊबड़-खाबड़, ऊँचा-नीचा। अज–बकरा। बदन–मुख। 236. कुमोदिनी–कुई। जलजात–कमल। घनसार–कपूर। जीरन–जीर्ण, पुराना। 237. बिदमान–विद्यमान, उपस्थित। 238. स्यन्दन–रथ। बाय.–वात व्याधि से पगली-सी होकर। 239. कुम्भ–घड़ा। जलचरी.–बेचारी मछली। 241. धूरि–मिट्टी, व्यर्थ। 243. कुबजा.–कुबरी के प्रेम में मतवाले। लेस–थोड़ा भी। हरिखंड–मोरपंख। स्यामा–षोड्शवर्षीय युवती स्त्री, राधिका। कछु–सुधबुध खो गई। प्रबाल–नए निकले कोमल पत्तों की भाँति। ततछन–तत्क्षण, तुरन्त। सुहेस–मंगल। सुरेश–इन्द्र। रस–आनन्द से भ्रमित गतिवाले होकर, आनन्द में मग्न होकर। सेस–शेषनाग। 244. अंगराज–सुगन्धित लेप। मेदिनी–भूमि। 246. बरन–वर्ण, रंग। बाने–ढंग के। मीड़ि–मलकर। 247. समतूलहु–समान। 248. बास–वासस्थान। मंदे–मंदे बाजार में। 249. कहु.–उसे भस्म लगाने से कैसे सुख मिलेगा। 250. चाँड–अभिलाषा। विश्वासि–विश्वासघाती। तीजो पंथ–तीसरा पंथ (मुरारेस्तृतीयः पंथः)। यह–उधो। साधु–सज्जन, सीधा। 251. कटु–कड़वी। अंगनिधि.–श्रीकृष्ण के सगुणरूप के समुद्र में। अनमिल–बेमेल (निर्गुण)। अमोलत–अमूल्य या बहुमूल्य ठहरा रहे हो (सगुण से निर्गुण को बढ़कर बतला रहे हो)। 253. अतीत–परे। 255. स्याम-तन.–श्रीकृष्ण की ओर देखकर, उनका विचार करके। 256. बारे–बालपन से ही। 257. अगाऊ–आगे-आगे। 258. कचोरा–कटोरा। ताकंट–खुभी। खुटिला–कान के गहने। फूली–फूल, लौंग (गहना)। सारी.–कमल और चन्द्र से अंकित साड़ी। सारस–कमल। गूदर–फटी। 259. भेद.–पता न चला। बदन को–कहने के लिए, निश्चित करने। वायु.–प्राणायाम। ताए–तपाए। 260. सँचि–एकत्र कर रखी थी। छार–धूल। सरवरि.–कूबरी के योग्य। घटी.–बुरा किया। हम जोही–हमें देखते रहे, हमें ग्राहक समझते रहे। 261. राहत–रहते हैं। कोट–बाँस की कोठी। 262. परेखो–पछतावा। बारे–छोटे। भीर–संकट, कष्ट, कठिनाई। सर्‌यो–पूरा हुआ। बायस.–कौए का भाई, कौआ। 263. पत्यानो–विश्वास

किया। 264. करसायल—मृग। अबिधि सों—अन्याय से। 265. सूर—शूर, वीर, सूरदास। 266. बारक—एक बार। 267. सोधियो—उनसे पूछना। 268. घात—हत्या। 269. ज्यों—जैसे माता अपने बच्चे का पालन करती है। 270. गुरु—गुड़ दिखाकर बहलाओ। कोउ.—किसी प्रकार। 271. अन्तरमुख—भीतर। पांडु.—कामला रोग जिसमें शरीर पीला पड़ जाता है। उजरे—उजड़ा हुआ। छपद—भ्रमर। 272. मदिरा.—शराब पीकर। पराग.—पराग की पीक की रेखा। कुम्भ—'विषकुम्भं पयोमुखम्', विष का भरा घड़ा जिसमें ऊपर दूध हो। उघारे—खोले। कृत—कर्म से। 274. पुहुप—पुष्प। नेरे—निकट। 275. पिछौहैं—पीछे की ओर। उर.—जब छाती छेदकर पीछे जा निकले। पाछे.—पीछे हटते हुए भागे नहीं। कबन्ध—धड़! सम्मुख.—सामना करने, भिड़ने के लिए। 276. चिहुर—चिकुर, केश। यह.—इस प्रकार से। नयन.—नेत्रों की इच्छा पूर्ण करते हुए। बटमारे—डाकू, चोर। 277. कागर—कागज, पत्र। 268. पंक—कीचड़ ही मैली साड़ी है। व्याज—बहाने से। अनुहारी—समता। 279. भीति—दीवार। 280. हठिहि—हठपूर्वक। प्रबेसनि—जल की धारा के प्रवेश से। विसेषनि—विशेष रूप से। 281. धावन—दूत। कहा.—क्या वश है। बल—बलदाऊ। 282. दादुर.—माना जाता है कि वर्षा के प्रथम जल से मरे हुए मेढक जी उठते हैं। निबिड़—घना। 283. सारंग—चातक। सूरमा—वीर। 284. खरे—तीव्र। 285. इते मान—इतना अधिक। अन्त.—मार मत डालो। 286. सिन्धुतीर—द्वारका में। 287. बयन—वचन, बोली। भीषम—भीष्म पितामह की भाँति। डासि—बिछाकर, दच्छिन.—भीष्म पितामह जब युद्ध में घायल हुए तब सूर्य दक्षिणायन थे; उत्तरायण होने पर उन्होंने प्राण त्यागे। उन्हें इच्छा मरण का वरदान था। 288. निमेष.—पलकरूपी तट। गोलक—पुतली। तट—आठ और कपोल ही तट का मैदान है। 289. पोच—बुरा (सोच का विशेषण)। 290. एक अंग—(एकांग) केवल, निरन्तर ज्यों। मुख.—जब वह पूर्ण मुखचन्द्र सामने था। रई—रँगी, डूबी। सकति—शक्तिभर। 291. सारि—निकालकर, पूरा करके। 293. कुहू—अमावस्या। तमचुर—ताम्रचूड़, मुर्गा। 296. आरि—अड़, मुद्रा। बसन—वस्त्र। दसन—दाँत। 297. वह्नि—आग धारण करता है। छपा—रात्रि। 298. मोपै—मुझसे। भख.—काट न ले। 299. दुःख—वृक्षों का गिरना ही दुःख है। सिव—स्तन। 300. तन-दगध—शरीर का जलना। 301. सन—से। 303. सोध—पता। गहरु—विलम्ब। अम्बर—आकाश। 307. सीरे—ठंढे। सूरमा—वीर। 310. रामकृस्न.—बलराम और श्रीकृष्ण के कारण किसी को कुछ नहीं समझती थी। 311. चिकल—शुद्ध 'तिलक', एक वृक्ष जो वसन्त में फूलता है। मृगपशु—पशुजाति। बलित—युक्त। 314. दागर—नाशक। 315. सादौ—उत्कंठा। 317. पंच्छ—पंख, पलक। अम्बु—जल, आँसू। अमृत—अधरामृत। कीर—सुग्गा, नासिका। कमल—मुख या नेत्र। कोकिला—वाणी। 318. मूल संस्कृत श्लोक यह है—जटा नेयं वेणी कृतकचकलापो न गरलं, गले कस्तूरीयं शिरसि शशि-लेखा न कुसुमम्, इयं भूतिर्नाङ्गे प्रियविरहजन्मा धवलिमा, पूरारातिर्भ्रान्त्या कुसुम-शर! किं मां व्यथयसि। 324. छपाकर—चन्द्र, मुख। सारस—कमल। 326. परेखो—सोच। पौरि—द्वारे।

328. उमापति–शिव। सोध.–पता पा गया, दसन.–दाँत से काटने का। नैनन.–खारा होने से। 330. भवभूति की रचना यों है–धत्ते चक्षुर्मुकुलिनि रणत्कोकिले बालचूते, मार्मे गात्रं क्षिपति बकुलामोदगर्भस्य चायोः; दावप्रेम्णा सरसविसनोपत्रमात्रोत्तरीयः, ताम्यन्मूर्ति श्रयति बहुशो मृत्यवे चन्द्रपादान्। 332. उघारी–खुली। सलाका–सलाई (अंजन रखनेवाली)। आरति–दुःख। 335. हंस–परमहंस, ब्रह्मज्ञानी। 336. कैसे–समान। आगरे–बढ़कर। 338. जल.–जल में शीशी डुबाने से बुल्ले निकलते हैं। बार–देर। 340. पास–पाश, जाल। सायक–बाण। दवा–दावाग्नि। 341. अमास्यो–प्रकाशित हुआ। सुमन–सुगन्धित तेल, फुलेल। रहि–रुके नहीं। निरंजन–निर्लिप्त। सलभ–फतिंगे। करम की–उत्तम। 343. धार बही–तलवार चली। 348. परी–गिरि, पृथक् हुई। बहिबो.–बहना नहीं रुकता। उपचारै–हमारा क्या उपचार हो, कष्ट किस प्रकार दूर हो। 349. आसी–रखानेवाले। 350. आहु–हो। भोरो–ठगते हो। साहु–साधु, महाजन, वणिक। 351. चारी–चारों मुक्ति (सालोक्य, सामीप्य, सायुज्य, सारूप्य)। मारग.–रास्ते पर आइए। 355. ही–थी। छपद–भ्रमर। दई.–ईश्वर का भी डर नहीं। 360. सुसारना–समझाकर कहना। 362. कुसुम्म–हलका लाल। करनि–अपने हाथों। 364. दोष–जोड़ की त्रुटि। काँजी–खट्टा। दिगम्बर–नंगे लोग। रजक–धोबी। 371. नन्दलाल–श्रीकृष्ण से। ही–थी। ढही–गिर पड़ी। 375. तातो–तप्त, गरम। करम–धीरे-धीरे, क्रमशः। 376. आगो लेना–सेवा करना। राम–बलराम। 377. गिरहिनी–गृहिणी, पत्नी (देवकी)। परिधान–वस्त्र। 379. बिकट–टेढ़ी। कल–मधुर। उडुगन–तारे। पदिक–माला के बीचोबीच का बड़ा गहना। दारा–पत्नी। राम.–रामजन्म के तपस्वी, रामावतार में तपस्या की थी। मोट–गठरी। 380. ब्याज–बहाने से। हम.–मुझ दास का वश नहीं चलता। 382. नेरो–निकट। बेरो–बेड़ा, नाव। 384. बायस.–कौए को वे पति के आगमन का शकुन विचारने के लिए उड़ा देती हैं। 385. कस–कैसा। फेरि.–बेसुध हो जाना पड़ता है। 387. छाक–कलेवा। 388. परिहास–खेद। 389. अगाऊँ–पहले ही। कंथा–कथरी, गुदड़ी। षटदरसी–षट्शास्त्री। छहों शास्त्रों का ज्ञाता। 391. दाँवरी–रस्सी। झाँवरी–मलिन। महियाँ–में। साँवरी–काली। 392. अंक.–आँख मूँदे-मूँदे ही अन्धकार में आलिंगन किया। धुक-धुक–धड़कन। खेद–दुःख। झीनी–युक्त। लट–केश की लट। बलया–चूड़ी। लर–माला की लड़ी। कंचुकि–चोली। भीनी–पतली, महीन। परन–प्रण। परेवा–कबूतर, कपोत। छूटी.–मणि छिन जाने पर सर्पिणी जैसे शिथिल पड़ी रहती है। 393. दुँह.–राधा रहने पर और माधव हो जाने पर दोनों स्थितियों में प्राप्त विरह को कैसे सहे। उभय.–लकड़ी के दोनों छोरों में आग लग जाने पर झुलसता काष्ठकीट जैसे शीतलता के लिए व्याकुल होता है। 394. बपु–शरीर। उरज–स्तन। अन्तर–बीच। जुग.–दो कमल (नेत्र)। सुमेर.–पर्वत की चोटी (स्तन)। सम–चन्द्र (मुख) से। सनाल–मृणाल सहित। (जल की धारा ही नेत्र कमलों की नाल है)। विय–दोनों। आँचर–स्तन। इन्द्र.–चन्द्रमा के उदित होने पर। नलिनी-दल–कमलों का

समूह। लंकृत—अमृत रूपी ओस के कणों से सुशोभित है। मनो इन्दु से जाल—नेत्रों से टके आँसुओं...भींगकर स्तन ऐसे जान पड़ते हैं कि मानो चन्द्र (मुख) के उदित होने पर उसके द्वारा टपके अमृत (आँसू) से (मुँदे) कमल (स्तन) ओसकणों को धारण किए शोभित हो रहे हों (स्तनों की उपमा मुँदे कमल से देना कवि-समयसिद्ध है)। 395. घट—पानी (आँसू से भरे) घड़े। झरी—पानी की झड़ी। जल—पानी (आँसू) उर.—छाती रूपी भूमि। भुजा—बाँह, शाखा। रोम—रोम रूपी वृक्ष। अम्बर—वस्त्र, आकाश। उच्च—ऊँचा स्थान, पहाड़। पथिक—यात्री, शरीर के विभिन्न अंग। चन्दन—संयोग के समय का लगा चन्दन आँसू से मिलकर कीचड़ हो गया है और मार्ग रुक गया है। 396. अपनो सो—अपने भरसक। घट—शरीर। अकनी—सुनकर भी। भोयो—धोखे में पड़ा हुआ। 397. गुनि—समझकर। अरगाय—अलग, पृथक्। बात.—कणिकाओं को तोड़कर बात कहना, बहुत अच्छी तरह से समझाकर, एक-एक रहस्य खोलकर बात करना। पूरो.—भली-भाँति निबह आया और समझ लीजिए कि बहुत दिनों (सदा) के लिए निपट आया। सठ—मेरे ऐसे दुष्ट, पगले और मूर्ख को। मोपै—मुझसे। ठीले—ठेलने से, जबर्दस्ती भेजने से। पठावन—आपको तो केवल भेजने की ही धुन थी, जैसे, हाथी जिस वस्तु को मुँह में भर लेता है, सूँड़ से उसे ठेलकर उदर में पहुँचाने की ही धुन में रहता है, उगलकर छुट्टी नहीं पा लेता। 398. आलै—आलय, घर। सालै—पीड़ा देता है। विरद—अंगीकृत रीति बाना। बहौ.—अपने बाने की लज्जा का निर्वाह करो। दीनपति—दीनानाथ। मोसों—मेरे सामने तो देखिए, सिर नीचा क्यों किए ले रहे हैं। उसास.—उद्धव ने उसास भरी और 'हा हा ब्रज' कहने लगे, उनके नेत्रों में आँसू भर आए। 399. वारग.—गोपियों को सिखा-पढ़ाकर लौटने में उसे देर न लगेगी, मुझे तो देर लगी। 400. खरिक—गायों के रहने का स्थान, गोशाला। जाहीं—जिसमें। निबाहीं—निर्वाह किया, सहा।